赋权型性教育丛书

男孩的青春期性教育

方刚 主编

人民东方出版传媒
东方出版社

图书在版编目（CIP）数据

男孩的青春期性教育 / 方刚主编 . —北京 : 东方出版社 , 2021.2
ISBN 978-7-5207-1972-8

Ⅰ . ①男… Ⅱ . ①方… Ⅲ . ①男性 – 青春期 – 性教育 Ⅳ . ① G479

中国版本图书馆 CIP 数据核字 (2020) 第 263682 号

男孩的青春期性教育
（NANHAI DE QINGCHUNQI XINGJIAOYU）

作　　者：	方　刚
责任编辑：	张凌云
出　　版：	东方出版社
发　　行：	人民东方出版传媒有限公司
地　　址：	北京市西城区北三环中路 6 号
邮　　编：	100120
印　　刷：	河北华商印刷有限公司
版　　次：	2021 年 2 月第 1 版
印　　次：	2021 年 2 月第 1 次印刷
开　　本：	880 毫米 ×1230 毫米　1/32
印　　张：	11.5
字　　数：	296 千字
书　　号：	ISBN 978-7-5207-1972-8
定　　价：	49.80 元

发行电话：（010）85924663　85924644　85924641

版权所有，违者必究
如有印装质量问题，请拨打电话：（010）85924728

主　　编：方　刚

分章主编
第一章：王　艺
第二章：王晓斌
第三章：马文燕
第四章：王晓斌
第五章：李海琛

主编助理：李海琛

序

好的性教育，要赋权，不要规训

越来越多的人开始意识到性教育的重要性。

但是，什么才是好的性教育呢？

30多年前，我自己处于青春期和青年初期的时候，对性、爱情充满了向往和好奇，有过各种各样的迷茫，也有过在今天看来很愚蠢的探索，走过很多弯路。

我那时的同龄人，大多也跟我一样。

如果那个时候有这样一本书为我们答疑解惑，我们将是多么的幸福。

本套书，是我带领赋权型性教育讲师团队集体完成的。

它关注的内容，不仅是青春期孩子的需要，也包括许多成年人应该面对和学习的内容。

这套书分为"男""女"两本，只是为了读者购买和阅读时的方便，绝不意味着我们认为男性和女性应该接受不同的性教育。恰恰相反，我们认为消解性别二元划分的性教育是非常重要的。而且，我们认为男性应该了解女性，女性也同样需要了解男性。所以，即使本套书分为"男""女"两本，我们也在每本书里专门保留了一节来介绍异性。

在这套书中，我们尽可能全面地讨论身体、性、情感和亲密关系。

年轻人讨厌说教。我一直和本书的作者强调：写作的时候，不要总想着告诉读者什么是对，什么是错，而要和读者探讨各种可能，以及每种可能的背后是什么，如何应对每一种可能……

所以，我们反对对年轻人说：那样做是不对的！不能那样做！这样做才对！应该要这样做！

父母和老师习惯于对年轻人这样说话，但是，这套书将致力于改变这种说话的方式，以及这种说话方式背后的思维方式和价值观。

成年人未必都是对的，未成年人也未必都是错的。

重点是：父母和老师不能总认为自己是对的，自己掌握着真理，同时认为年轻人"太小"，所以是不能够被信任的。

年龄与对错，没有必然的关系。

当父母和老师习惯于告诉年轻人什么可以做、什么不可以做的时候，他们可能是基于"保护"的初衷，但是，与此同时，他们也剥夺了年轻人自主选择和自我成长的机会。

没有选择，就没有思考；没有思考，就没有成长。

好的教育应该是帮助年轻人提高思考能力，增强选择能力，而不是代替年轻人思考和做选择。

这，是增能，是赋权，是真正的教育。反之，则是"规训"。

我相信：每个人都向往美好的生活，都渴望拥有幸福的人生。所以，每个人都会努力使自己生活得更好，而不会致力于"毁灭"自己。如果我们做得不够好，可能是因为我们没有得到足够多的信息，无法做出对自己最有利的选择。

本套书分为"悦纳我们的身体""拒绝性别暴力""爱情""反对性别刻板印象，追求性别平等""尊重多元"五大章，分别介绍了男女生的身体发育、对性别暴力的认知和应对、如何树立正确的爱情观和处理爱情中的问题、对社会性别刻板印象的认知和应对，以及尊重社会中的多元，包括爱情的多元、家庭组成形式的多元和性的多元。

本套书采用的是问答的写作方式，提问的人是年轻人，这也有助于父母和老师更了解年轻人的想法，站在他们的立场上看问题。他们关心的问题，才是我们应该去帮助他们探索的，而不应该是把我们关心的问题强加给他们。

本套书的作者在回答年轻人的问题时，尽量避免"直接出主意"，而是和年轻人一起分析、思考、选择。

这就是我提出的赋权型性教育的核心思想：致力于让受教育者增长能力，将选择的权利交还给年轻人自己。我们一直在努力落实赋权型性教育的三个步骤：分享信息、推动思考、尊重选择。

所以，本套书不说教，只致力于提升年轻人做决定的能力。

我相信年轻人会喜欢书本背后的教育理念，胜过于喜欢本套书。

在倡导多元包容的同时，我们也一直反复强调着赋权型性教育倡导的性的三原则：自主、健康、责任。

我们相信，懂得"自主、健康、责任"的人，人生才会幸福，才能实现自己的梦想。

但这不是三个简单的词汇，而是值得我们用一生去学习和努力的方向。

如果你在阅读中有所思考，或者有关于性教育的其他困惑，均可以写信给我。我的电子邮箱：isgs2008@163.com。你也可以在我的微信公众号"学者方刚"后台留言，还可以来参加"猫头鹰性教育营"，和本套书的作者们见面！

热爱青春，热爱人生，从读本套书开始！

方刚

2020 年 11 月 12 日

目录 CONTENTS

第一章 悦纳我们的身体 / 1

第一节 生殖系统的形态与结构 / 3

男生的生殖系统是怎样的结构? // 4

我突然发现自己的阴茎竟然是弯的,这正常吗? // 7

听说有的人只有一个睾丸,这正常吗? // 9

同学打闹,一个同学的睾丸被踢了一脚,这样会死人吗? // 11

生殖器疼痛需要看医生吗? // 13

经常运动或做手术能使生殖器变大吗? // 14

听说男生要割包皮,我是不是也要去割呢? // 17

第二节 青春期身体发育 / 19

很多同学都进入青春期了,我还没有变化,怎么办? // 20

脸上长了很多青春痘,很丑,能挤吗? // 22

我有腋臭,需要去做手术吗? // 25

上厕所时，我发现别的同学的阴茎比我的大，我很自卑，怎么办？// 27

我的阴茎颜色越来越深，有人说是做爱次数多的缘故，可我还是处男啊，怎么办？// 29

阴茎有时候会不受控制地勃起，让我很尴尬，怎么办？// 31

我的胸部很大，比一些女生还大，我很苦恼，怎么办？// 33

我的身高比班上很多女生都矮，我觉得没有面子，怎么办？// 35

什么是性早熟？为什么有的人会性早熟？// 37

第三节　遗精 / 39

第一次遗精，我被吓坏了，怎么办？// 40

遗精次数多，是不是就"虚"了？// 42

遗精是因为白天想"色色"的事情吗？// 44

能根据精液的颜色和气味来判断身体是否健康吗？// 46

第四节　青春期的性冲动 / 48

我梦见和不同的人亲热，醒来觉得十分羞愧，怎么办？// 49

我有时会幻想女生的身体，幻想和女生发生性关系，是不是很下流？// 51

我有时候会自慰，有害吗？// 53

第五节　性生活、避孕、怀孕、流产与生产 / 55

我听说有人在进行性生活时把阴茎折断了，这是怎么回事？// 56

我听说 HPV 疫苗是预防宫颈癌的，为什么有人说男生也要打？// 58

听说艾滋病越来越多，怎么避免被传染？// 60

我现在的生理发育程度已经能够让女生怀孕了吗？// 63

怎样避免女朋友怀孕？// 65

有时候看到路边有安全套售卖机，我能用吗？怎么用？// 68

第六节　关于女生，你该知道的 / 70
　　我有必要了解女生的身体吗？// 71
　　女生的身体和我的身体有什么不同吗？// 73
　　听说女生的内裤比男生脏很多，是她们有病吗？// 76
　　女生来月经是怎么回事，女生月经期需要特别照顾吗？// 78
　　我又用不上卫生巾，为什么要学习如何使用？// 80
　　为什么女朋友一到月经期就脾气暴躁？// 82
　　女生的阴唇颜色深，是不是说明她有过性生活？// 85
　　女生第一次性生活一定会流血和疼痛吗？// 87
　　处女膜是怎么回事？不是处女就是女生不自爱吗？// 89
　　"无痛三分钟"的人流真的很轻松吗？// 91
　　生孩子真的有电视剧里演的那样痛苦吗？// 93

第二章　拒绝性别暴力 / 95

第一节　性别暴力的定义及内涵 / 96
　　性骚扰只是男生针对女生的吗？// 98
　　趁女朋友喝多了，跟她发生性关系算性侵吗？// 100
　　只有女生需要防范性侵犯，男生不需要防范吗？// 101
　　同性之间也会存在性骚扰吗？// 103
　　我想和女朋友发生性关系，女朋友不答应，她的拒绝算是一种暴力吗？// 105

有一个女同学总是喜欢发淫秽的图片给老师，这算性骚扰吗？// 107
强迫女生发生性行为，只有阴茎插入了阴道才算强奸吗？// 109
在学校被老师打，妈妈还叫好，怎么办？// 110

第二节　性骚扰及性侵犯的应对　/ 112

我长得比较清秀，邻居家的哥哥们总叫我"小姑娘"，还经常对我动手动脚，怎么办？// 114
放学路上遭遇露阴癖，我该怎么办？// 116
同学喜欢开跟性有关的玩笑，或讲黄色笑话、发淫秽物品，我该怎么办？// 119
男生被性骚扰之后该怎么办？// 120
我被性侵了，感觉自己不纯洁了，怎么办？// 122
知道某位同学被强奸过，我们该怎么对待那位同学？// 124
微信收到性暗示语言是性骚扰吗？我该怎么办？// 126
有一个女亲戚每次见到我都要又亲又抱，我很抵触，怎么办？// 128
在公交车上看到漂亮女生，我忍不住想摸她，怎么办？// 130
我平时喜欢摸或者袭击男生的阴茎，只是玩闹，有错吗？// 132
老师喜欢拍我的头，搂我的肩膀，我该怎么办？// 133

第三节　让校园欺凌归"零"　/ 135

一位女同学在我拒绝了她的追求之后，四处散播我的谣言，我该怎么办？// 136
班上有同学合伙欺凌别人，我该怎么办？// 138
我是传说中的"欺凌者"，但我也不想这样，又改不了，怎么办？// 140
欺凌者拉着我去欺凌别人，我该怎么办？// 142
同学约我一起去强奸一个女同学，我该怎么办？// 145

有一个男同学在放学路上被学长们围殴，老师说因为事情发生在校外，所以不管，怎么办？ // 147

听说我兄弟正被一群同学在巷子里强行扒裤子，我该怎么办？ // 149

同学把我的照片 P 成半裸照，然后传到班级 QQ 群里，我该怎么办？ // 151

有朋友因为性骚扰同学而受到了批评和惩罚，我还要继续和他做朋友吗？ // 153

第四节　拒绝家庭暴力 / 155

爸爸经常打妈妈，听说家暴会"遗传"，我应该怎么办？ // 156

爸妈总说生我不如生个女孩好，我该怎么办？ // 157

被家里长辈猥亵，我该怎么办？ // 159

妈妈天天用"污言秽语"谩骂爸爸，这算暴力吗？ // 161

爸爸一直通过打我来"教育"我，我该怎么办？ // 163

家里的保姆打我妹妹，算家庭暴力吗？ // 165

奶奶总是指责、谩骂妈妈，妈妈忍受得很痛苦，我该怎么帮她？ // 167

第三章　爱情 / 170

第一节　爱情观 / 171

小说和影视里那些感人的爱情，是真的吗？ // 173

人为什么一定要结婚？可以一辈子不结婚吗？ // 175

老师误解我在谈恋爱，批评我，怎么办？ // 177

女孩子都喜欢"高富帅"吗？ // 179

我不敢和异性搭话怎么办？ // 181
有好几个女生向我示爱，我该怎么办？ // 183
恋爱经验越丰富越好吗？ // 184
和好朋友喜欢上同一个人怎么办？ // 186
残疾人可以和健全人谈恋爱、结婚吗？ // 188
网络恋爱靠谱吗？ // 190

第二节　学习处理爱情中的难题 / 192
暗恋一个人，要不要表白？ // 193
爱上一个不喜欢自己的人怎么办？ // 195
想拒绝一份求爱，怎么做更好？ // 197
她公开了我的求爱信，大家都嘲笑我，怎么办？ // 199
我喜欢的女生各方面都比我出色，怎么办？ // 201
她总和其他男生说说笑笑，让我很生气，怎么办？ // 203
女友劈腿，瞒着我和别的男生约会，怎么办？ // 205
谈恋爱如何得到父母、老师的理解和支持？ // 207
遇到的女生都特别拜金怎么办？ // 209
我觉得自己很不会和女生交往，有人推荐我学一下PUA，我该不该去学习呢？ // 212

第三节　爱情与性 / 214
几岁可以开始做爱？ // 215
我总是想发生性关系，女友却一直拒绝，怎么办？ // 217
我和女友做爱时不喜欢戴安全套，觉得不舒服，怎么办？ // 219
我想在和女友亲热时拍裸照，她不答应，怎么办？ // 221
女友几次主动提出发生性关系，我还没想好，怎么办？ // 223
和女友做爱了，要不要告诉好朋友呢？ // 225

同宿舍的哥们儿炫耀他和女友上床了，鼓动我也试试，怎么办？ // 227

有哪些性技巧可以使性爱更安全、更愉悦？ // 229

女友怀孕了怎么办？ // 231

女朋友向我坦白了她不是处女，我很痛苦，该怎么办？ // 233

有了性经验，是不是特别有面子？ // 235

第四节　分手 / 237

在什么情况下应该和恋人分手呢？ // 238

怎样才能走出失恋的阴影？ // 240

我提出分手，她还老纠缠我，怎么办？ // 242

第四章　反对性别刻板印象，追求性别平等 / 244

第一节　社会性别刻板印象与兼性气质 / 245

广告里的女人是真实存在的吗？ // 249

男人一定要成功吗？ // 251

我是男生，不喜欢理科，父母干预我的专业选择，怎么办？ // 252

我不喜欢足球，被嘲笑不是个男生，怎么办？ // 254

男同学说话总带脏字，骂骂咧咧的，显得很阳刚，这是好的吗？ // 256

有同学说我"不男不女"，我该怎么办呢？ // 258

第二节　性别歧视 / 260

女厕所总是排长队，感觉很不公平，怎么办？ // 262

我们城市有女性专用车厢，这是对女性的尊重吗？ // 264

我发烧了，但体育老师说"男子汉发烧算什么"，不让我休息，我心里很委屈，该怎么办？ // 266

在促进性别平等方面，男生可以做些什么？ // 268

第三节 跨性别 / 271

我想做变性手术，我妈妈不让，怎么办？ // 273

我是女跨男，但身边的朋友还总把我当女生看待，我该怎么办？ // 275

第五章 尊重多元 / 278

第一节 爱情不是只有一种样子 / 279

爱上老师怎么办？ // 280

喜欢同性就是错吗？ // 283

整天和同性恋朋友在一起，我会变成同性恋吗？ // 285

我搞不清楚自己是同性恋还是异性恋，怎么办？ // 287

我讨厌自己是同性恋，我可以改变吗？ // 290

发现同学是同性恋，我该怎么和他相处？要不要告诉老师？ // 293

无意间知道了表哥是同性恋，我该怎么办？我应该和家里人说吗？ // 295

双性恋是不是既喜欢男生又喜欢女生，那不是很"渣"吗？ // 297

我应该"出柜"吗？ // 299

如何让父母接受我是同性恋？ // 302

为什么现在同性恋越来越多，同性恋很时尚吗？ // 304

第二节　家庭的组成形式是多种多样的 / 306
　　我是单亲家庭的孩子，我很怕会被瞧不起 // 308
　　父母离婚后又各自再婚，但我并不喜欢我的继父母，我该怎么办？ // 311
　　班里有个同学是单亲家庭，经常有同学欺负他，我该怎么办？ // 314
　　父母出轨了，怎么办？ // 317
　　我发现父母是同性恋，怎么办？ // 319
　　我感觉父母很恩爱，但是好像他们又各自有自己的同性恋人，我感觉有些奇怪 // 322
　　我的"父母"是一对同性恋，但我不知道该怎么向外人介绍他们 // 325
　　父母外出打工了，家里只剩我和爷爷，我特别想我的父母 // 328

第三节　性的多元存在 / 330
　　和网友文爱，好不好？ // 334
　　我特别喜欢看别人的脚，我的性幻想都和脚联系在一起，我是变态吗？ // 336
　　控制不住玩网络色情游戏，怎么办？ // 338
　　我觉得自己对性缺乏兴趣，但是朋友总拿这个跟我开玩笑，说我不行之类的，怎么办？ // 340
　　我觉得发生性关系也就是为了生孩子，为什么搞得那么复杂？ // 342
　　我喜欢穿女生的衣服，但是我妈总说我是变态 // 344
　　情趣独特就是变态吗？ // 346
　　我可以使用性玩具来缓解性冲动吗？ // 348

热线电话 / 350

第一章
悦纳我们的身体

性教育，要从认识自出生就陪伴我们的这副身体开始。

刚出生的时候，医生会把我们举到母亲眼前，母亲通过两腿之间的不同知道了我们是男是女。母亲第一次给我们洗澡的时候，身体教育就开始了。伴随母亲轻柔的手指划过，温柔的声音告诉我们：这是额头，这是脸蛋，这是胳膊，这是肚子，这是大腿，这是脚丫……从头到脚，却错过了什么。两腿之间的事情，从小就是不可说的。所以，我们对身体的认知是不完整的。

男生体外的阴茎、睾丸，还有输精管、前列腺等等；女生的阴唇、阴道，还有卵巢、子宫等等，都是身体的一部分，具有不可替代的功能，却在教育中一直被忽视，直到青春期。

青春期的男生女生身体的巨大变化，让家长、老师和学生自己终于意识到"身体"这个不可忽视的话题。但是，在不得不进行的讲解中，还有诸多的回避、躲闪、含糊，甚至有谎言。

自己或者同龄人展示出的青春期第二性征、街边的广告"一针灵"、电视剧里女人生孩子的撕心裂肺……我们从各个渠道获得各种靠谱或不靠谱的信息，一知半解甚至不分对错地走过青春期，然后开始性生活，再面对下一代。知识的缺失还不是最糟糕的，最糟糕的是这些似是而非的"知识"，带给我们一种对身体感到羞耻、排斥的错误意识。最最糟糕的是错误的知识伴随陈旧观念，告诉我们：男性的身体是珍贵而强大的，女性的身体是肮脏而软弱的；男生的性应该是主动的，而女生的性就是低贱的。

我们了解自己的身体，才有可能悦纳自己的身体。悦纳身体是自我认同的基础，我们的自尊、自信都是建立在此之上。除此之外，我们还要了解女生的身体，作为了解和尊重女生的基础。

性教育，应该从身体教育开始。但性教育，绝不仅仅是身体教育。

第一节 生殖系统的形态与结构

男性生殖系统包括内生殖器和外生殖器两部分。内生殖器由生殖腺（睾丸）、输精管道（附睾、输精管、射精管、部分尿道）和附属腺（精囊、前列腺、尿道球腺）组成，外生殖器包括阴囊和阴茎。

通常我们会对外生殖器更关注，尤其是阴茎。阴茎可分为阴茎头、阴茎体和阴茎根三部分，头体部间有环形冠状沟。阴茎头为阴茎前端的膨大部分，阴茎由两个阴茎海绵体和一个尿道海绵体构成，外面包以筋膜和皮肤。尿道海绵体全长有尿道贯穿其中，后端膨大形成尿道球。海绵体腔与血管相通，若腔内充血使海绵体膨大，则阴茎勃起。海绵体根部附着肌肉，协助排尿、阴茎勃起及射精。阴茎皮肤薄而易于伸展，适于阴茎勃起。阴茎体部至颈部的皮肤游离向前形成包绕阴茎头部的环形皱襞称为阴茎包皮。

一般来说，健康男性的生殖系统构造和功能基本相同，但是不同的人其外观上会有差别，发育期的早晚和持续时间的长短也会有所不同，只要不影响身体健康和生理功能就都是正常的，不需要太焦虑。同时，在日常生活中，还要注意生殖系统的保护，注意卫生，防止外伤，预防疾病。

Q 男生的生殖系统是怎样的结构？
困惑解答老师：丁筠

男生的生殖系统可以分为内生殖器和外生殖器两部分。外生殖器，顾名思义就是暴露在体外、看得见摸得着的部分，包括阴囊和阴茎；内生殖器则隐藏于体内，包括睾丸、附睾、输精管、射精管、尿道和附属腺体。参考下面的图，也许能帮助你对男性的生殖系统有个更直观的认识。

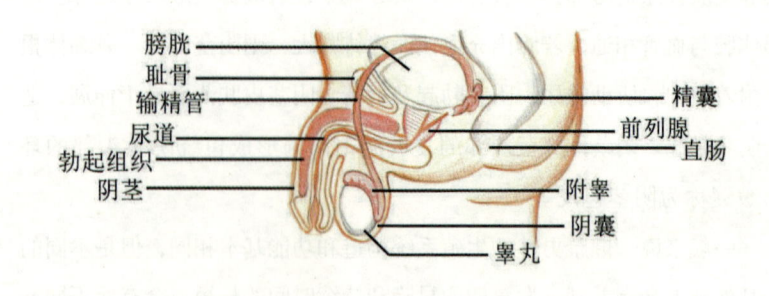

图1-1 男性生殖系统构造

阴阜是位于阴茎上方的一块三角区域。从青春期开始，随着激素的分泌，阴阜会慢慢变饱满，形成一个"脂肪垫"。阴阜的作用主要是借助脂肪垫的缓冲，在性活动中避免撞击造成损伤，保护性器官。当然，在阴阜发育饱满的过程中，阴毛也开始变浓密。

阴茎前面膨大的部分是阴茎头，也叫龟头，前端有尿道开口，也是精液的出口。阴囊在阴茎的下面，主要由带褶皱的皮肤构成，阴囊就像个口袋，里面包裹着睾丸和附睾。睾丸是生产精子和分泌雄性激素——睾酮的地方，左右各一个，俗称"蛋蛋"，还有很多其他的叫法。不过，我觉得这些都不够贴切，我们还是直接称呼它本来的名字"睾丸"就好。

附睾是精子生长和成熟的地方,所以它有一个重要的作用就是储存精子。附睾分泌的液体为精子提供养分,并赋予精子活力,使精子在射精后可以四处游动。

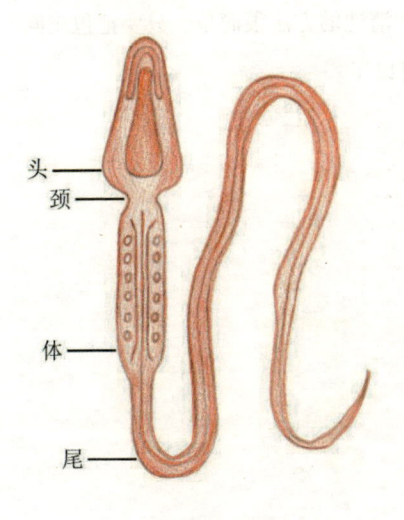

头
颈

体

尾

图 1-2 精子的结构　　　　　图 1-3 勃起的阴茎

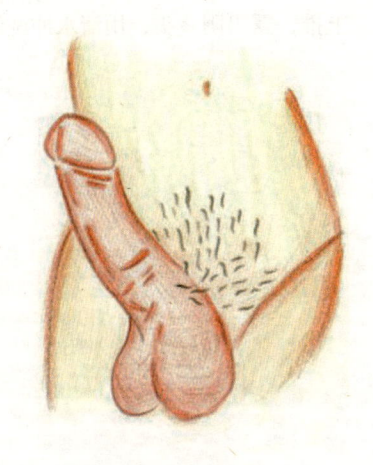

输精管是用来输送精子的细长管道,管道很长,从附睾一直延伸到了膀胱的位置。输精管的开口在附睾,末端连着射精管。精囊、前列腺和尿道球腺这些附属腺体的主要作用是分泌精浆。精浆占精液体积的 90% 左右,精子呢,只占 10%。不要小看这些附属腺体,没有它们的积极参与,精子就没办法被顺利输送,就算能到达女生体内,也活不下来。

性兴奋的时候,阴茎内的海绵体会充血变大,阴茎就勃起了。射精的时候,附睾中的精子借助肌肉群的挤压,向上经过输精管、射精管,混合了各腺体的分泌物后,再向下经过尿道,最终由尿道口射出。

生殖系统是身体重要的组成部分,要注意保护。尤其外生殖器的阴囊和阴茎,它们的位置决定了它们比较容易受伤,在日常生活或活动中,要避免碰撞、挤压等伤害，若被碰到，通常会非常疼痛，如果疼痛持久且剧烈就要去看医生，避免更大的伤害。

另外要注意卫生清洁，尤其阴茎头在大多数时候是被包皮包裹的，比较容易滋生细菌，最好每天清洗。清洗的方法很简单，只要把包皮向上推，露出阴茎头，用清水冲洗就可以了。

Q 我突然发现自己的阴茎竟然是弯的，这正常吗？
困惑解答老师：王艺

"突然"发现，应该是某次勃起的时候观察到的吧，肯定吓了自己一跳。青春期之前，阴茎勃起次数较少，也不容易引起注意；青春期之后，睾丸发育，雄性激素大量分泌，身体有了性冲动，阴茎勃起的次数明显增加。另外，青春期之后，我们对自己身体的关注度明显提高，都开始仔细观察身体各部分的状态和变化了，阴茎勃起，当然会引起自己的注意。阴茎在疲软的时候，自然是弯的，可以向各个方向弯曲很大的角度，没人在意；阴茎勃起之后，才会变硬和挺直，不过，也没有那么直，绝大多数的人勃起后的阴茎都是弯的。

阴茎内部由3根平行的长柱形海绵体组成，背侧并排的两根为阴茎海绵体，另一根在腹侧，有尿道穿过，名为尿道海绵体。平时阴茎呈痿软状态，性兴奋时，海绵体组织内的血管窦肌放松，血液大量流入海绵窦内，流量达到一定程度时，会使包在阴茎海绵体外的一层富有弹性的白膜充分扩张，之后会呈坚硬的柱状体状态，支撑着阴茎向上竖起。

通常情况下，勃起状态的阴茎也不是完全勃起，只有在达到性高潮前的短暂几秒钟内才会出现完全的勃起，没有完全勃起时，阴茎就会略微弯曲或扭转。这属于正常情况，不必忧虑。

理论上，阴茎左右两条海绵体是对称的，但是完全对称是不存在的，所以，阴茎勃起之后并不笔直，向一侧弯曲是很正常的。如果阴茎弯曲不严重，勃起时也无疼痛和不适感，不影响性生活，不必做特殊处理。

上述是阴茎生理性弯曲，当然也有极少数弯曲是属于病态性弯曲。阴茎有过外伤或是有纤维性海绵体炎、阴茎硬结症等疾病，也可能造成阴茎弯曲。这种情况下病态弯曲的角度一般都比较大，呈向上下或向左右两侧弯曲。一般认为，阴茎勃起后弯曲角度小于 30～40 度，性生活又满意，则不必治疗；若弯曲角度大，则应到泌尿科或男性科诊治。

还有另一种情况更严重一些，如尿道上裂或下裂等先天性畸形。这种情况的尿道开口不在阴茎头的正中，而是在阴茎冠状沟、阴茎干，甚至靠近阴囊处，不仅阴茎勃起时会出现严重弯曲，还对其正常功能有较大影响，一般建议在年纪较小的时候就接受手术矫治。

你看，健康、正常的男性在勃起时，阴茎都有轻微向两侧或向上下弯曲的情况，但弯曲角度并不大。曾经有发育中的男孩子发现自己的阴茎在勃起时是弯曲的，他不了解相应的知识，以为自己有多么"不正常"，因此觉得尴尬、害羞，甚至以为自己无法有正常的性生活，不敢开展亲密关系。你肯定不会这样的，是吧？

阴茎微微弯曲是正常的，如果有异味可就不应该了。每天将包皮翻开，用清水清洁阴茎；如果有疼痛、红肿、发痒等不适症状要及时就医；运动或跟同学玩闹时，不要大力撞击阴茎和睾丸。以上都能做到的话，你就一定是个健康、正常的男生啦。

Q 听说有的人只有一个睾丸，这正常吗？
困惑解答老师：李秀英

这是一个很好的问题，类似这样的问题在百度上一搜，会看到有成千上万的搜索结果。先回答你的问题：是的，有的人只有一个睾丸，大多数时候，他们的睾丸外观看起来"与众不同"，但他们的性能力和生育能力是正常的。

首先，有人天生就是只有一侧睾丸。虽然这种情况很少，但是的确存在。通常来讲，这样的人性功能完全正常。

另外，有些人是"看起来是一个，实际是两个"。这是一种非常常见的小儿先天性生殖系统疾病。他们仍然是有两个睾丸，但是只能看到或摸到一个，这意味着另一个睾丸被藏起来了，这种情况被称为"隐睾"。在现实生活中，每100名早产男婴中，就有1～45人会发病，而在每100名出生体重低于1500克的男婴中，就有60～70人发病，所以隐睾的发生率与男婴在母体内的生长发育情况密切相关。隐睾病例中，约85%的病例是单侧，也就是你说的只有一个睾丸。那另外一个睾丸去哪里了呢？它停留在腹膜后、腹股沟管或阴囊入口处了，无法下降到正常阴囊的位置。大多数情况下，隐睾会在出生后的3个月内自行下降，但出生后6个月继续下降的可能性是明显减小的。所以，想要找到隐藏起来的那一个睾丸，最科学的方法是做手术，越早做越好。手术的最佳时间是1岁以前，最晚不超过18个月。一般情况下，隐睾没有什么特别的症状，发现它常常是因为患侧的阴囊发育不够好，或者阴囊空虚，触不到睾丸，或者在腹股沟看到或者摸到一个鼓起的包块，所以才有这个疑问，然后到医院去检查。所以对你来说，如果是你本人有这个情况的话，请一定要告诉父母，尽快去正规医院挂泌尿外科做检查。

还有一种特殊情况，就是有人会因为外伤或疾病导致单侧睾丸被切除，比如外伤导致的"睾丸扭转"，如果没有得到及时医治，可能会导致单侧睾丸坏死而被切除。

当你问到"只有一个睾丸"这个问题的时候，也一定会关心随之而来的另外两个问题：第一，只有一个睾丸会影响性能力吗？单侧睾丸缺失，一般不影响正常的性生活，因为健康的那一个睾丸就能够分泌性激素；第二，只有一个睾丸会影响生育能力吗？一般来说，睾丸内生产精子有一个温度的要求，就是35度，而当隐睾藏在身体内时，其温度就会接近人体的温度——37度，这就势必导致精子发育障碍，进而影响生育。所以，健康的那个睾丸可以正常产生健康的精子，隐藏体内的睾丸则不能。单侧隐睾如果治疗及时得当，一般不影响生育能力，但双侧隐睾的不育风险就很高。总之，如果有相关症状，建议及时到正规医院就诊。

不论因什么原因失去一侧睾丸，其"与众不同"的外观往往会影响心情，甚至自信心。我们要正视这个问题，充分意识到其本质上是不影响我们的健康和性功能的，要建立自尊、自信，积极面对生活。如果非常介意的话，可以咨询医生。有些医院开展了一种小型"整形手术"，可以通过植入假体保持阴囊的整体外观。

Q 同学打闹，一个同学的睾丸被踢了一脚，这样会死人吗？
困惑解答老师：王艺

睾丸被踢，大多数情况下是不会死人的，只有在极端的情况下才会导致死亡，但是会很痛，而且还有别的危险。

你是否看到过这样的场景：足球场上，一个足球飞过来正面打在一个队员身上，他倒在地上双手捂着裆部，身体扭曲，表情痛苦。不用他说，大家也知道，他被球打到了"要害"。睾丸神经极为丰富，并且其外面有层白膜，使它的体积受到严格限制而不能轻易变形。所以，睾丸对压力极其敏感，捏捏打打时的力量作用到大腿、肚子上也许没什么，作用到睾丸上，就会非常痛。剧烈的疼痛可能引发神经性休克，更严重的话，可能引发死亡，对，就是"痛死"的。不过，这种情况发生的概率极低。

睾丸受伤之后，虽然非常疼痛，但是一般来讲，外力消失之后，疼痛可以很快缓解。你看足球场上被踢中"要害"的球员不也很快就起来继续投入比赛了吗？这种情况一般问题不大。如果疼痛持续几个小时，甚至几天，即使不是严重的疼痛，只是隐隐作痛，也应引起注意，及时去医院就诊。如果还伴有外观改变、出血、肿大等症状，就更是耽误不得，睾丸扭转、睾丸破碎等情况都是可能发生的，要及时就医。

外伤导致的睾丸扭转、睾丸破碎，如果睾丸没有坏死或破损不严重，及时治疗是可以修复的；如果受伤严重或是拖延时间过长，睾丸坏死就只能切除了。坏死的组织若不及时切除，会有各种致病菌繁殖并分泌毒素，随血液运输到身体各处，引起全身感染，就有生命危险了。

通常情况下，切除一侧睾丸后，只要另一侧睾丸是健康的，就不影响性能力和生育能力，只影响其外观。现在有一种类似"隆胸"性质的整形修复手术，往阴囊中填充假体，就可以解决外观问题。这种手术在大城市的三甲医院都可以做。

你同学的情况是否严重,我不好判断,建议你们及时就医,由医生来判断应该采取什么样的措施,以免造成严重后果。另外,你们在日常生活中,同学打闹也好,运动锻炼也好,要注意安全,保护好自己,同时也不要伤害到别人。

Q 生殖器疼痛需要看医生吗？
困惑解答老师：张文瑾

明确地回答你：需要！我们的生殖器官和身体其他器官一样，都有可能出现由各种各样的原因引发的疾病和外伤，当然应该及时看医生。

我是一名医务人员，我在工作中遇到很多青少年的案例，有打篮球受伤后延误就医而导致睾丸被切除的，有不注意清洗包皮和阴茎导致感染的，还有自慰不当导致阴茎折断的……大多数情况下，及时就医都可获得良好的治疗效果。但也有些人因为延误就医，导致自己受到了很大的伤害，每每让我感到十分痛心。在生活中一定还会有很多这样的例子，无论什么年龄和性别，任何器官出现问题都应该及时就医，尽早治疗。

青少年常见的生殖器异常表现主要有疼痛、发痒和红肿等，导致这些症状的原因有很多，有可能是以下几种情况。

1. 先天发育不良，比如严重的包茎会限制阴茎的发育，导致勃起疼痛；包皮口狭窄，包皮外翻，不能回位，导致包皮嵌顿而产生疼痛，这种情况需要急诊治疗；精索静脉曲张也会有轻症的睾丸坠胀和疼痛，这种情况只需要到泌尿外科常规就诊即可。

2. 炎症，比如包皮炎、尿道炎、睾丸炎、附睾炎等，炎症通常都需要遵医嘱用药，睾丸炎、附睾炎还需要休息，坚持全程治疗，以免影响生育能力。

3. 生殖器外伤和睾丸扭转都需要急诊治疗，特别强调一下，睾丸扭转多见于12～18岁的青少年，若夜间突发一侧睾丸疼痛，突然痛醒，需要立即就医，切不可延误治疗时机而影响生育。

日常生活中要注意安全，避免因开玩笑、打闹等伤害到生殖器。当生殖器疼痛时，不要靠上网搜索看病，也不要受街边小广告的影响去"黑诊所"看病，要去除到医院就诊的羞耻感，到正规医院就诊。

Q 经常运动或做手术能使生殖器变大吗？
困惑解答老师：赵钧

这是一个非常"下面"的问题，首先要给你的好奇心点赞，因为好奇心是人类进步的原动力。

我们在健身房经常会见到很多"肌肉达人"露着各种肌肉"招摇过市"，他们的傲人体型是经过大量的专项运动训练的成果，肯定付出了时间和其他成本。既然运动可以让人拥有更强壮的肌肉，由此你的"好奇心"就变得顺理成章：有没有什么"运动秘籍"可以让男人的"胯下之物"变大呢？

实际上，运动并不能使男性的生殖器变大。阴茎的主体组成部分并不是肌肉组织，而是血管性质的海绵体，因此"增肌"无法在阴茎部位"变现"。顺着你的思路，咱们来个终极提问：当我们的身体发育成熟后，阴茎的最终大小是由哪些因素决定的？

目前研究的结论：阴茎的大小与男性的体型大小、体重、肌肉结构、种族和性倾向没有特定的联系，它是由遗传因素决定的。因此，就像世界上没有两个完全相同的鸡蛋，阴茎在外观、大小及形状上也存在着差异。

一般认为，只要阴茎勃起后其长度能达到 8～10 厘米，就对性交无影响。除了极少数的极端情况，阴茎的大小与男性性交或满足其伴侣的性能力无关。因此，我们一般不建议给生殖器做手术。毕竟任何手术都有其风险，跟男人"命根子"相关的手术也不例外。更何况，目前阴茎增大或增粗手术在技术层面还面临很多挑战，远远未达到成熟的地步。至于那些贴在电线杆上、公共卫生间门上的"增大、增粗阴茎"的"中医秘方"广告，基本上就是在收"智商税"。

我们可以更进一步思考：为什么我们对阴茎的大小关注较多？"大"

对阴茎来说究竟有多"重要"？

关于阴茎大小的误解大量存在，比如许多人认为阴茎的大小与性能力或性吸引力、男子气概有直接关联。男性尤其容易相信这些谬说，并对阴茎的尺寸耿耿于怀。传统男性的气质要求：强壮、高大、主动、勇猛等，渐渐被固化为用阴茎尺寸来"定量"男子气概。于是，不论功能，不论需求，就是要求阴茎要大！要大！"阴茎尺寸焦虑"正是男权社会中传统男性气质焦虑的反映。看出其中的荒谬了吗？男性对于阴茎尺寸的关注，已经到了"只看大小，不看实用性，甚至不看另一半——女性的需求"的程度了。

我们来设想一个场景：你面前的桌子上放有两个苹果，你一定会先吃大苹果吗？如果你正好饿极了，可能会选择大的，期望能最大限度地填饱肚子；也有可能吃着吃着，感觉味同嚼蜡，于是扔掉大苹果，拿起小的，然后发现小苹果的味道太棒了！这时，或许你会留意手中的苹果是什么颜色，仔细体会它的口感，等等。当然，也有可能，你最开始的选择就是对的，大苹果吃起来感觉棒极了，所以你一口气把它吃完了。除了这几种情况，还有 N 多种可能的选择和体验……关键是你当时的选择正好匹配你的需求，就很好了。

社会发展至今，性别平等意识越来越深入人心，尤其是女性的性别平等意识逐渐觉醒。从前被传统男性气质唾弃的气质类型，比如温柔、体贴、细腻，现在却成为越来越受欢迎的兼性气质。亲密关系从来不是只有性，性从来不是只需要阴茎，阴茎从来不是只有大小。双方的外貌、个性、思想、互动……都是重要的因素，只要双方的感受是相互舒适而愉悦的，就是合适的尺寸。如果单纯地追求阴茎的"大"，随便一个人造阳具或是按摩棒就可以秒杀任何男性！

"尺寸焦虑"是男权社会中以"强大"为第一要求的传统男性气质

对男性身体"塑造"的结果,"没有最大,只有更大"不知打击了多少"不够大"的男性,不知迫使多少男性"假装"自己"很大",不知给了多少无良商家和黑心医院赚钱的机会。

男性也是男权社会的受害者,性别不平等的社会没有赢家。

那你要怎样做呢?好好学习,提升气质;适当运动,强健身体;努力工作;提升幽默感……这都是你提高自身吸引力的好方法。

Q 听说男生要割包皮，我是不是也要去割呢？
困惑解答老师：胡艺

在回答这个问题之前，我们需要了解一些相关的知识。

男性的包皮是一层松软、有皱褶的皮膜组织，它覆盖在龟头上，能保护龟头不被感染，在性交的时候还可以减缓龟头摩擦的疼痛。在男性很小的时候，包皮是紧紧覆盖在龟头上的，随着男性年龄的增长，身体随之发育，包皮大多都会自然从龟头上褪下。如果在阴茎勃起状态下还是露不出整个龟头，就属于包皮过长的情况了。有的包皮长到包皮末端紧紧包住整个龟头，包皮口太狭窄，即使用手也无法拨开包皮让龟头露出来，这种情况在医学上被称为"包茎"。

你说的割包皮，叫作包皮环切手术，是指通过手术切除过长的包皮。手术过程很快，一般不需要住院，危险性较小。术后多注意卫生和护理就可以了。

在一些国家或地区，由于文化或宗教性的原因，男孩出生就被割包皮。也有一些国家或地区，包皮环切手术会在男性青春期时举行。除去文化或宗教性的原因，有部分人也会因为自身包皮过长的原因而选择做包皮环切手术。不过，到底需不需要动手术，医生之间也有不同的看法。

包皮的下面分布着一些细小的腺体，它们的分泌物混合灰尘等物质，会形成干酪样的物质，叫作包皮垢。如果包皮垢没有被及时清洗，就会变厚，产生难闻的气味，并且形成颗粒状物质刺激阴茎，导致阴茎不适甚至感染。没有割过包皮的男性，应该把包皮护理作为日常生理卫生的一部分，每天注意翻开包皮，仔细清洗龟头，除去包皮垢后再将包皮拉回原位，以保持卫生和健康。

若包皮过长，在自慰或是性生活的时候，有可能会有嵌顿风险。一般从医学上来说，针对单纯的包皮过长，包皮环切手术不是必需的手术。

如果是非常严重的包茎，完全无法露出龟头，影响到了阴茎的卫生、健康甚至发育的时候，医生会建议做包皮环切手术。

有人说进行了包皮环切手术的人群尿道感染、艾滋病感染和其他性病的发生率很低，但有研究者指出这些并无关联（当然我觉得个人清洁卫生和性活动中的安全性行为非常重要）；有人说做了包皮环切手术会增加性快感，也有人说做了包皮环切手术后会减少性快感，可研究者发现这并没有兴奋性的差异。

割过包皮的男性，他的龟头是露出来的。而未割过包皮的男性，他的龟头是看不见的，因为龟头被包皮盖住了，只有手动将包皮撸上去，或包皮因阴茎勃起而自己缩上去，才可以看见龟头。

所以，我建议你在了解了以上的这些基本知识后，明白了包皮环切手术的益处与风险，再根据你自身的情况咨询正规医院的医生，最后选择是否要进行手术，而不是盲目地跟随别人的行为，毕竟每个人的情况都是不一样的。

第二节 青春期身体发育

青春期是指由儿童逐渐发育为成年人的过渡时期。青春期是人体迅速生长发育的关键时期，也是继婴儿期后，人生第二个生长发育的高峰期。

男孩青春期的起讫时间为 11～13 岁至 21～23 岁。青春期的身体发育变化，除了身高、体重猛增外，主要是第二性征发育，如声音变粗，胡须、腋毛和阴毛开始生长，生殖器官也逐渐向成熟的方向发展，并开始出现遗精现象。青春期的进入和结束年龄存在较大的个体差异，可相差 2～5 岁。

我们的身心在青春期会有一系列的变化，这些变化最终让我们发育成熟，承担责任，为迎接成年的人生幸福和风雨做好准备，因此是一个快乐而充满希望的时期。青春期要学习科学的性知识，迎接变化，悦纳自我，促进身心健康成长。

Q 很多同学都进入青春期了，我还没有变化，怎么办？
困惑解答老师：康红亮

这个问题不需要太过担心和焦虑，只要不是有很特殊的疾病，我们每个人在青春期都会健康、全面地完成发育。进入青春期后，由于我们体内激素的变化，我们的身体可能会有以下变化：体重、身高会增加，会长青春痘，会开始长腋毛、阴毛，男生会开始长胡须，会出现喉结，嗓音会变得低沉，阴茎增大、增长，会开始出现遗精的现象；女生会开始嗓音变细、变尖，盆骨增大，臀部变圆，乳房开始发育，卵巢开始排卵，开始有月经。

青春期的身体变化是伴随着我们整个青春期的，通常情况下，这个阶段的身体发育会持续10年左右，是一个自然、连续的过程。一般男性在11~13岁进入青春期，女性在9~12岁进入青春期，男性会比女性晚两年进入青春期。不过，每个人的生长发育速度和节奏是不一样的，有早有晚，有快有慢，所以你比同学晚一点发育是不需要担心的。并且，男生青春期的身体发育是从睾丸发育、雄性激素分泌增加等这样"不明显的方面"开始的，你没有感觉自己的身体有变化，其实发育已经在进行中了。在这个过程中，我们要学会接纳自己和别人的不同，同时也要接纳和尊重与大多数人不同的其他同学。我们每个人都是独一无二的，都是无比珍贵的。

除了身体变化，也请你多多关注青春期带给我们的快乐以及其他方面的成长。青春期，你将从一个小男孩逐渐成长为一个男人，这里的成长包含了生理和心理两个方面，是一个具有里程碑意义的过程。青春期是发展和成长的时期，在这个阶段，你的自我意识逐渐增强，开始建立自我认同和自我价值；另外，在这个时期，你也会用自己的眼光审视你与家人、师长、同学等人的关系，有时还会跟他们发生一些矛盾；同时，这一时期也是你学业非常繁重的时期。这些都需要你的关注和努力。

　　老师的青春期发育来得很晚，上了高中之后身体才开始有了发育的迹象，但这并不影响我成为一个乐观开朗、积极向上、有责任心、有爱心的人。老师建议你放下对身体发育的担心和焦虑，放松心情，每天保证充足的睡眠，适当进行运动，加强营养，耐心等待青春期发育的到来。当然，等待是有一定限度的，一般来说，男生到了15岁还没有任何青春期发育的迹象，就需要考虑是否发育异常了，或者你心里实在是非常担心和焦虑，建议你去正规医院寻求医生的帮助，做系统、专业的检查。

　　希望老师的解答可以帮助到你。

Q 脸上长了很多青春痘，很丑，能挤吗？
困惑解答老师：赵钧

首先很高兴有机会和你交流有关"青春痘"的话题，这让我倏忽间穿越回自己的少年时代。当时的我和今天的你有过一样的烦恼："拉低"颜值的青春痘到底能不能挤呢？

有人称"青春痘"为"青春美丽痘"，因为"青春痘"和"青春期"几乎如影随形。当我们进入青春期后，身体会产生较多的雄性荷尔蒙，血液中的雄性荷尔蒙除了会促进我们的身体发育成熟，还会刺激皮脂腺分泌更多的油脂。皮脂腺是皮肤的基本单元，有毛发生长的地方就会有皮脂腺，而皮脂腺正是顺着毛发的根部——毛囊把油脂排出到皮肤表面，对皮肤起到保护、滋润的作用。

但什么都是"过犹不及"，如果油脂分泌过多、过快，多余的油脂和新陈代谢凋亡后的皮屑就会纠缠在一起，堵塞毛孔，就像是发生了交通拥堵，导致新产生的油脂排出不畅或者完全排不出来，便形成了"青春痘"，如果合并皮肤感染，医学上则称之为"痤疮"。

很多人不仅脸上长痘，胸前、后背、肩膀甚至几乎全身都因为油脂分泌过多而长痘痘。男生、女生都会长痘，不过因为男性的雄性荷尔蒙分泌更多，男孩子长痘的比例更高些。当然，"青春痘"并非只是"青春期"的专利，很多人成年以后也会长痘，只是痘痘的数量少一些。

一般来讲，长痘后尽量不要挤或者抓挠，因为挤完后又会有新的污物，而且胡乱地挤或者抓挠可能会引起感染。如果痘痘是长在危险三角区（鼻子根部与两侧唇口角处连线所形成的三角形区域），还可能会使细菌通过交通静脉逆行到颅脑内，造成静脉窦的感染，严重时会有致命风险。

最好的祛痘方法是每天用温水和无碱肥皂洗两三次脸。是的，我没说错，保持皮肤的清洁和卫生，是最佳的祛痘良方。如果你是干性皮肤，可以在使用肥皂前用水稀释一下。对于某些已经引起局部皮肤轻度感染的较大的痘痘，处理方法如下：首先要清洗双手、清洁面部，然后使用消毒后的专业挑除工具对脓栓或者角质栓进行挑除，之后用面巾纸或消毒棉签轻轻地挤压痘痘，让里面的脓血流出，再用棉签蘸消毒药水，对痘痘进行擦拭消毒，同时外用消炎药膏。如果你对自己的动手能力没有信心，或者痘痘已经发展成较大的红色硬结并伴有明显的触痛或形成大脓包，最好不要自行清理，直接去正规医院皮肤科或整形科，请医生来处理。切记：不要轻易相信网络、一般的美容院（有创项目属于医疗美容范畴，一般的美容院不具备资质）等，更不要使用无良商家的"三无"药物。

除了单纯地关注皮肤，还要均衡饮食、保障充足的睡眠、适当运动、调节心理状态，让自己的身、心都处于健康、平衡的状态，这也会在很大程度上消除脸上的痘痘。

进入青春期后，很多人会开始关注自己或他人的外表，甚至暗暗比较。这样难免引发敏感、脆弱和自卑等负面情绪。作为青春期的外在标志之一，面部的"青春痘"让我们感觉很丑、很掉面子是再自然不过的事，甚至会自我感觉成为公共场合里的焦点，似乎大家的目光纷纷投射过来，压得自己喘不过气。有些人还因此引发抑郁、焦虑等情绪。其实，很多时候这种感觉是我们自己的"玻璃心"过度敏感造成的，大家都很"忙"，忙到自己的时间只够用来关注自己；我们都是"近"视眼，即使偶尔会抬头看看别人，也不会刻意去数别人脸上的"青春美丽痘"到底有几颗。

追求美丽是人之常情，但是对自己外貌的在意是一把双刃剑。适当地注意自己的容貌可以让我们有动力去打理自己的外表，但是过度地在乎自己的外表就会让自己陷入心理问题当中。青春期是成长的时期，学会悦纳自己，做自己该做的事，提升自我价值，不用在意别人不友善的眼光或不着调的评价。"好看的皮囊千篇一律，有趣的灵魂万里挑一"，青春易逝，时光匆匆，努力提升才华和自信，有趣的灵魂终会相遇。

Q 我有腋臭,需要去做手术吗?
困惑解答老师:刘清珊

腋臭是人体气味中很普遍的一种,我国约10%的人有腋臭,在白人群体和黑人群体中,有腋臭的人占比约90%。腋臭严重的话,的确会影响社交,影响周围人的感受,给自己带来尴尬,自己闻着也不舒服。这些是客观事实,不过,我们是有办法解决腋臭的。

在回答关于腋臭要不要做手术之前,我们先了解一下腋臭产生的原因。

腋臭是指腋部分泌的汗液有特殊的臭味,也有一部分是由于腋部的汗液经过与局部的细菌相互作用,产生不饱和脂肪酸才导致的臭味,是臭汗症的一种。腋臭跟遗传有关系,临床上多见于青春期患者,老年后腋臭可减弱。

对于疾病,世界卫生组织的用药选择是"能吃药,不打针"。回到腋臭这个小问题上,咱们不妨参考一下世界卫生组织的用药选择,看看都有哪些方法可以解决这个问题。

1.在饮食方面,注意不要过多摄入油脂以及刺激性物质,多吃水果、蔬菜,尽量减少食物对人体内分泌的刺激。

2.平时注意个人卫生,常用肥皂清洗患处,勤洗澡,勤换衣服,保持皮肤的干燥,尤其要注意保持腋窝等部位的清洁;运动后一定要洗澡,清洁皮肤,勤换内衣,减少细菌的繁殖。

3.平时要减少对腋窝部皮肤的慢性刺激,如经常剃或拔腋毛,以免引起毛囊增生、肥大,产生更多的臭味。

4.市面上有很多外用的除腋臭搽剂,比如"甲正王""桂花露"等,用起来简单、方便,效果还不错,可以根据个人情况购买使用。

5.若外用搽剂无效,或者个人对外用搽剂的效果不满意,同时又年满 18 岁，已经发育成熟的男女，可以考虑用手术的方法解决问题。之所以要年满 18 岁，是因为在汗腺没有发育成熟之前做手术，容易复发。

常见的手术方法及利弊如下：

（1）传统手术切除法，直接切除腋下大汗腺，临床最常用，但切口大，恢复较慢；

（2）微创手术，是指在皮上打孔，医生使用专业设备进入皮下组织切除大汗腺的方法，其优点是切口小，恢复快，不影响美观；

（3）激光手术，直接作用于汗腺，将汗腺破坏掉，使其萎缩。此方法创伤最小，但治疗需要的时间较长。

以上是关于腋臭产生的原因和解决方法。我们对它多一点了解，就会少一点自卑，腋臭只能算小困扰罢了。老师相信，在你对腋臭的知识有了充分的了解后，你会做出不影响正常生活的选择。

Q 上厕所时，我发现别的同学的阴茎比我的大，我很自卑，怎么办？

困惑解答老师：刘清珊

在卫生间偷瞄别人的阴茎并暗自比较，也是青春期男生常做的事情。

我跟你分享一个小秘密吧：称体重时，双脚略靠底座前面站立或略靠底座后面站立，和站立在中间看到的体重数值会略微不同；站在体重秤的左边或右边，看到的体重数值也有点不同。其中的原因便在于重心和视线的关系。

这个小细节告诉我们：看一件东西，看到的大小、长短、粗细、颜色等，是受视线的方向和角度、光线、环境参照等很多因素影响的，根本不准确。所以说，你发现别的同学的阴茎比你的大，大概率讲并不准确。另外，青春期发育不是按照一个个时间点严格对应的，而是一个持续10年左右的过程，即使是同龄的两个人，其青春期发育程度也有可能完全不一样。站在你旁边的同学的阴茎大小跟你的不一样，这不是太正常了吗？

但是，它们的功能是一样的，都可以满足使用需求。

另外，阴茎和身体其他的器官一样，其功能远比大小重要得多。你想问阴茎多大算正常？从功能这个角度来说，阴茎非勃起状态有3厘米，勃起状态达到5厘米，就可以正常使用。中国男性阴茎数据统计：平常状态5～10厘米，平均6厘米；勃起状态9～16厘米，平均13厘米。这个数据是不是让你有点惊讶？远比各类文艺作品、广告宣传说的阴茎数据小吧？不过，我没有说错，就是这样的。

其实，正是因为各种作品和广告对阴茎的种种夸大、误导，甚至完全错误的描述，加之传统文化的建构，导致很多男人对自己的阴茎大小和粗细感到焦虑。他们认为阴茎越长越好、越粗越好，这样的男人才受欢迎，才是真正的男人。这种观念的背后，是他们对自己男性气质的焦虑。

　　传统社会性别观念中，男人要强大、要有力量、要有进攻性、要处于支配地位，这就要求男人事业上要成功、性格上要强硬、亲密关系中要勇猛。阴茎，成为男性气质的一个重要符号，它被认为应该是粗大的、坚硬的、勃起的，象征着男性的能力与权力。于是，大家对阴茎的要求是没有最长，只有更长。不切实际的要求让男性对自身感到焦虑，甚至产生恐惧，而女性也有了没有必要的"期待"，催生了"变粗、变长"的虚假广告，不知道害了多少男性，更不知有多少男性为自己的阴茎尺寸撒谎。

　　男性气质当然是多样性的，每一个男人都有自己的气质，同一个男人在不同场景、面对不同的人时也会有不同的气质表现。最后再告诉你一个小秘密，在亲密关系中，最受伴侣欢迎的不是最"男人"的男人，而是因悦纳自己而自信、尊重且体贴伴侣的男人。

Q 我的阴茎颜色越来越深，有人说是做爱次数多的缘故，可我还是处男啊，怎么办？

困惑解答老师：杨宇

大家可能听说过一种观点：做爱越多，摩擦越多，生殖器的颜色就会变深。这个说法仿佛也意味着，生殖器的颜色越深表明这个人的"性经验越丰富"。关于女生也有类似的言论。其实不论男女，这类观点都是没有任何根据的，是完全错误的。

生殖器外观的颜色就和我们每个人的肤色一样，往往受遗传因素和皮肤色素沉淀的影响，是不分男女的，也是因人而异的。比如，我们在学校遇到过很多皮肤较白或者较黑的同学，我们不会觉得天生皮肤黑的同学和我们在什么方面有经验多少的分别。

进入青春期后，我们都会在激素的作用下开始快速发育，男孩和女孩都开始表现出外在的第二性征，如男性的喉结发育、体毛生长、声音变粗；女性的乳房发育、体毛生长、臀部变圆等。

随着年龄的增长，在激素水平、遗传、色素沉积等因素的作用下，几乎所有人的外阴部颜色都会变深。由于每个人的皮肤对黑色素的敏感程度不同，因此外阴部的颜色深浅有个人差异。这是正常现象，和性行为无关。

就像你没有性经历，阴茎颜色还是变深一样，没有性经历的女生在进入青春期后，其外阴颜色也会逐渐变深。用阴部的颜色来推断一个人的性经历，是十分无知和愚蠢的。如果摩擦、使用性器官就可以让性器官的皮肤颜色变深，那么我们每天都要使用的手和脚，岂不应该是皮肤颜色最深的两个部位？

更应该引起我们思考的是：你为什么会在意这件事？是担心自己明明是处男而被冤枉，还是担心被人判定为性经验丰富而影响名誉？

自己有没有性生活，完全属于个人隐私，本来不必被人所知，即使被人知道，也和内裤颜色这种事的性质一样，与他人何干？但实际上，这事就是让人担心和紧张——担心的不是自己怎样，而是别人怎样看自己。而别人怎样看自己，又将性生活跟太多的东西联系起来：脏、传染病、不道德、花心渣男、不检点……

总之，性行为次数与阴茎颜色无关，性经历和次数与道德、人品、素质、能力也没有什么相关性，只是个人选择而已。之所以有人将道德与性生活联系起来，将性生活与阴茎颜色联系起来，也许是因为有些人不懂得这些道理，也许是因为有些人就是认定"性"是一件羞耻的事情，也许是因为有些人习以为常地做道德判断……当然，也许是因为有些人明明无知，却胡乱猜测、散播谣言。于是，你觉得生殖器颜色变深是难为情的事。同样的，女性阴部的颜色也因为同样的原因成为一件让女性感到难为情和羞耻的事情，甚至成为她们被攻击的原因和目标。

随着青春期发育的进行，我们还会经历更多的心理和生理的变化。我们应该提前去学习这些知识，做好应对变化的准备。学习和成长，就是建立自尊和自信的最好方法，同时也是学习尊重包括女性在内的其他人的过程。

Q 阴茎有时候会不受控制地勃起，让我很尴尬，怎么办？
困惑解答老师：王艺

我是个女老师，以前的我是不知道你这种情况的，直到我在课后接待了一个男生，他羞涩、紧张还带点害怕地询问我："老师，这几天……有个怪事，我的阴茎不受控制、不自觉地勃起，有时候上着课就勃起了，可我真的在认真上课，没开小差。有一次正跟女生聊天呢，突然就勃起了，尴尬得我脖子都涨红了，我悄悄用书挡住了，不知道她有没有发现。这要是让人看见，多不好意思啊！我是不是得什么病了？"我当时还真不知道有人会不自觉地勃起，所以当时没答复他，回家查了书，咨询了医生，下一次上课，我主动去找了他。

阴茎勃起的本质是阴茎海绵体内血管窦扩张，动脉血流量增加，阴茎海绵体充血胀大。这个过程通常有三种原因：

1. 心理性勃起——听觉、视觉、嗅觉以及思维、想象等刺激兴奋大脑皮层引起的阴茎勃起，大多数时候，这种刺激与性有关，但有时候，通常意义上与性无关的刺激也会引起这种兴奋；

2. 反射性勃起——生殖器受到触摸、摩擦等外部刺激或接受来自直肠和膀胱等内部刺激时引起的反射性勃起，这种勃起是先天就有的，男性胎儿在子宫内就有勃起，父母在照顾婴儿期的男宝宝时也会观察到排尿引起的勃起；

3. 夜间勃起——睡眠处于快速眼动相睡眠和非快速眼动相睡眠的交替中，阴茎也经历着"勃起—疲软—再勃起—再疲软"的过程。当然，我们是不知道也不记得这个过程的，能被看到的比较明显的勃起，是早晨起来的勃起，被称为"晨勃"。

男生在青春期的时候，除了出现肉眼可见的身体第二性征，更多的变化是发生在身体内部，最重要的内部变化有两个，一是大脑，二是睾丸。大脑在青春期极为活跃，但是活跃度有时候有点"过"。这种"过"在情绪上表现为通常所说的"暴躁""叛逆"等，在身体上就非常明显地表现在了阴茎"出乎意料"的勃起上。而睾丸发育会导致性激素水平的迅速升高，并且有很大的波动，这也会让阴茎不受控制地勃起。另外，内裤穿得不舒服、剧烈运动、外界温度过低等因素都有可能刺激阴茎勃起。

现在你知道原因了。大脑和睾丸发育导致的勃起比较难以控制，的确让人有点尴尬，但是你不用担心，这并不是生病。另外，只要度过这段尴尬期，身体发育成熟之后，就不会再这样了。不过，还是有一些办法可以对减少阴茎不受控地勃起起到一定的作用：尽量穿宽松、舒适的内裤；睡觉盖被时不要盖得过紧；穿衣把握度，保持身体适度的温度；上完卫生间后将阴茎调整到一个舒适的位置；选择宽大一些的外裤，也可以适当地遮挡一下勃起，避免尴尬。

还有一点想跟你说，阴茎不受控地勃起的确让人有点尴尬，不过这不代表你在想、看、听或做什么与"性""色情"有关的事。如果有人这样说你、笑你，就把我告诉你的知识讲给他们听。

当然了，你要注意每天清洗阴茎，保持卫生，如果阴茎、阴囊有红、肿、痒或疼痛等症状，可能你真的生病或受伤了，要及时就医，不要耽误。

Q 我的胸部很大,比一些女生还大,我很苦恼,怎么办?
困惑解答老师:王艺

我们一般认为"乳房""胸部"这样的词只跟女性有关,跟男性没有关系,事实当然不是这样的,否则男性身体前部肩膀以下、肚子以上的位置叫什么呢?胸部组织主要由三部分构成:胸肌、脂肪、乳腺,每一个组成部分都对胸部的大小有影响,我逐一来给你分析。

1.胸肌。胸肌发达导致的胸部大,是非常容易分辨的。肌肉相对是比较硬的,用手捏或拍,感觉结实、有弹性。男生若要达到胸肌肉眼可见的鼓胀程度,是很困难的,需要非常艰苦和长期地、有目的地锻炼才行。如果练出大胸肌后自己觉得不好看,后悔了,也很容易解决,只要停止锻炼,肌肉会迅速萎缩的。

2.脂肪。摸摸自己的腰间、肚子,是不是肉肉的、软软的,很有手感?上个体重秤,是不是数值有点超标?目光再回到胸部,肥胖导致的脂肪堆积的确会使得很多男性的胸部看起来比女生还大。这样的胸部用手摸上去,柔软而有流动性。

3.乳腺。男性也有乳腺组织,只不过由于男性的乳腺组织没有"实际用处",通常不会发育。青春期的时候,30%~40%的男生会有"一过性"的乳腺发育,胸部会有胀痛的感觉,摸上去还有硬块,有时候是两侧乳房同时增大,有时候只有一侧乳房增大,甚至有时候碰触到乳头、乳晕的区域会有疼痛感,少数男生的乳头还会有分泌物。但是不用紧张,"一过性"的意思就是在非常短的时间内发生并且很快会恢复正常。通常,男生的乳腺发育一个月或几个月就自然停止了,也不会留下肉眼可见的变化。只有极少数男生的乳腺会发育到可以看出来、摸得到的程度。

知道了胸部变大的原因,就可以有相应的解决办法了。胸肌跟锻炼有关系,变大困难,变小非常容易。脂肪堆积,解决方法就是减肥。超重的主要问题不在于体型和外表，更重要的是对健康的威胁。适当地锻炼和控制饮食，将体重保持在一个健康的范围内，还是有益且必要的。如果是第三种情况，就需要去医院就诊，进行相应的检查，由医生来判断是否需要采取措施。

　　青春期是快速成长的时期，剧烈的变化和成长给我们带来了压力和困惑，但在一路"打怪"的过程中，我们也获得了成长和提升。

Q 我的身高比班上很多女生都矮,我觉得没有面子,怎么办?
困惑解答老师:邓芳婷 王艺

我非常理解你关于自己身高问题的疑惑和困扰,我相信很多青春期的男生有和你一样的担忧。青春期的男生大多数会关注自己的外在形象,身高就是其中之一。特别是在影视、小说和传统印象的塑造下,大众都觉得男生应该是高大的,导致有些身高不符合大众期待的男生会因为自己的身高问题产生自卑心理。

我们成年后的最终身高由遗传因素和后天生长因素共同决定,其中75%取决于遗传因素。在一般情况下,父母身高高,子女也高;父母身高矮,子女也矮。遗传因素虽然对身高影响很大,但后天生长过程中的营养补充、合理地运动、保持每天8小时以上的充足睡眠和保持愉悦的心情也会对我们的身体生长有促进作用。此外,一些疾病也会影响我们的身高,比如克罗恩肠道病,抑郁症、甲状腺、脑垂体等内分泌疾病。近年来,儿童性早熟相对高发,这也是影响健康的儿童和青少年身高的因素之一。

研究表明:青春期的孩子身高增长的本质是骨骼的生长。女孩每年平均可以增长5~7厘米,最多可以达到8~10厘米;男孩每年平均可以增长7~9厘米,最多可以达到10~12厘米。男生进入青春期的时间会比女生晚1~2年,这也会在身高上体现出来,就是老话说的"女孩先长个儿"。

我们控制不了遗传因素,但是可以控制饮食的均衡,合理摄入各种营养元素,尤其是足量的蛋白质和各种微量元素、维生素;坚持运动,比如上体前引、交叉伸展、跳绳、跳皮筋、踢毽子、爬杆锻炼、游泳、摸高练习等;保持足够的睡眠;调节好情绪,这些都有利于身体长高。

如果你到了进入青春期的年龄,身高却迟迟没有增长的趋势,或是对照"标准身高表"（网上很容易查到）发现自己的身高低于标准一个级别以上，应及时去医院就医，排除生理疾病的原因。

我们还应该仔细想一想，为什么身高问题会让男孩子这么焦虑呢？尤其是难以接受比女生矮。究其原因，是受传统男性气质要求的影响。传统文化构建的男性要强大、威猛、有进攻性、掌控权力，表现在体型上就是男性要高大、强壮。这样的要求渐渐成为全社会约定俗成的标准，给每一个人都带来了巨大的压力。男生拼命要高，起码也要显得高、假装高，身高"低人一等"的男生在心理上、气势上也矮人一截。女性衡量男性的标准也是将身高摆在第一的位置，好像高大的男生，他的能力、学识、品性都高大了一样。这听起来就很可笑是吧，可是社会认知就是这样扭曲，我们当然不能再给这扭曲的价值观"添砖加瓦"了。

我建议你好好学习，多读书、多锻炼、多交朋友，全面提升自己的气质、能力，不让自己的价值被身高定义。当你成长了、强大了，你就会发现自己根本不介意身高这件事了，甚至也不介意"面子"这件事了，你身边的朋友也一样。

Q 什么是性早熟？为什么有的人会性早熟？
困惑解答老师：张燕君 王艺

这两年，儿童性早熟事件时见报道。

根据中国国家卫生健康委员会 2010 年发布的《性早熟诊疗指南（试行）》的定义，性早熟是指男孩在 9 岁之前出现第二性征，睾丸开始明显增大，阴茎增粗，阴毛出现，一般在睾丸增大后两年出现变声和遗精；女孩在 8 岁之前出现第二性征或 10 岁前月经来潮。

性早熟通常有假性性早熟（外周性性早熟）、真性性早熟（中枢性性早熟）和不完全性性早熟（部分性性早熟）三种类型。

假性性早熟，其特点是性器官本身并未发育，但是部分第二性征提早出现。它的病因比较明确，是由一些外来性激素刺激引起的，比如误服含激素的药品或补品、使用含激素的化妆品等，或者是因为下丘脑、松果体、肾上腺皮质等部位病变导致性激素大量分泌。

真性性早熟，其特点是第二性征出现并伴有性器官发育和性功能的表现，是由于下丘脑—垂体—性腺轴过早启动，导致下丘脑提前分泌和释放促性腺激素，促进第二性征过早出现。这是最常见的性早熟类型。

不完全性性早熟，也是由于下丘脑—垂体—性腺轴提前启动，但和真性性早熟不同的是，它虽然会有第二性征的提前出现，但不会按照一定的顺序进程，它可能会有一些自限性的倾向，最常见的是单纯性乳房早发育、单纯性阴毛早出现、单纯性的早初潮等。

目前医学上关于儿童性早熟是如何发生的还不太清楚。很多关于性早熟成因的文献也多是猜测，并没有证实成因，但一般来说有以下几种因素。

1.脑垂体瘤。这是比较确定的影响内分泌、导致性早熟的原因，需要做脑 CT 进行检查。

2. 饮食与营养。过多的油炸、高糖食品和不必要的保健品，导致儿童营养过剩、肥胖；甚至有些食物还含有激素，儿童摄入过多的激素会引起性早熟。

3. 光污染。长期熬夜、睡眠不足，或是习惯开灯睡觉，会导致松果体减少分泌褪黑激素，进而导致其对性发育的抑制作用减弱，从而造成儿童较早开始青春期发育，甚至性早熟。

4. 家庭环境。有研究认为，如果孩子的生长环境中存在家庭关系不和谐、缺乏关爱等情况，就容易导致孩子出现心理问题，可能会对孩子的神经－内分泌系统产生一定的影响。不过，目前科学界关于这一点并没有定论。

性早熟，通俗地讲就是青春期发育提前和加速了。性早熟的儿童依然会有正常的青春期及生长发育期，也具有正常的生育能力，但提前生长会使儿童的生长期缩短。所以，性早熟早期表现为超出同龄人的身高和体重，但是性早熟儿童会很快停止长高，成年期不能获得理想的身高。

性早熟的发生率很低，你不要过度担心。在日常生活中，你要注意营养均衡，不挑食；不要摄入过多的油脂和高糖食物，避免营养过剩；如非医嘱，不需要服用滋补营养品；增加体育锻炼；保证充足的睡眠，大概率来讲是不会发生性早熟的。如果有性早熟的类似表现，可以去正规医院的生长发育科或儿童内分泌科，请专科医生检查确诊。即使真的是性早熟，现在也有成熟的药物和方法，你还是有获得满意身高的机会。不过，性早熟导致的身高偏低的干预和治疗是有时间窗口的，一旦错过，骨骺线闭合，干预身高就不可能了。所以，如果你有疑似性早熟的症状，要尽早去医院检查，遵医嘱治疗。

第三节 遗精

遗精是指在没有性交或自慰情况下的射精。在做梦时遗精为梦遗，梦的内容可能与性有关系，也可能与性毫无关系；不在做梦时遗精称为无梦遗精；清醒状态下遗精则为滑精。

精液由精子和精浆组成，精子由睾丸生成，精浆由前列腺、精囊、尿道球腺所分泌的液体混合而成。精液中除了大部分的水，还含有一些蛋白质、脂肪、酶等。正常的成年男性一次射精为 2～6 毫升。

遗精不是疾病，是一种正常的生理现象，所以没有诊断或注意事项可言，也不需要任何治疗。不过由于遗精常伴随着从梦中惊醒，导致人的精神比较紧张，因而容易给人造成心理负担。再加上一些错误的认知、传统文化的建构，将遗精与性能力、性道德和种种身体疾病联系在一起，给男性带来巨大的思想压力。所谓"遗精病"，都是由精神压力带来的羞耻、焦虑和恐惧造成的，而不是由遗精本身造成的。

男生的第一次遗精标志着身体的成熟，是一件值得祝贺的事情。遗精之后，要注意清洁身体和衣物、被褥等，保持卫生，避免生病。如果精液有颜色、气味的改变，或生殖器有疼痛、发痒等症状，应及时去正规医院就医。

Q 第一次遗精，我被吓坏了，怎么办？
困惑解答老师：李海琛

被第一次遗精吓到的可不止你一个人，我就听说过有些男生在第一次遗精时以为自己"生什么病了""是不是得了绝症""是不是要死了"。如果我们能够提前了解相关知识，因遗精所带来的担心与恐惧情绪也会慢慢缓解，或者根本不会出现。

遗精，其实就是精液经由尿道自然排出身体的一个过程，因为一般在睡眠中发生，所以也被称为"梦遗"。我们进入青春期后，会又一次经历身体的巨大生长变化，伴随着生殖器官的发育，一些生理现象也会出现，遗精就是其中之一。

俗话说"精满自溢"。生殖器官会每时每刻地产生由精子和精浆这两种成分组成的精液，然后精液不断地在输精通道积聚，到饱和状态时，便会通过遗精的方式排出体外。据统计，80%以上的男性都发生过遗精，一般是每个月 2 ~ 3 次。

我们没有办法知道遗精会在什么时候发生，所以很多人在第一次出现遗精时会有些不知所措，这和女生第一次来月经的感觉非常类似。当出现遗精现象之后，我们需要注意以下几点。

1. 注意清洁卫生。每晚睡觉前，可以在自己的床头附近放一条备用内裤，方便在遗精后及时更换。遗精后，可以先去卫生间排尿，让残留在尿道里的精液随尿液排出，再用温水清洗阴茎，换上干净的内裤。如果精液污染了床单和被子，需要及时更换；如果条件不允许，也可以先简单地清洁或翻面后继续使用。

2. 频繁遗精需要注意，但不必过分担心。如果你发现自己遗精频繁，几天发生一次或一个月发生 4 次以上，就需要注意了，但不必对此过分担心。俯卧入睡，冬天被子太厚、太重、太过暖和，使外生殖器受到压迫、摩擦等刺激，或穿紧身衣裤，束缚、挤压勃起的阴茎等原因都容易导致遗精次数增加。你可以选择将事情告知家长，必要的时候可以寻求专业医生的帮助。

3. 为自己的行为负责。遗精是男性性发育成熟的表现之一，也就意味着男性具备了生育能力。如果性发育成熟的男性和一个同样性发育成熟的女性发生了无保护的性行为，则可能使对方怀孕。因此，在决定是否与异性发生性关系之前，我们需要经过深思熟虑。这不仅是对自己负责，也同样是对他人负责，对自己的家庭负责。

4. 虽然遗精是性发育成熟的标志，但并不是说没有遗精就说明你没有发育成熟，有些人一生都不会发生遗精，也有人遗精一次之后就不再遗精，这都是正常的。所以，如果你一直没有遗精，也不用为此过分担心、焦虑，必要的时候可以告知父母，去医院做个检查，了解一下自己的身体发育情况，或许只是因为你发育得比较晚呢。

5. 不必害羞，注意自我保护。遗精后，有些人会担心被污染的床单、被罩或者内裤被别人看见，经常偷偷地藏起来，不小心被发现的时候还会脸红心跳。其实没必要如此。遗精是一个自然的生理现象，你不必为此感到羞耻、自责。如果遗精被家人或是同学看到了，你愿意解释的话，可以坦然告诉他们这是什么；不愿意解释的话，也可以继续做自己的事情。当然，如果有人（通常是同学）知道你遗精后取笑你，你要记住，这不是你的问题，是他们的问题，你没必要因为他们的错误来惩罚自己。你可以理性地给他们进行科普，也可以无视他们的无知，做好自己该做的事情。

除了遗精，青春期还有许多其他的现象，只要你认真学习，提早做好准备，就不容易被吓到。在网络发达的现在，很多人选择去网络上寻求答案。但是有些搜索引擎搜索到的内容实在不靠谱，当你输入"遗精""精液"字样后，会"收获"海量可怕的信息，什么"有害""是病""影响一辈子"等等。你要用正确的知识武装自己，不要被那些吓到。

Q 遗精次数多，是不是就"虚"了？
困惑解答老师：李秀英

遗精是在没有性交的情况下发生的射精现象，随着年龄的增长、生殖器官的成熟，睾丸就会产生精子，精囊和前列腺也会不断分泌精浆，精液便会在体内不断蓄积，到达一个饱和状态的时候，就会通过遗精的方式排出体外。简而言之，就是"精满自溢"的原理。遗精是一种正常的生理现象。

至于你问的这个问题，我想说的是，遗精这件事是没有规律可循的，有人遗精早，有人遗精晚，有人几乎没有遗精，大多数人在有规律的性生活后就不再遗精了，但也有例外。至于遗精次数多少为正常，有人说一个月 1~5 次，有人说一个月 2~8 次，从来没有一致的说法，因为每个人的体质都不同，差异是很大的。很多人"网络看病"，容易对症入座，其结果就是越看越害怕。遗精本身无害，被"遗精次数太多"吓到而身心焦虑，甚至生病的倒大有人在。

在日常生活中，有很多的男性和你有一样的担心，他们总是会问"遗精次数多了会不会影响身体""射精次数多了会不会影响身体""自慰次数多了会不会影响身体"……这些人其实和你问的是同一个问题。这些问题的背后，担心的是——"宝贵"的精液流失掉，会伤害身体。民间有"一滴精十滴血"的说法，事实上，精液是一种黏稠的液体混合物，由精子和精浆组成，精浆占精液体积的 90% 以上，精浆中除了含有大量水、果糖、蛋白质和多肽外，还含有多种其他糖类（如葡萄糖）、酶类（如前列腺素）、无机盐和有机小分子，可为精子提供营养和能量。所以说，精液就是精子和精浆的混合物，它的营养价值着实不高。

我们再想想另一个问题：大多数女生到了青春期之后每个月来一次月经，要流血 3~7 天，怎么从来没有人问过女生每个月流血会不会影响她的生活，反而都说经血"脏"呢？两件事放在一起，是不是看出点什么？男性的精液宝贵，女性的经血却脏，这种观念本身就是男权社会中彰显男性优越感、贬低女性的一种体现。至于将遗精归为"肾虚"，更是无稽之谈。肾脏是泌尿系统的一部分，主要作用是产生尿液，而精液产自生殖系统中的睾丸，二者离得远着呢。当有人跟你聊"肾虚"这个话题时，你就要警惕了，可能他后边跟着的就是什么"神药"。

  需要你认真对待的是，你正值青春期，要多运动，保证睡眠，均衡饮食，注意卫生，每天清洗生殖器，清洗的时候一定记得撸起包皮清洗，同时要勤换内裤，穿的内裤要宽松，这会对你的成长大有益处。

Q 遗精是因为白天想"色色"的事情吗？
困惑解答老师：康红亮

同学你好，很高兴你在遇到困惑的时候主动咨询老师，也恭喜你长大了！

首先，遗精是正常现象。你说的"色色"的事情，如果发生在白天，叫作性幻想；如果发生在睡眠状态，叫作性梦。

男性进入青春期后，其生殖系统会较迅速发育，睾丸体积会增大，体内雄性激素水平明显提高，在睾丸、精囊、前列腺、尿道旁腺等组织器官的相互作用下，不断产生精液，产生的精液会存储在附睾和精囊里面，当附睾和精囊内存满了精液时，就会"精满自溢"，尤其容易发生在睡梦中，这便是遗精啦。那了解了遗精的产生过程，你就会知道，这是我们聪明的身体在进行良性的循环，是青春期的正常现象，也是青春期发育的标志。随着青春期身体发育的进行，尤其是性器官的发育成熟，性激素会加倍地分泌，性欲望、性冲动当然也会增强，性幻想、性梦就成了大多数人成长中必然经历的事情。很多人在成年之后也会有性幻想和性梦。

你看，性幻想与性梦是正常现象，无关人品和道德，当然也谈不上是什么"色色"的事情。遗精是一个正常的生理现象，和我们白天想什么、做什么没有太大关系，同样和我们的人品、道德也没有一点关系。青春期是一个性幻想、性梦和遗精高发的阶段，并且经常相伴而来，但是它们之间并没有必然的联系，强行将二者扯上关系，一是因为对青春期没有科学的认知，二是因为对性有羞耻感。我们当然要用正确、科学的态度来对待性和青春期的发育。

不过，老师要提醒你的是：有时候，你的性幻想、性梦对象可能是某个真实的人，甚至是身边的人，你在跟同学、朋友、网友交流的时候，不要轻易说出别人的名字，要注意保护别人的隐私，同时也是保护你自己的隐私，以免引起误解，影响别人的生活和声誉，甚至可能导致校园欺凌、网络暴力。

最后说一句：每天要用清水清洗阴茎和龟头，保持其干净；遗精之后更要及时清洗和更换内裤、床单。

Q 能根据精液的颜色和气味来判断身体是否健康吗？
困惑解答老师：赵钧

这是一个非常"老中医"的问题。众所周知，"中医"（应该称为"中国传统医学"）诊断疾病的四大招"望、闻、问、切"中，"望诊"有"辨颜色"，"闻诊"有"闻气味"。据说，还有很多很神的"老中医"只凭"脉诊"——俗话说的"把脉"，就能锁定病情，治病救人。当然，这种"神医"还是以骗子居多。扯远了，言归正传，下面咱们一起来探讨一下精液的颜色和气味与身体健康的关系。

先了解一下精液的颜色是什么样的。

精液中除了精子以外，其他精浆成分由前列腺液、附睾液、精囊液，和尿道、输精管等管道的多种分泌物组成，成分复杂，有点像混合果汁。其功能在于滋养精子，为它们提供一个"宜居"的环境，以及协助其完成授精功能。在显微镜下，精子的形状就像"小蝌蚪"。精子在睾丸中产生，随后精子途经附睾、输精管等多个"驿站"，直至进入尿道，一路不断与精浆混合，最终从尿道口喷射而出。刚射出的精液可以呈现各种颜色，色调从乳白、淡黄到淡灰不等，随后因为其中的凝固因子而迅速变得有些黏稠，呈胶冻状，10～20分钟后，精液开始液化，颜色会变得比较透明。长时间未排精者射出的精液色泽较深。

以上是精液颜色的常态。如果颜色出现异常，比如呈棕黄色或带血色，可能与泌尿系炎症、生殖道的损伤等疾病有关，如前列腺炎、精囊炎、前列腺癌等，需要到正规的相关医学专科医院做专业诊疗。

接下来，我们再说说精液的气味。精液的气味通常被描述为具有"栗子花"一样的味道，这么一说，感觉一股文艺气息扑面而来呢！还有人用"腥臭""难闻"等词汇来形容精液气味，也有很多人认为精液的气味像常见的84消毒液的气味。

精液的气味为什么会有这么高的"识别度"呢？正常精液的气味是由一种称为精氨的化学物质经氧化以后散发出来的。精氨是前列腺分泌物所含的多种重要成分之一，精氨的氧化必须有精囊液的参与。可见，正常射精的精液气味来自前列腺，在精囊液的参与下"修成正果"，散发出独一无二的"味道"。当精液缺乏这种气味时，常常表示前列腺或精囊等相关腺体功能受到损害。

精液的特殊气味有什么用呢？据推测，可能与性欲和性行为有关。在低等动物中，两性性活动与性选择的信息主要依靠气味来传递，许多哺乳动物在发情期都会散发出某种特殊的气味，以吸引同类的异性。尽管人类在进化中接受性刺激的途径不断扩大，嗅觉在性选择中的地位让位于视觉，但近年来科学家在人体中发现了许多能从嗅觉上影响异性的分泌物质，表明嗅觉可能仍然是人体重要的性感觉器官之一。如果你有兴趣的话，将来加入性科学家的队伍吧，可以做更深入的相关研究。

说了这么多，我们来总结一下关于你的问题的几个要点：

正常精液的颜色和气味有一定的独特性，但仅仅靠颜色和气味的正常与否作依据是不能判断身体是否健康的。精液的颜色和气味只是其外在"皮囊"，"中看"不一定"中用"，"不中看"也不一定"不中用"，如果出现异常，可能提示身体的性或生殖系统出现了健康问题，需要到正规的相关医院或专科确诊，必要时需要做相关的医学辅助检查，比如精液常规、精液生化检验等等，可以对精液的"内在"做出精准的分析和判断。当然，这些都属于专业的医学领域。

最后，来个温馨小贴士：在性与生殖医疗保健领域，骗子医院和骗子医生层出不穷，一定要擦亮你的眼睛，谨防上当受骗。很多线上的24小时咨询服务、私立医院都是"坑"。有问题去正规医院就诊，严重的话去三甲医院就诊，是最简单、靠谱的办法。

第四节 青春期的性冲动

性冲动，也叫性欲，指对性的欲望。性欲是一种本能的欲望。

性需求与青春期相伴而来。进入青春期后，我们身体内的荷尔蒙激素水平会逐渐提高，性机能趋于成熟，性需求日复一日，更趋强烈。如果性需求受到严重压抑，会造成一定的性焦虑。

性冲动有些时候会通过性梦、性幻想的方式表现出来，有时候会通过自慰的方式得到缓解。有些人在自慰的时候会愿意配合色情片或性玩具的使用，使自己达到身心愉悦和高潮。我们还可以通过转移注意力、适当增加运动和睡眠等方式舒缓性压力。

性梦、性幻想和自慰，都是正常的生理活动，不会对身体造成伤害，不需要焦虑。对这些生理活动可能造成身体伤害的担忧和恐惧，才会真正给我们造成伤害。在以上这些生理活动中，要注意的是不违反法律、不侵犯他人权利、保护自己的健康和隐私。

Q 我梦见和不同的人亲热，醒来觉得十分羞愧，怎么办？

困惑解答老师：黄欣

在青春期，我们有时候会在梦中与不同的人谈情说爱，甚至发生性关系，这样的梦叫作"性梦"，是青春期性逐渐成熟后出现的正常生理、心理现象。

大多数青春期的男生、女生，由于生理、心理的逐渐成熟，会对性抱有向往，因而我们所接触到的与性有关的人或事物就会成为一种性刺激，这些刺激会对青少年产生不同程度的影响。在清醒状态下，我们通常有自控能力，但是熟睡后，自控力暂时消失，于是性刺激所留下的痕迹、产生的反应就在梦里自然表露出来了。

大部分人都做过性梦，也有一些人不会做性梦，这都是正常的。人类的睡眠有很多时期，在快速眼动时期，血液会向性器官流动，男性表现为阴茎勃起，女性则为阴道湿润，每到这时，人就容易做性梦。有时，我们还会在性梦中达到性高潮，男性表现为遗精，女性表现为阴道分泌物增多。在性梦中，所出现的人、事物、情节都不能被设计或选择。有些性梦中会出现熟悉的人的形象，但这不代表着我们想与其发生性关系；也可能会出现与同性亲热的情节，但这不意味着我们是同性恋；也许会出现强奸等暴力的手段，这也不意味着我们会在现实生活中实现这样的手段；或许在梦中，我们与长辈、老师、朋友等这些我们在现实生活中不会对其有性欲的人发生了性关系，有时候甚至是几个人一起，这也不说明现实中的我们能接受这样的性关系形式。

虽然我们容易因性梦的内容而感到焦虑，但在现实中，人受意识的监督和控制，受社会道德、文化的规范和约束，没有人能像梦中那样生活。所以，人不可能在清醒状态下实现性梦中的行为和愿望。性梦是性冲动的一种表现形式，我们不仅能在性梦中达到高潮、释放白天的压力，还能对生活中被压抑的性的向往进行补偿，满足性欲，在一定程度上调节身心健康。

性梦是人在成长中正常的生理和心理现象，属于无意识行为，不管我们在性梦中与何人发生了何事，这都无法由我们掌控，它不代表一个人的道德品质，我们不必因此感到焦虑或产生自我怀疑。我们大可坦然接受性梦，接受它的不可控性与其带来的自然的生理与心理反应，同时要区分梦与现实，不在现实生活中实现性梦中的行为，做到尊重自己与他人。但当性梦已经成为困扰，影响了自己的正常生活时，请及时向你信任的人或专业人士寻求帮助，用科学的方法调节自身。

青春正好，出现性梦不必担心，只要科学地、坦然地对待，我们的生活依旧精彩。

Q 我有时会幻想女生的身体，幻想和女生发生性关系，是不是很下流？

困惑解答老师：张琴琴

性幻想是青春期开始性冲动的一种表现形式，不伴随遗精。性幻想可以缓解性压力。

性幻想是正常的生理和心理现象，不是道德问题，也不是健康问题。性幻想的内容可能表现得丰富多彩，甚至光怪陆离。性幻想对象可能是现实人物，也可能是虚幻人物或者是物体，有时候还会是身边很亲近的人，比如同学、兄弟姐妹，甚至可能是明星、师长。有些性幻想的内容会让我们紧张，我们可能会暗自担心：我怎么会这样想？！太下流了！太可怕了！其实，多数人的表现都是这样的，梦中人是何种性别也没有什么本质区别，完全是正常现象，没有下流之说，更没什么好害怕的。

幻想女生的身体、幻想和女生发生性关系，只能说明一个问题，就是你的身体日渐成熟，有了性欲望和性冲动。而这样的欲望和冲动需要一个释放的开口，性幻想就是其中一种。至于幻想的内容，就像白日梦一样，天马行空，不可捉摸，与现实无关或有关都无所谓。而且，幻想也只是幻想而已，不是要实现的，不会伤害任何人。

另外，性是我们身体的一项功能，就像嘴巴能吃饭、手指可抓握、眼睛能看东西、腿能跑步一样，是很正常的事情。性欲望也和饿了想吃饭、困了想睡觉一样，是人的基本需求。可是你饿的时候，虽然很想吃东西，但也不会去打劫蛋糕店吧。性幻想，也不意味着你要去做暴力、可怕的事情。

当然，我们要分清，幻想与行动是两个层面的东西。幻想在你的脑子里，如果你不说出来，谁都不知道；而行动是实实在在的事情。如果你真的有和女生发生性关系的想法，就需要非常慎重地考虑这背后需要承担的责任，以及我们能否为这样的选择负责，是否符合"自主、健康、责任"的原则，不负责任的做法才是不入流的。

总结一下：性不下流，幻想女性的身体和幻想发生性关系，也并不会伤害到别人，只要不在违背他人意愿的情况下强制将想法变成现实，这就只是你个人的精神活动，它是自由的。青春期是我们飞速成长和发展的阶段，可能其中的一系列变化让我们应接不暇，但不用担心，遇到问题就找专业的老师来解答，相信你能更科学地看待更多的现象。接纳自己的变化和幻想吧！学会与长大的自己好好相处吧！

Q 我有时候会自慰，有害吗？

困惑解答老师：谢兰兰

我相信有你这种担心的青少年不在少数。

自慰，是指一个人刺激自己的性器官来获得性快感并通常导向性高潮的行为，有用手或其他物体辅助、摩擦自己的身体等多种方式。儿童也有自慰行为，但一般没有性高潮。自慰可以是独自进行的，也可以有获得同意的伴侣在场。

社会学家约翰·盖格农和威廉·西蒙曾说："在我们的社会中，对性的学习就是对罪恶感的学习。"在人类所有的性行为中，自慰是最基本又最具污名的一种。

将自慰与疾病和罪恶相关联，并不是人类自古以来就发生的事情，而是始于18世纪初的欧洲。由于自古以来的生殖崇拜和精液"珍贵"的迷信，某些宗教教义将不能生育的性行为都定义为"罪"。受限于当时的医学认知、技术和手段，加上某些庸医成功的药物推销骗局的推波助澜，当时的医生和大众都错误地认为自慰会造成视力模糊、神经痛、风湿病、血尿、脊椎结核、癫痫、丘疹、神经错乱等几十种真正的疾病，甚至置人于死地，并将此写入当时权威的医学书籍。可笑吗？不仅可笑，而且当时有许多人被强行"治疗"，手段非常残酷。那曾是宗教和医学史上最黑暗的一页，而且这种观点的影响至今也没有完全消失……

我们说一件趣事来放松一下吧：自从美国医生约翰·哈维·家乐发明了玉米片这种号称"健康、速食、能防自慰的早餐"，至今西方都不断有青少年去问性学家和心理学家："吃家乐牌玉米片能帮助我控制自慰吗？"聪明如你，这个问题的答案就不用我说了吧。

事实上，无论性别，大多数人从出生到老年都可能自慰。自慰是许多人都有的经历。当然，人不是必须要自慰的，有的人一生都不自慰。

可我们从小所受的教育却让我们将自慰与负罪感和焦虑相连。我很肯定地告诉你：自慰与疾病或堕落完全无关！也没有任何医学证据能证明自慰对身体有害。自慰也不存在过度一说，只要能自慰，就谈不上过度，尤其对于男生而言，毕竟如果无法勃起的话，自然无法"撸管"。这就好比吃饭，每个人有不同的饭量，并没有统一的标准。

我们每一个人存在于世界上，首先就是去感受并热爱自己的身体与生命。自慰是一种自体性行为，在释放性冲动与性压力的同时，更是人们了解和探索自己身体的重要途径之一。每个人因其不同的生理和心理需求，偶尔自慰、经常自慰或从不自慰，都是没有错的，对身体也没有任何害处。那些市面上流行的关于自慰有害的说法都是没有科学根据的。自慰唯一的"害处"，就是对自慰"有害"的担心让人产生焦虑和压力，这种焦虑不断发展下去，有可能会造成真正的身心失调。

总之，自慰是人类常见且安全的性行为。像你这样年纪的青少年"有时会自慰"甚至"一天自慰好几次"都是很正常的事情，完全不用担心和恐惧。

自慰虽无害，但也必须注意卫生、安全，要在私密场合进行，比如自慰前后要洗手并清洗生殖器官；借助器具自慰时也要注意卫生和安全，不能将异物或尖锐物品放进身体伤害自己；要选择无人打扰、能全然放松的私密环境，让自己舒适、安全，也避免影响他人；在互联网时代，还要留意别随便分享或泄露自己的隐私图片和视频。

在了解了这些事实之后，你有没有感觉轻松多了？

相信你一定会爱护自己的身体，在学业之外，多进行户外运动和社会活动，多和不同的人交往和交流，既善于合作，也懂得求助。

第五节 性生活、避孕、怀孕、流产与生产

青春期的身体逐渐发育成熟，具备了性能力，产生了性冲动，也使女性具有受孕的能力。

有些时候，青少年选择了发生性关系，进行某种形式的性生活。要认识到，性生活不仅是一种生理活动，更是一个附有巨大责任和后续问题的事情。性生活方式不当会带来身体伤害；不做防护、不注意卫生可能导致疾病；性生活可能导致怀孕；怀孕之后不论是流产还是将孩子生养下来，都是一件可能损害身体、需要承受巨大压力和承担责任的事情。

性生活、避孕、怀孕、流产与生产这一系列事情的相关知识和操作技能都应该提前学习，这不是鼓励你们进行性生活，而是要学习保护自己的身体健康，也不伤害他人，承担自己该负的责任。

如果出现了感染疾病、意外怀孕等事情，也不要惊慌，寻求家长或其他可以信赖的成年人的帮助，去正规的医院检查，听从医生的建议，尽量将伤害降到最低，不要让负面影响长远地干扰我们的生活。

Q 我听说有人在进行性生活时把阴茎折断了，这是怎么回事？
困惑解答老师：张文瑾

了解生殖健康是对自己的健康负责任的行为，阴茎折断是泌尿外科偶发的急诊外伤，常发生于情人节、圣诞节、七夕节。我是一名泌尿外科医务人员，曾在医院见到几个案例，一例是一名初中生在家中自慰的时候，因为过度担心家人发现他自慰后会批评他，所以十分紧张，正好家人有事找他，他在慌乱中由于用力过大和阴茎角度过大，导致阴茎被折断；一例是一名大学生在性生活中，因为阴茎碰到伴侣的骨骼部位，导致阴茎被折断；还有一例也是一名大学生，在自慰时选择了使用螺帽，后来睡着了，阴茎因为被勒住而发生肿胀，无法从螺帽里取出，最后在消防员的帮助下才被解救出来。这些事故发生的根源都是性教育知识的缺乏。

阴茎为什么会发生折断现象呢？接下来我来科普一下。

阴茎是由两根阴茎海绵体和一根尿道海绵体组合而成的。尿道贯穿于尿道海绵体之中，内接膀胱，外达阴茎头。阴茎海绵体内有丰富的血管窦，外面被坚韧的白膜所包绕。阴茎海绵体和尿道又被阴茎筋膜所包绕，形成一个整体。阴茎勃起时，质地硬度如黄瓜，海绵体内的血管窦充血增加，阴茎的白膜处于高度紧张状态。如果这时阴茎受到强烈的外力作用，被有意识或无意识地弄弯曲，如性交失误，致使阴茎撞于伴侣耻骨联合或会阴部等硬的部位、对摆动幅度估计不足、自慰时扳折阴茎向后或向下压迫，也有自慰时害怕被别人发现，快速挤压阴茎而致伤，即导致海绵体外的白膜破裂的情况，这时候随着"啪"的一声脆响，阴茎随即疲软，同时，还可能伴有剧烈疼痛、阴茎肿胀、阴茎皮下瘀血青紫并偏向受伤的一侧，这就是阴茎发生了"骨折"，应立刻去医院泌尿外科急诊室就诊，尽早做手术。做手术的时间越早，术后性功能恢复的可能性就越大。

泌尿外科常见的阴茎急诊还有包皮嵌顿。包皮嵌顿多发生于包茎或包皮外口狭小的包皮过长的男性。进入青春期后，男性阴茎的自发勃起、性交或自慰引起包皮翻起而未及时复位时就易发生阴茎嵌顿。包皮嵌顿阻碍包皮远端和阴茎头的血液回流，致使这些部位发生肿胀和剧烈疼痛，可见包皮环状狭窄，所以一旦发生包皮嵌顿要尽快到医院就诊，及时将其复位。预防包皮嵌顿的最好办法是做包皮环切手术。

关于阴茎折断的预防：阴茎折断是小概率事件，不要害怕，也不要吓唬自己，通过加强性教育，掌握安全的性生活方式，在自慰和性交中注意阴茎角度和力道，避免暴力，就不会发生；性交和自慰时应选择舒适、安全、私密的环境；如发生伤害，也不要因为不好意思而延误就医。

Q 我听说 HPV 疫苗是预防宫颈癌的,为什么有人说男生也要打?

困惑解答老师:李小燕

HPV 病毒是人类乳头瘤病毒的缩写,能引起人体皮肤黏膜的鳞状上皮增生,是一种性传播疾病,表现为寻常疣、生殖器疣(尖锐湿疣)等症状。随着性病中尖锐湿疣的发病率急速上升和宫颈癌、肛门癌等疾病的增多,HPV 感染越来越引起人们的关注。

HPV 疫苗是人类第一次通过疫苗来实现宫颈癌的预防措施。HPV 疫苗旨在预防初始 HPV 感染及 HPV 相关病变,需要接种 3 针,历时半年。因大部分宫颈癌的感染类型是 16、18 型,所以疫苗研制最主要针对高致病类型。目前研制出的疫苗分为二价、四价和九价三种疫苗,二价疫苗主要针对 16 和 18 型;四价疫苗主要针对 6、11、16 和 18 这 4 种型别;九价疫苗针对 6、11、16、18、31、33、45、52、58 病毒亚型。推荐女性在 9~14 岁、男性在 11~12 岁时接种 HPV 疫苗,即在进入性生活活跃期之前接种。九价疫苗最好在 26 岁之前且没有性经历时接种,效果最好。

HPV 是性传播病毒,所以男性感染概率和女性是一样的。由于生理结构原因,男性容易成为病毒携带者,症状没有女性明显,发病率低。大部分人对 HPV 疫苗的理解是女性需要接种,用来预防宫颈癌。为什么男性也要接种呢?临床表明,HPV 病毒感染不仅是女性宫颈癌、阴道癌、外阴癌、生殖器癌前病变等主要诱发因素,还可引起男性肛门癌、口咽癌以及阴茎癌等的病变,所以男性打 HPV 疫苗能够预防感染上述疾病,并且可以降低伴侣发生宫颈癌的概率,是爱伴侣的一种表现。

HPV 疫苗虽然可以预防宫颈癌、阴茎癌,但是现在已经检测出的 HPV 亚型有 130 多种,而九价疫苗也只能预防 9 种 HPV 亚型,并且

HPV疫苗不能有效清除已存在的HPV感染，所以接种HPV疫苗并不是一劳永逸的，有性生活的人还是要定期到医院做HPV筛查。

很多男性、女性在感染HPV后没有特殊症状，即使成为病毒携带者也不自知。因HPV主要感染途径是性生活，所以没有安全措施的性行为是HPV发病率大幅上升的主要原因。

进行性生活时，双方都需要注意做好私处卫生，避免不洁性生活。同时建议在没有生产计划的情况下，进行性生活时使用避孕套，避孕套既可以避孕又可以起到预防交叉感染的作用。另外，通过接触感染者的衣物、生活用品、用具也有感染HPV的可能性。集体生活时，公用马桶、洗衣机、借用感染者衣物、洗衣盆等都有感染HPV的可能性。所以，注意个人卫生，私人物品专人专用，预防交叉感染很重要。

性伴侣多，又不做防护，会增加性传播疾病的发生率。个别人把频繁更换性伴侣当成一种时尚和能力的炫耀，是非常不可取的。爱惜自己和他人的身体，要从我做起，从日常习惯做起，做一个对自己、对伴侣负责任的人！

Q 听说艾滋病越来越多，怎么避免被传染？

困惑解答老师：王弘琦

不知道你是不是被听到的什么消息给吓到了，所以提出了这个问题。艾滋病（HIV）是一种至今没有办法根治的疾病，的确有点吓人，不过艾滋病可预防、可阻断、可控制，恐惧是没有必要的。

艾滋病，又被称为获得性免疫缺陷综合征（AIDS），是由于机体感染人类免疫缺陷病毒而引发的全身性疾病。艾滋病病毒感染可导致人体不同程度的免疫功能缺陷，未经治疗的感染者在疾病晚期易于并发各种严重感染和恶性肿瘤，最终导致死亡。

艾滋病病毒传播有且只有三种途径：性接触、血液和母婴传播。从这三种途径入手，避免感染艾滋病的方式是：性生活中正确使用安全套，在避孕的同时隔断艾滋病病毒的性传播途径；不使用不安全的血液及相关制剂，这一点，只要在看病、治疗的时候是在正规的医院都可以保证；不共用针头，不要吸毒；如果女性已经感染艾滋病病毒，在怀孕的过程中要在医生的监护下使用阻断药物，避免母婴垂直传播。

艾滋病病毒并不会通过皮肤接触或空气传播，主要为体液交换感染。虽然汗液、尿液、眼泪当中也含有艾滋病病毒，但是病毒量太少，只要不是伤口对伤口的直接接触，感染的概率是很小的。所以，即使和艾滋病病毒感染者共同进食或握手、拥抱，也不会感染！艾滋病病毒一旦离开人体后，生存能力就变得非常弱，普通的消毒剂、热水就可以消灭它！日常生活中，在公共场所被艾滋病病毒感染的可能性很小，所以艾滋病并没有那么可怕。

那为什么我们现在还是谈"艾"色变？第一个原因是因为人类目前尚无有效的疫苗可以预防艾滋病感染，并且没有药物能够彻底治疗艾滋病，"艾滋病犹如绝症""艾滋病病人犹如定时炸弹"是很多人对此的全部认知。事实上，在目前的医疗条件下，虽然艾滋病还不能完全被治愈，但是通过规范地服用药物，还是可以得到有效控制的，比如在产妇孕检中一旦发现艾滋病感染，就可以开始给予合适的抗病毒药物进行母体治疗和胎儿预防性阻断；高危及职业暴露后，我们即刻给予创面清洗一刻钟以上，碘伏消毒，并在第一时间（黄金24小时以内，越早越好）到当地疾控中心或医院进行专业咨询、检测，并开始使用预防性阻断药物；即使感染了艾滋病病毒，经过及时、规范的治疗后，可以和正常人一样生活，可以活到几乎正常的寿命。还有一点，国家对于艾滋病的检测和治疗都是免费的，这已经实行很多年了。

艾滋病让人恐惧的第二个原因，就是将艾滋病与"性"联系在一起，进而跟生活作风、道德品质、个人价值联系在一起，给艾滋病这一疾病蒙上了一层社会学的意义，由此引发的"恐艾"将注意力从疾病转移到了艾滋病病人身上。事实上，艾滋病仅仅是众多疾病，甚至是众多性传播疾病中的一种，性传播也仅是其中一种传播途径，艾滋病与个人道德没有关系。艾滋病是我们共同的敌人，艾滋病病人不是。"恐艾"对于防病毫无帮助。

青少年是知"艾"防"艾"的重要力量。2018年世界艾滋病日的主题口号"主动检测，知艾防艾，共享健康"明确了检测是知晓艾滋病感染状况的唯一途径。如果担心自己可能感染了艾滋病，我们建议青少年朋友采取以下措施。

1. 接受专业、全面的性教育课程，正确认识性取向，负责任地对待性行为。诸多媒体报道男性同性之间的非安全性行为较容易感染艾滋病病毒，我们要认识到异性之间的非安全性行为同样面临艾滋病病毒传播的高风险。理性评估性行为后果，正确使用安全套，是对自己的保护，也是对伴侣负责。

2. 建构积极的人生观、价值观；在医疗操作中避免不必要的注射与输血，不共用针具；珍爱生命，拒绝毒品。

3. 如果有过不安全的性行为或其他可能导致感染艾滋病病毒的行为，可以去当地疾病预防控制中心进行免费检测，或选择一家正规医院进行检测。市面上也有艾滋病检测包的自动售卖机可供我们选择。如果感染了艾滋病病毒，第一时间遵医嘱坚持治疗，积极面对人生，并且要坚守社会责任，决不恶意传播。

4. 不歧视艾滋病病毒感染者和艾滋病病人群体，尊重每个生命的存在和对希望的追求。正如电影《最爱》向我们叙述的那样：感染艾滋病病毒的群体不应该是一个与希望隔绝的孤岛，死亡也许会传播，但幸好，爱也会。

我们或许会对大灾难与日俱增的现实性感到恐惧，但更会被绝处逢生的生命力所鼓舞，携手同行。Come on, the young!

Q 我现在的生理发育程度已经能够让女生怀孕了吗？
困惑解答老师：王艺

从医学的角度来讲，当男性第一次出现遗精，就意味着男性拥有了生育能力，可以让已经正常排卵的女性受孕了。如果此时进行性生活，精子进入女性的阴道和子宫，女生又刚好在排卵期，精子和卵子在她的体内相遇，她就非常可能怀孕。如果你已经有遗精，那么从生理上来说，这个问题的答案是"是的，能够"。

从法律、健康、心理、经济和未来发展等其他角度来看这个问题，又是如何呢？我们一个一个来看。

从法律上来看，法律有明确规定和14岁以下女孩发生性关系，不管对方是否自愿，都构成强奸罪；若对方超过14岁，违背其意志，使用暴力、胁迫或者其他手段，强行与其发生性交的行为，也构成强奸罪。根据刑法规定，犯强奸罪，处三年以上十年以下有期徒刑；情节严重的，处十年以上有期徒刑、无期徒刑或者死刑。你首先要确保自己不违反法律。

从健康上来看，怀孕对于男生的身体没有什么影响，但是对于女生来说，不论是怀孕—流产，还是怀孕—生产，这个过程都会给她的身体带来巨大的影响，有些影响甚至是不可逆的。虽然你的身体不受影响，但是你也不能对怀孕给女生身体带来的伤害无动于衷。

从心理上来看，怀孕对于任何一对伴侣都是重大的事情，对于未成年人来说，压力会更大一些。女生怀孕之后如何处理，如何面对双方的父母、学校和社会的评判，自己的心理是否能够承受得住，对方能不能承受得住，会给自己和对方带来多大的伤害，对学业的影响等问题都应该考虑在先。

从经济上来看，女方怀孕之后，不论是选择流产还是选择把孩子生下来，都会带来经济上的负担，有可能花费巨大。以你现在的年纪，很明显，你是没有足够的经济能力的，你只能依靠父母的帮助，总不能选择偷、抢、赌等违法的行为吧。

从未来发展上来看，怀孕这件事需要小心处理，这样才可能将伤害降到最低。一旦处理得不好，不论你的家长是痛心、愤怒，还是支持你，学校和社会的舆论压力、女生身体损伤带给你的内疚感，都会让你不太好受，你的精神状态很难不受影响，进而影响你的学习效率，导致你成绩下降，甚至阻碍你追求梦想。

合适的时间做合适的事情，怀孕从来不是一件简单的事，青春期要承担怀孕带来的后果是非常困难的。如果你不能承受这样的后果，请充分考虑发生性行为是不是一个对自己、对对方都负责任的决定，或者选择使用安全套或其他有效的避孕方式。

此外，要郑重地提醒你，如果和你发生性行为的女孩意外怀孕，不要试图自行处理，不要相信路边广告，要寻求你信任的成年人的帮助，要带她去正规的医院看医生，切记！切记！

青春期是人生中非常美好的一个阶段，也是为梦想做准备的阶段，不要让意外打乱我们成长的节奏。

Q 怎样避免女朋友怀孕？

困惑解答老师：李海琛

有一对情侣在商议之后决定发生性关系，可因为没有提前准备安全套，女方便想拒绝这次性行为，但男方说："没事，我射在外面（俗称体外射精）就不会怀孕了。而且，可乐可以杀精，不行的话，我先喝一瓶可乐。"女方听了，觉得好像也可以，于是就同意了。结束之后，为了保险起见，女方还用可乐清洗了自己的阴道。两人以为这样就万事大吉了，结果三个月后，女方发现自己怀孕了。

为什么会这样呢？因为他们犯了三个错误。

1. 可乐没有杀精效果。

曾经有位妇产科医生把精子加入可乐中，发现精子的活力严重衰退，于是那位医生就认为可乐可以杀精。其实，把精子放进纯净水里，结果也是一样的，甚至精子的活力降低得更快。因为精子适宜的生存环境就不是可乐之中啊！谁没事会把可乐注射到精囊中或是把阴茎浸泡在可乐里呢？

有人说，可乐中含有的咖啡因会降低男性精子的活力。丹麦医生詹森曾经对2554名年轻男子的精子质量和咖啡因摄入情况进行了调查，结果发现：每日饮用咖啡（咖啡因总量低于800毫克）、可乐（每天两瓶500毫升装）压根儿不影响精子的数量、活力与形态。所以，企图用"喝可乐杀精"来避孕是不科学的。至于每天"巨量"喝可乐的人与其担心精子质量，不如先担心巨量糖分摄入带来的健康风险。

2. 可乐冲洗阴道不仅不能避孕，反而会损伤阴道。

据说南美人在20世纪50年代发现了"可乐冲洗阴道"的避孕方法。但研究表明，这样的方法并不能起到有效避孕的作用。相反，有研究者指出，可乐会破坏阴道上皮细胞，增大阴道破损、感染的可能。所以，此种方法不可取。

3.体外射精避孕的失败概率高。

体外射精，也叫性交中断法、体外排精避孕法、阴道外射精，指性交期间男性在达到性高潮之前及早将他的阴茎从性伴侣的阴道里抽出，使精液排在外面，避免女方怀孕。这是一种古老的避孕方法，但失败率也极高，一方面是因为在射精前，阴茎会有部分精液流出，使得精子进入阴道，另一方面是把握射精的时机有困难，如果抽出太迟，容易将部分精液射在阴道内。因此，体外射精也是一种有风险的避孕方法。

除了前面提到的"可乐杀精"法和体外射精法之外，还有安全期避孕，服用复方短效口服避孕药或紧急避孕药，使用安全套（男用、女用均有）、避孕贴片、阴道避孕环、皮下埋植避孕剂、避孕针剂、阴道隔膜、子宫帽、避孕棉、杀精剂，安装宫内节育器或绝育等避孕方法。其中，各国卫生部门优先推荐的避孕方法是皮下埋植避孕剂。

这么多避孕方法，其中有不靠谱的，也有靠谱的。

1.不靠谱的避孕方法有以下几种。

安全期避孕。因为女生的安全期计算不是百分百准确，所以，计算出来的"安全期"可能是"不安全期"，在这个时期进行性生活是有可能怀孕的，并且卵子和精子在被排出之后都有1~3天的存活期，这就进一步延长了"不安全期"的时长。

上边提到的体外射精避孕也是有名的不靠谱避孕法，失败率极高。

另外，像误信"可乐杀精"一样，盲目地服用或外用各种奇奇怪怪的东西，以达到避孕目的的方法，都是没有科学根据的，不仅不能避孕，还可能对身体造成伤害。

2.靠谱的避孕方法有以下几种。

药物避孕法：复方短效避孕药（需要长期、规律、按时服用，漏服有很大的避孕失败风险）、紧急避孕药（仅推荐在发生无保护性行为时使用，不可作为常规避孕方式使用）、避孕贴片、皮下埋植避孕剂、避孕针剂、避孕棉、杀精剂等。

非药物避孕法：安全套、宫内节育器、阴道避孕环或者绝育，等等。

需要注意的是，每种避孕方法有其优劣，可以在详细了解后选择最适合自己的方法，诸如安装宫内节育器、皮下埋植避孕剂、注射避孕针剂等需要借助医生的专业手段来完成，建议先咨询专业人士后再决定是否使用。

特别指出：目前包括我国卫健委在内的世界很多国家的卫生部门推荐的长期避孕方法是皮下埋植避孕剂，这种避孕方法具有简便（几分钟的门诊手术，无须缝合）、长期（一次手术起效5年）、高效（避孕成功率高于99%）和可逆（将药剂取出后可以很快恢复生育能力）、无副作用（只含有孕激素，不含有雌激素）等明显优势，需要去正规医院完成手术。而全程、正确使用安全套则是唯一可以同时避孕和预防艾滋病病毒等性传播疾病的方法，可根据需要选择或同时使用。

怀孕对于学生，尤其是未成年学生来说，后果将会是不可估量的。如果选择生下孩子，那么抚养孩子会给你带来非常大的困难，你自己还是学生，还需要人照顾，照顾孩子就更不容易了；如果选择不把孩子生下来，那流产会对女生的身体产生不小的伤害。再加上外界的压力和精神上的影响，男女双方都可能会遭受身心的双重伤害。

你能够在和女友发生性关系之前主动考虑避孕的事情是值得称赞的，这说明你是一个注重健康且有责任感的人。在性行为中采取的避孕措施，应该在双方的协商下进行，这是双方共同的责任。同时，坚持"自主、健康、责任"三原则，互相尊重，如果有一方不愿意发生性行为，也应该对他/她保持尊重，而不应强迫对方同意。即使有时女生可能会提出不采取保护措施发生性行为的建议，你也应该坚持原则，保护自己，也保护对方。这是对彼此都有利的事情。

Q 有时候看到路边有安全套售卖机，我能用吗？怎么用？

困惑解答老师：王艺

路边的安全套售卖机是各地卫健委下属的机构安装、维护的，里面的安全套质量可以保证，价格也比较便宜，虽然体验可能一般，但是对于经济条件较差，又可能会忘记提前准备安全套的年轻人来说，是个不错的备选项。所以，有关部门也有意地将售卖机安装在校园内或校园周边等年轻人聚集的地方，有些还是免费发放的。

你可以用吗？当然可以。怎么用？我教你。

安全套是唯一可以同时避免怀孕和预防性病，尤其是艾滋病病毒传播的避孕方式，并且经济、易得、方便、无副作用（唯一不能使用的情况是对乳胶过敏），是年轻人首选的避孕方式。除了男用安全套以外，其他的避孕方式，不论药物的还是非药物的，都是作用于女性身体的，其副作用也是由女性承担的。不采取避孕措施或是避孕失败，后果更是由女性承受的。可是性生活是双方一起进行的，避孕责任也应当由双方一起承担。但是的确有很多男性不肯承担这一责任，而是将其完全推给女性。

以下是安全套的正确使用方法：

1. 选择正规厂家生产的安全套，从正规渠道购买，检查尺寸是否合适，检查有效期；

2. 正确打开安全套包装（隔着包装将安全套轻推到一侧，从另一侧撕开包装，不要用牙咬，不要用锐器剪切，小心安全套被指甲划破）；

3. 向安全套里吹一口气，让储精囊（安全套顶端小囊）充满空气，检查安全套是否漏气，不漏气才能使用，然后再挤出安全套储精囊中的空气；

4. 用手将阴毛向后推，按正确的方向将安全套套在阴茎的龟头上，将安全套沿勃起的阴茎推到根部；

5.性交，射精；

6.在阴茎疲软之前，从根部按住安全套，抽出阴茎；

7.再次检查储精囊是否破裂（如破裂，说明避孕失败，女性需服用"事后避孕药"以避免怀孕，不要心存侥幸），将安全套打结，避免精液流出，用纸巾将其包好后扔到垃圾箱里。

安全套的使用有两个常见的误区，需要你注意：一是为了安全戴两层安全套，这样反而会因为两层之间的摩擦导致安全套破裂；二是阴茎勃起之后先进入阴道，射精之前才戴套，这样做会降低避孕的成功率，因为阴茎射精之前会分泌前列腺液，前列腺液中也含有少量的精子，可能导致怀孕，更不要说还有可能发生一时"失控"没来得及戴套就射精的情况了。

安全套里面套住的不仅仅是几毫升的精液，还有对女性身体的爱护、对双方健康的保障和共同承担避孕及保护健康的责任。你主动提出这个问题，我很高兴，因为你是爱惜女性、尊重女性、勇于承担责任的好男生。

第六节 关于女生，你该知道的

男生、女生分开做性教育，很长时间以来是一个传统，甚至成为一件自然而然的事情。世界上大多数人都可以划分为男和女，一般来说，每一种性别各占人口总数的一半。了解另一半人群，本身就是在了解和学习这个世界。

从几岁开始，男生就会有"女生是什么样的"这样的疑问，这样的好奇心将会一直保持，若没有正确和完整地了解关于女生的生理知识，以错误的方式将自己对女生的好奇心表达出来，就容易发展为侵犯女孩子的错误行为。

只有互相了解，才会知道什么样的行为会对自己或他人的身体和精神造成伤害，才有可能提前采取措施避免这样的伤害。

另外，在日常生活中，我们和各个年龄段、各种身份的女性总是要构成、缔结某种关系，了解对方的生理知识，是了解对方的基础，有利于在相处过程中适当地尊重、理解和帮助对方，对于建立良好的同学关系、职场关系和亲密关系都有很大裨益。

Q 我有必要了解女生的身体吗？
困惑解答老师：陈玉梅

在我的性教育实践中，总会遇到有男生说"我是男生，不用学女生的相关生理知识"的情况。男生有必要了解女生的身体吗？当然有！我可不会在课堂上做多此一举的事情。

作为男生，了解女生身体的必要性，有以下几点。

1. 从了解科学知识的角度来说，人类是世界上最具智慧的高级动物，我们对世界的一切都进行探索，当然也包括我们自己的身体。每个人都应该更好地认识我们的身体，知道身体部位的构造以及功能。当然，我们也应该了解异性的身体构造，把这当作科学的一部分去探索、学习。再说了，世界上一半人口的样子，你不好奇吗？了解女性，就是了解这个世界的方式之一。

2. 从保护自己和伴侣健康的角度来说，了解女性的身体，有利于预防性病、艾滋病等疾病的感染和传播；有利于避免受伤，同时懂得如何处理外伤；有利于获得和谐的性生活；有利于合理避孕；有利于计划受孕和生产等，好处太多啦。

3. 从建立尊重、平等、包容的价值观的角度来说，了解了女生的身体，我们会明白女生的身体构造以及青春期女生身体会出现的变化，这更有助于我们尊重、关爱身边的女性，并且了解她们何时需要什么样的关爱，比如在旅游途中，对排队等待上卫生间的妈妈更有耐心，帮月经期间的女朋友买卫生巾；比如在有人歧视女性、物化女性的时候，能敏锐地察觉到并勇敢地支持女性，至少不要同流合污。

4. 从建立良好的亲密关系的角度来说，我们面对伴侣、孩子和其他家人时，足够了解女性的身体，也能更好地促进亲密关系的发展。将来我们也会有子女，也可以将我们学习到的科学知识传授给自己的孩子，帮助孩子做好性教育。

综上所述，不管你是为了满足自己的好奇心、保护自己和伴侣的身体，还是为了人际关系的和谐，又或者是为将来家庭和美做准备，我们都有必要了解女生的身体。对女生的身体了解得更多，是为了平等与尊重、关心和保护。期待你的班级、家庭因为你的爱、责任和担当变得越来越好！

Q 女生的身体和我的身体有什么不同吗？
困惑解答老师：刘玉兰

你想要了解女生的身体和自己身体的不同，我觉得非常好。

女生和男生身体的不同，从一出生就有表现，这个时候两性身体的差异主要体现在生殖器官的不同。小婴儿一出生，医生或者家人就会根据他/她两腿之间的外生殖器来区分是男孩还是女孩。

你应该已经知道，男孩的外生殖器就是阴茎和阴囊。阴茎头上有个开口，叫尿道口，是排出小便和精子的通道。

女孩的外生殖器就是她的外阴部。外阴部的最外层有点像花瓣形状的结构，叫阴唇。阴唇里面包裹着两个开口，前面是尿道口，后面是阴道口，前者是排尿通道，后者是女生青春期形成月经以后排出经血和胎儿分娩的通道。

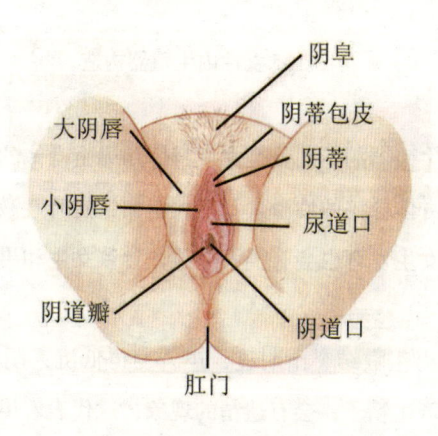

图 1-4 女性外生殖器构造

我们通常能看到的是外生殖器的不同，但是两性身体内部的生殖器官，也就是内生殖器，也有不同。

男生的内生殖器包括阴囊里面的睾丸和附睾，它们分别有产生精子和储存精子的作用，两侧附睾还各有一根细细的管子，连通到阴茎的尿道，这是精子输出体外的通道，详情可查看图1-1。

而女生的内生殖器包括：一个倒置的梨形的子宫，这里是胎儿生长发育的地方，子宫颈开口处和阴道相连；子宫两边各一个卵巢，是产生卵子的地方；两侧卵巢各有一根输卵管，是输送卵子的通道。

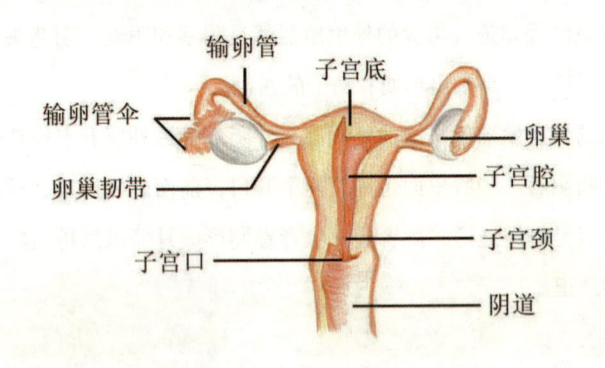

图1-5 女性内生殖器构造

这些内外生殖器的不同就是女生身体和男生身体的不同之一。到了青春期，男女身体分泌的性激素量大大增加，同时性激素比例发生了很大的改变，男女生发育也会有很大差异，导致女生和男生的身体有更多的不同。

青春期的男生喉结突出明显，声音变得低沉；阴茎和睾丸都会变大；睾丸能够产生精子，会有遗精的现象，这代表着男性生殖器官进一步成熟，男性有生育能力了。男生的乳房一般不会发育，有些人偶尔会有"一过性"短暂发育。

女生到了青春期，喉结也会有突出，但不明显，声音会变得尖细；乳房开始发育，变大，这为以后的哺乳做准备；子宫内膜每个月会发生周期性改变，产生月经；卵巢可以产生卵子，每个月会排卵，这也说明，女性生殖器官发育趋于成熟，女性有生育能力了。

说到这里，我想你应该清楚女生和男生身体的差别了吧？

我们需要了解自己和别人的身体，因为世界的组成本来就是如此，这是知识，也是帮助我们更好地了解和认识世界的一种方式。了解男生女生的身体差别，了解身体界限，才能更好地珍爱自己、保护自己和尊重别人。

同时，正是因为了解了彼此身体的不同，男生和女生之间才能够相互理解、相互尊重、和平相处。男生才能学会和自己家庭中的女性，如妈妈、姐妹以及未来的女朋友、妻子和女儿建立良好的亲密关系，促进家庭和谐、幸福。

Q 听说女生的内裤比男生脏很多，是她们有病吗？
困惑解答老师：王艺

大多数时候，我们的感受是女生要比你们男生干净得多，身上不会总是汗津津的，身体不仅没有异味，反而香喷喷的，卫生习惯通常也比你们男生好得多，衣服、头发、双手，都会洗得更勤、更干净。有一件事的确算是个例外，就是女生的内裤，经常会有"脏"东西，有时还会伴随"异味"，往往洗过几次之后，女生内裤底部就会变色，很难再恢复原来的颜色了。这是为什么呢？是她们不讲卫生？不对啊，明明很讲卫生的。是她们生了什么病？那这生病的比例也太大了。当然不是女生不讲卫生，也不是她们生病了，更不是做了什么"见不得人"的事情。不过，对于很多男生来说，这的确是个知识盲区。

女生内裤上的"脏"东西，总体来说有三种：尿液、白带、经血。我分别给你解释一下。

男生的尿道细且长，小便之后，阴茎甩一甩，就可以将残留的尿液甩干净。相比之下，女生的尿道短而宽，阴部面积大，每次小便之后都需要用纸擦拭，但是完全擦干净有点不可能，所以内裤上难免会有残存的尿液，更不要提有些女性还有怀孕、生产引起的遗尿问题呢。尿液难免是有点颜色和气味的。

白带是女性的阴道分泌物，白色糊状或蛋清样，黏稠，无腥臭味，量少，呈弱酸性,其性状与分泌量随月经周期变化，作用是保持阴道润滑，减少阴道前后壁之间的摩擦，保护阴道壁不受损伤，并且防止致病菌在阴道内繁殖。白带分泌量并不多，但是仍然会有少量沾到内裤上。正常的白带是没有异味的，但是沾在内裤上久了，其中的有机物会发生一定的反应，从而产生气味；另外，由于各种阴道炎症导致的病理性白带也有可能有异味，这时候，女生需要去医院就诊治疗。阴道炎症可能通过性传播，但是更多的时候，引起阴道炎症的微生物本来就是人体内与人类正常共存的微生物，只有在身体或环境异常的时候才会引发疾病。大多数的阴道炎症与性生活无关，没有性生活的女性也有可能得阴道炎症。不过，如果已经得了阴道炎症，再进行性生活的话，会加重炎症并进一步传播。

经血在月经期间会及时被卫生巾等卫生用品吸收，然后被扔掉。没有人会愿意经血流到内裤上。但是很多女生来月经时是没什么预兆和感觉的，发现自己来月经往往就是因为在内裤上看到了经血。月经期间，卫生用品更换不及时、放置位置不合适或选择、使用不当，经血流到内裤上也是难免的事。如果是在家里，当然会马上换一条内裤，可如果没有条件马上更换内裤，也就只好忍受内裤上的血一直留到回家或方便更换内裤的时候。沾染了血液的衣物，尤其沾染的时间长了，是很难被洗干净的。

尿液、白带、经血，在体内时都是正常的，弄到内裤上后就成了"脏"东西。所以，女性的内裤脏了，绝大多数时候并不是她生病了，更不是因为她做了什么"坏"事。女性只要每天更换内裤，就不会有恼人的气味了。

这回你明白了吧！

Q 女生来月经是怎么回事，女生月经期需要特别照顾吗？
困惑解答老师：李伟

女生进入青春期之后，卵巢里的卵泡逐渐发育成熟，同时产生雌激素使子宫内膜发生增生期变化，发生排卵；排卵后，黄体形成，子宫内膜逐渐增厚，等待受精卵着床；排出的卵子如果在 1～3 天之内没有遇到精子，无法形成受精卵，就会慢慢凋亡；紧接着，黄体开始萎缩，子宫内膜得不到性激素的支持，发生萎缩、坏死、脱落，从而月经来潮。

那男生需要学习月经的相关知识吗？女生月经期需要特别照顾吗？在她们需要的时候，我们可以提供哪些有效的帮助呢？

有的男生会发现，女生每个月有几天在上体育课的时候不能参加跑步、跳绳、打球等剧烈运动。这是因为在月经期间，有些女生会有盆腔充血、轻微的腰酸、腹部胀痛的情况，如果这时进行剧烈运动的话，会加重腹痛、腰酸的症状，同时也有可能会导致月经量增加。这种情况对女性来讲不太好，不利于身体的恢复。

少部分女生在月经来潮前，因为激素水平的改变会出现以下症状。

1. 精神上，烦躁、易怒、失眠。
2. 生理上，乳房胀痛、头痛、腰酸、腹部胀痛。

经期除了可能会腹痛，还得每天使用卫生巾，下身会感觉湿热、黏稠，极不舒服。这些都可能引发女生的"坏脾气"。所以，在她们经期发小脾气的时候，男生请多给予一些理解和体谅，可以说一些幽默的小笑话化解她们烦躁的情绪。

你还会发现有的女生月经期怕冷，忌冷水。这是因为部分女生体质寒凉，月经期遇冷水刺激，会增加月经量，加重腹痛。因此，在她值日的时候，你可以帮她承担需要接触冷水的劳动。还有很多女生来月经的时候和平常的状态差不多，没有什么不舒服的感觉。有的女生月经期就是吃冷饮也没有关系。这些影响都是因人而异的。所以，不是所有的女生一到月经期就会特别虚弱，需要特别的照顾。

　　我们男生还可以在哪些时候进一步帮助女生呢？在性教育夏令营中，一个男生和我们分享了一个故事：他的女同学有一次因为来不及更换卫生巾，经血外渗到裤子上，他正好看见了，赶紧上前轻声地提醒她，并且将自己的校服外套脱下来，系在那个女生的腰上，这个暖心的举动及时化解了她的尴尬。

　　还有的时候，女生没有提前准备好卫生巾，如果她不方便去买，我们男生是否可以帮忙购买呢？这时候有的男生可能会觉得尴尬，不好意思。以前我们觉得月经不洁，拿女生月经开不适当的玩笑，这是对月经的"污名化"，是由文化的局限和对月经的不了解导致的。其实想想我们每个人在出生前，都在母亲的子宫里生长了数月，月经是每个女性最自然的生理现象，也是她们能正常孕育生命的前提条件之一。当你充分地学习和了解了女生的月经知识，你可以将这份关心传递给同学、妈妈、姐妹及未来的伴侣。充分尊重和关心女生，我们男生也将会受益。如果你在帮助女生购买卫生巾前，能先了解她平常使用的品牌和材质，那就更加暖心了。

　　希望这次的回复能让你进一步了解女生月经期生理和心理上的特点。在恰当的时候，你给予的关心和帮助正好是她们需要的。

Q 我又用不上卫生巾，为什么要学习如何使用？
困惑解答老师：黄晓霞

作为一名男性，你确实不会来月经，所以理所当然地认为自己不会用到卫生巾这种女性月经期的专属物品。但是卫生巾也可以用来垫鞋子，增加鞋底的舒适度，危急时刻还可以把它当作纱布，用以止血、包扎伤口，或者万一瓶装水不小心被碰倒了，临时用它来吸水也是不错的选择呢。所以你看，学无止境吧！

当然，你发问的角度还是针对女性卫生用品的，我先讲两个故事给你听。

第一个故事发生在教室里，前座女同学的卫生巾不小心掉在地上，被后座的男同学捡起来。这位男同学发现：咦，好大的创可贴！于是，他撕开卫生巾后面的粘纸，将卫生巾轻轻地贴在了那个女同学的后背上。不巧的是，老师刚好叫那个女同学站起来回答问题，所有看到这一幕的同学都哄堂大笑，让这位女生一下子不知所措，尴尬得哭了起来。如果你是这个男生，或者你是班级里的一员，你会怎么做呢？

第二个故事是一个妈妈告诉我的。那天她女儿在乘公交车回家的路上第一次来月经，她自己并不知情。一个比她大一些的陌生男孩子把她拉到一边，悄悄告诉她她的裤子被弄脏了，还把自己的毛衣围在她的腰上，这样她一会儿就可以安心走回家了。她女儿一开始觉得有点尴尬，就对男孩说不用了，但是男孩坚持把衣服给她，还对她说："我也有妹妹，没关系！"怎么样，听完是不是感觉特别温暖？

所以，如果你学习过关于卫生巾的知识，你就会更加尊重别人的隐私和隐私物品，不会因为好奇而去做一些看起来是恶作剧但会给他人带来尴尬的事情；如果你学习过关于卫生巾的知识，你会为人类的聪明才智、科技的飞速发展而惊叹，这么个小东西居然可以吸收这么多液体；

如果你学习过关于卫生巾和月经的知识，也许能在他人危急之时雪中送炭，或者有一天当女朋友忘记带卫生巾而需要你帮助去买的时候，你就不会对着超市货架上琳琅满目的卫生巾包装目瞪口呆，惊讶卫生巾原来还有日用、夜用、护垫等区别了；如果学习过关于卫生巾的知识，当其他人污名化卫生巾和月经的时候，你就不会跟风，甚至会勇敢地指出他们的错误，做一个智慧的人。

就像化学、物理等学科中的某些知识，如果不是用于考试，也许你一生都用不到，但我们依然需要学习这些课程，因为这些课程是基础课程，有助于我们以后能更好地感受生活、感知世界。

所以总结下来，之所以你要学习卫生巾的相关知识，一是为了满足你的好奇心；二是为了更新你的知识；三是为了收获更和谐的人际关系，为了在与其他同学相处时更加坦然，也为了以后你可以做一个更加体贴的同学、男朋友、儿子和父亲。

Q 为什么女朋友一到月经期就脾气暴躁？
困惑解答老师：张琴琴 王艺

生活中，很多女性在月经临近时或月经期间会有生理上或情绪上的变化。

女性在月经前或月经期间变得情绪低落或脾气暴躁，这可能是经期前综合征（简称 PMS）的表现。经期前综合征的症状分为两类：一类是生理症状，包括小腹发胀、乳房胀痛、体重增加、头疼、腹部绞痛和食欲增加；另一类是心理和情绪上的症状，包括疲劳、抑郁、易怒和性欲的变化。不过，目前没有确切的方法可以对此做诊断，更多的是在各种检查排除其他疾病之后，将其作为剩余选项。

经期前综合征与月经周期的激素水平变化有一定关系，但是这种激素水平的周期性变化带来的身体反应大多是轻微的，在身体可承受范围之内，只有极少数人会有比较严重的症状，影响她们的正常生活。但是我们发现生活中宣称自己在月经前有各种不适，甚至严重到要请假、要人照顾的女性比例，远远高于从医学角度判断的女性比例。这种现象可能是心理原因的影响高于生理原因的影响而导致的。也许是因为她正在承受生理上的痛苦或遭遇生活上的麻烦，比如痛经，比如卫生巾的潮湿、闷热，比如不小心弄脏了床单，这些事情让女生非常烦躁；也许是"要怎样""不要怎样"等这类月经专属限制，让她觉得自己遵从吧，很蠢；不遵从吧，心中不安。带着这样的矛盾心态，她的心情肯定好不了。

受我们的社会文化影响，大家称呼月经时不能直说，一定要起一个别的名字来替代，如"倒霉""来事儿""大姨妈"等。这其实都是在以隐晦的方式告诉人们月经是不好的，会给人带来麻烦、不便。如果你女朋友也这样认为，或者一直被告知月经就是这样的，那她情绪糟糕是情理中的事情。

再一个，女朋友是否受到过重男轻女思想的伤害？一些女孩在重男轻女的环境下长大，会对女性性别不接纳，而月经又是性别的明显标志和体现，所以在月经期间，女朋友因以往受到的不公正待遇所积压的负性情绪被激发，她就变得脾气暴躁了，甚至连她自己都意识不到这一点。

又或许她总是被周围的人告知：月经期要当心，会难受的，会肚子疼、会易怒、会抑郁等。也许告诉她的人是出于对她的关心，但女朋友通过实践渐渐将其变为"自我实现的预言"。

原因找到了，办法就有了，对不对？

你可以想办法缓解女朋友身体上的痛苦，帮她解决生活上的麻烦，提醒她或帮她准备好止痛药、热水袋、卫生巾，跟她一起学习卫生棉条等更舒服的升级版卫生用品的使用方法，帮助她做家务，送巧克力给她（甜食让人快乐，有止痛作用，这是有研究依据的），等等，办法很多。

你还可以跟她一起学习生理、医学的知识，从根本上认识种种禁忌的无知、无聊，甚至可笑，解除经期的种种不科学的限制；一起提升性别平等的理念，充分学习和认识到那些月经的所谓污名，本质上是对女性的污名化和矮化。你作为男生，主动传递月经的正面信息，对女朋友来说是非常大的鼓舞，毕竟污名就是来自男权。你告诉她月经是一件正常的、普通的、体现生命活力的事，而不是糟糕的事；月经是女性正常生理功能的体现，表示你的身体很健康，子宫的机能在发挥作用等。在对话中，让她了解月经是她生活的一部分，是她作为女性的特有现象，她应该骄傲，你也为她骄傲。如果你做了这些事，女朋友一定会有不同的表现。

女朋友月经期发脾气的原因还不能排除以下几点：也许你惹到了你的女朋友、女朋友对你有意见很久了，她借着月经期发作出来；或者她是借此对你耍赖、撒娇，要求更多的关注与关心。这就需要你通过观察和沟通，自己跟女朋友解决问题了。也许，这些月经"症状"正是你们表达亲密的一种方式。每一对伴侣都有自己特有的亲密关系方式，适合自己的就是好的。

可是，如果女朋友在月经期的脾气非常暴躁，让你无法忍受，无限地倾听、理解、关心也不奏效，你无法与她沟通和协调，这时候你要考虑的就不仅仅是月经的问题了，而是你们的亲密关系的问题。

你能主动来信求助，我相信你一定是愿意对自己和双方的亲密关系都积极负责的人，也相信你可以把这件事情处理好，加油哦！

Q 女生的阴唇颜色深，是不是说明她有过性生活？
困惑解答老师：王晓斌

女性的阴唇颜色深，不能说明她有过性生活。

女性生殖器官包括内生殖器和外生殖器两部分，其中，阴唇是外生殖器的一部分。阴唇分大阴唇和小阴唇，大阴唇是一对隆起的皮肤皱襞，互相靠近，对外生殖器起到保护的作用；小阴唇是位于大阴唇内侧的一对皮肤皱襞，对尿道口及阴道口起到封闭和保护的作用。

女性的外生殖器的颜色和形状不完全一样，会随着个体的差异而有所不同，阴唇的颜色也受以下几个因素的影响。

1. 性激素会影响阴唇的颜色。女性在性激素的影响下，阴部会充血、色素沉积，或女性孕期激素变化，也有可能导致阴唇色素沉着。

2. 外部摩擦会影响阴唇颜色。阴唇长期反复受到外来摩擦，会导致其局部色素沉着增加，而这个摩擦可能是来源于骑自行车、健身房的单车训练，或者日常生活中裤子太紧压迫了血管流通，当血液循环不顺时，黑色素沉淀，会使阴唇的颜色变深。

3. 长期使用药用或者碱性洗液清洗私处。清洗私处时所用的化学产品会导致阴唇皮肤粗糙或者老化，从而使阴唇的颜色变深。

4. 遗传因素影响阴唇颜色。阴唇的颜色与肤色有一定的关系，如黄种人的阴唇多为浅咖色或者浅褐色，白种人的阴唇大多颜色较浅，黑种人的阴唇大多颜色偏深。

所以，导致阴唇颜色深的因素有很多。女性阴唇的颜色深，并不能说明她有过性生活。

然而，有些男生因为受到带有性别偏见的网络信息的影响，错误地认为女性的阴唇颜色深是因为她有过性生活或者性经验丰富，从而盲目地追求拥有"粉嫩的私处"的"纯洁"女性。这是受文化糟粕中的性别偏见、处女情结、贞操观念所影响，也是被"男尊女卑"的传统文化所束缚，是对女性的压抑和歧视。其实，女性私处是否粉嫩与其是否发生过性关系没有关系，女性阴唇颜色深不代表她有过性关系。即使女生有过多次性关系，也并非就不"纯洁"了。不要做一个以处女情结为性别偏见，从而去压迫女性的男生。

处女情结和妇女贞操观产生于"男尊女卑"、婚恋不自由的旧社会文化环境，那时候的女性是男人的附属品，男人以婚前、婚后不能与其他男人有性关系的贞操观来束缚女性的身体和性观念，以此保障女人所生的孩子是男人的血脉，避免家产外流。而那个社会环境下的男人被允许在家妻妾成群，在外与很多不同的女性发生性关系，与此同时，妻妾却被要求守住贞洁，从一而终。这种不平等的婚姻关系是父权文化下性的双重标准的具体体现，也是男权对女性的占有和控制。所以，"处女情结"本身就是一个值得反思和批判的社会文化心理，如果你在意阴唇的颜色是因为处女情结，你看重的是女生是否与其他人发生过性关系，那么你需要反思自己是否是一个控制欲强和缺少男女平等意识的男生。现在社会进步了，男女平等，婚恋自由，每个人都有自由选择的权利，女人的情感、身体和内心都不需要被迫对任何一个男性"守贞"，只有平等和相互尊重的伴侣关系才是幸福的。

再者，阴唇的颜色不需要改变，健康比颜色更重要。女性可以从以下几个方面去保养阴唇：

1. 注意保持阴部的卫生；
2. 多用花洒清水冲洗阴部，少用刺激性洗剂；
3. 选择透气、宽松和舒适的内裤，少穿紧身裤；
4. 适当地运动，加强血液循环，有助于色素代谢。

男生学习保养阴唇的方法，有助于在未来更好地关爱女性恋人、伴侣或者家人。爱她，就要接纳和尊重她身体的每一个部分。

Q 女生第一次性生活一定会流血和疼痛吗？
困惑解答老师：胡艺

让我们先来思考一下，如果女生第一次性生活会流血的话，那这个血是从哪里来的呢？答案是阴道瓣破裂！

什么是阴道瓣呢？阴道瓣就是我们俗称的处女膜，又叫阴道瓣。在2015年，瑞典语言委员会就已经正式批准将"处女膜"更名为"阴道瓣"。我个人非常喜欢阴道瓣这个学名，因为"处女膜"这个称呼对女性有物化的隐喻，有对女性性别、贞洁的标签，有着道德的评判。

所以，这实质上是在问跟阴道瓣有关的问题。

阴道瓣其实只是女性阴道口一层富含血管的薄膜组织，是由黏膜的皱襞形成的一个类似于膜状的东西。每个女性的阴道瓣都不一样，有唇形、环形、筛状和闭合等30余种形态，其中，闭合形态可能需要做手术切开。当然，也有的女生天生就没有阴道瓣。

在初次性交中，有些女性的阴道瓣破裂时会出血较多，有的会伴有比较剧烈的疼痛，还有一些女性的阴道瓣破裂时出血很少，血液并不一定会流出阴道外，像较厚且弹性很好的伞形阴道瓣就有可能完全不破裂。

在进入青春期之前，女生的雌性激素分泌较少，阴道瓣很脆弱，像跳高、骑马、骑自行车等多种剧烈的运动都可能造成阴道瓣破裂。当然，自慰或其他的性活动也有可能造成阴道瓣破裂。

到了青春期，女生体内开始分泌更多的雌性激素，阴道瓣变得厚实、有弹性，这个阶段做剧烈运动或是进行性生活都有可能无法让阴道瓣破裂。

性成熟后，阴道瓣随着年龄的增长再度变薄，破裂的可能性加大。

在初次性交中，并不是所有的女性都会感到疼痛的。性交中的疼痛除了有可能是阴道瓣破裂的原因，还有可能是因为缺乏阴道润滑或阴道痉挛。当然，缺乏性教育、对生殖器的恐惧、性创伤（如强暴）、本人或对方对于踏入性交界限所抱有的罪恶感、对性的畏缩心态、强迫性交以及女性身体激素失调等，都能导致女性在性交时有疼痛感。当然，在初次性交中，有些男性也会有疼痛感，如果姿势不正确或是发生意外，男性也会受伤。

所以为了避免或减轻疼痛，在初次性交前，一定要对相关知识有一定的了解；选择一个舒适、安全的环境，相互引导，消除双方的紧张感，做好前戏并准备好相应的避孕措施（如安全套）。当然姿势也非常重要，尤其是男性，一定不能太粗鲁。

少量的流血和疼痛不用太过于紧张。如果在性交中，女性出现流血不止，或是在性交结束后持续疼痛且疼痛感不减轻，我们还要考虑她是否存在生理或病理的原因，如一些妇科疾病或是感染等情况。若出现上述的任何问题，都应该及时去医院检查、治疗。

话说回来，因为阴道瓣会在第一次性交时破裂，所以从古至今、从中到外，人们总是以新婚之夜新娘是否出血作为是不是处女的证据。这种判断方法非常无知，也不科学，而且对女性非常不公平。这不单单是在假定没有完整阴道瓣的女性就不是一个处女，更是在传递错误的观念：女性的身体不属于她们自己，她们需要守住贞洁给自己的丈夫，而没有贞洁的女性是不值钱的、羞耻的。

多少女性因为没有达到这一评定标准而命运悲惨，甚至被结束了宝贵的生命啊！

你要如何判断、选择，如何做呢？

Q 处女膜是怎么回事？不是处女就是女生不自爱吗？
困惑解答老师：高艳丽

很多人认为处女膜是一层封闭的薄膜，捅破了就是破处啦！这是错误的认知，错得离谱！

处女膜的学名叫阴道瓣，是阴道开口附近的皱褶组织，是女性胚胎发育完成后的遗留物，在女性还没有出生时就有，并且跟着身体一起变化。当女宝宝还在妈妈子宫里的时候，为了让阴道和别的器官分开，小胚胎的阴道口出现了完整的膜。随着阴道的形成，这个膜就有了开口。女性出生后，膜的开口会随着身体发育慢慢变大，在女性生长发育前期，这层膜有保护内在生殖器和阴道的作用，当女性成熟后，它的用处就不大了。

阴道瓣到青春期时的形态和厚薄各异，通常呈一圈环形皱襞状，宽约0.5厘米，中间有孔，其孔隙可呈轮状、环状、半月状、筛状等多种形态，以便月经血和分泌物流出。当然，也有异常的情况，有些女生的阴道瓣是完全封闭的状态，在青春期无法来月经。这样的情况需要到医院治疗。

了解了处女膜以后，我们再了解一下所谓的处女。

很多时候，我们会被影视作品，尤其是古装剧，和传统观点所影响，认为初夜会见血，只有处女才是贞洁的，女孩子要好好保护那层膜才叫洁身自爱，等等。要知道，古代的女孩子在十三四岁甚至更早的时候就嫁人，开始性生活，本来她的年纪就小，性发育还没有完全成熟，阴道瓣开口不大，进行性生活就很容易造成阴道瓣的撕裂，导致出血见红。

阴道瓣除了会随着我们的性成熟变薄以外，还因为它长在阴道口附近，非常脆弱，所以很容易撕裂。像跳高、骑马、体操、骑车等剧烈运动，阴道用药，某些繁重的体力劳动等，都可能导致阴道瓣的撕裂。有些女孩因为年幼无知，将异物塞入阴道，也会造成阴道瓣破裂。所以，一个女生是否是处女和那道膜没有什么关系!

"处女膜"这一说法本身就充斥着男性对女性的控制、占有、唯一占有的宣誓!传统的处女往往是以处女膜是否完好为标志的,那么这样一来,是不是也要有一个处男的标志呢?所谓的"处女"本身就是男权文化下对女性的歧视,是性别的不平等!所以,是不是处女和女生是否自爱根本就没关系!

自爱就是爱自己,很好地感受自己的内心,很好地爱自己,爱自己的身体,对自己负责,对生命负责。自爱是一个人的价值感,难道一个女人的价值感是建立在那个所谓的"处女膜"上的吗?那层生理层面上的薄膜就可以断定一个女人是否自爱吗?回答是否定的!

女人的自爱是建立在对自我的认可和肯定上的,是建立在自主、自信、独立上的,是建立在内在的自我价值感上的,而不是生理层面上的。

"无痛三分钟"的人流真的很轻松吗？

困惑解答老师：蔡云枝

人流（人工流产）是指妊娠3个月内采用人工或药物方法终止妊娠，适用于因意外怀孕、疾病或其他不具备生育条件而需终止妊娠的女性。人工流产分为手术和药物两种类型，手术流产分为人工负压吸引术和钳刮术，药物流产适用于女性停经49天内进行。手术流产适用于在妊娠10周内进行，14周以上则需要进行引产，而且怀孕时间越长，引产的风险就越大。如女性发现自己意外怀孕而没有生育计划，建议尽早到正规医疗机构就诊，在医生指导下选择合适的人工流产方式终止妊娠。

平时我们在校门口看到的人流广告大多是一些私人诊所发布的，它们普遍不具备正规人工流产手术技术资格和卫生条件，手术安全性没有保障，容易出现感染等医疗事故。不要因为害怕被人知道、嫌麻烦，就轻信那些无证诊所"今天做人流，明天就上班""轻轻松松三分钟"等广告宣传，选择到这些诊所进行人工流产，不仅风险大，而且费用高；也不要私自购买药物服用，进行药物流产。这些都会对女性的健康带来极大的潜在风险和伤害。

虽然人工流产不像校门口广告说的那般轻松，但也不需要对此过分担忧，现在人工流产技术是比较成熟和安全的，如无痛人流，是使用短效静脉麻醉后做人流手术，能减轻人流手术带来的痛苦。因此，选择到正规的、有手术资质的医疗机构进行人工流产是比较安全的。同时尽早检查，遵医嘱及时处理，可以降低对身体的损伤，减少术后并发症的发生。但若多次流产，流产的女性年龄越小，出现并发症的风险就会越高。反复人流可能给女性带来的潜在风险包括：月经不调、子宫内膜异位、习惯性流产、不孕不育和妇科炎症等。

要避免意外怀孕最有效、安全、健康的方法是在发生性行为前采取正确的避孕措施。常见的避孕方式有多种,可靠的避孕方法有:安全套(男用、女用)、常规口服避孕药、避孕环等。对于年轻人来说,推荐使用男用安全套,这种措施可以同时避孕和避免性病、艾滋病病毒的感染与传播,并且便宜、易得。避孕是男女共同的责任,应在知情、尊重的基础上选择安全、合适的避孕方法。男性主动采用安全套体现了对女性的尊重、体贴和保护,更是一种负责任的表现。

女性在怀孕后选择流产,自己的个人价值是没有发生改变的,不要因此而感到自卑。男性不应因女性有流产经历而对其产生歧视或进行人格贬损,而是应该关心和陪伴她,这样会有助于她保持良好的心情,更有助于她术后身体的恢复。并且,男性要支持和陪伴女性到正规医疗机构进行手术,提醒女性在术后要严格遵守医嘱、保证充足的休息、及时观察身体状况,如出现严重腹痛或阴道出血过多等情况,需及时就诊,同时注意保暖和饮食。人流后,一个月内禁止性生活,恢复性生活后一定要做好避孕措施,因为反复流产会给女性的健康带来很大危害。

人流不是一件轻松的事情,如果没有怀孕计划,请在发生性行为之前,与伴侣充分沟通,交换彼此对于避孕的态度和选择,谨慎、认真地做好避孕措施。这是男女双方为彼此身心健康负责任的表现,更是男生尊重、爱护伴侣的真实体现。

Q 生孩子真的有电视剧里演的那样痛苦吗？
困惑解答老师：刘瑛

你是不是被电视剧里生孩子时的声嘶力竭吓到了？其实，电视剧是一种艺术表达形式，它来源于生活，又高于生活。所以，它里面的内容不一定完全符合现实。为了增强表达效果，电视剧里生孩子的画面一定是要比现实生活中夸张些，因为只有这种强烈的视觉刺激才能引起更多观众的共鸣。

不过，女性生孩子确实会痛，疼痛程度因人而异。从医学上来说，疼痛是伤害性刺激作用于机体所引起的一种不愉快的主观体验，伴有感觉、知觉与情绪反应。人们对疼痛的体验与感受是因人而异的，对疼痛的敏感程度也是不一样的，这种敏感程度决定了人能承受的疼痛强度。

一般来说，在孕妇的生产过程中，最开始是轻度的宫缩不适，就像女性月经期的子宫痉挛一般，到随后的第一产程直至生产完毕时，疼痛的强度逐渐增强。就整体而言，初次生产的孕妇生孩子时疼痛程度显著高于经产妇。也有不少孕妇反映，就她们所经历的疼痛程度而言，胆结石等引起的胆绞痛比分娩痛要厉害许多。由此可见，每个人对疼痛的敏感程度、承受能力描述用语都是不尽相同的。从医学上来描述，分娩痛总是来时缓慢，逐渐增强，直至痛到顶点，最后又缓慢地退去。

通常认为，影响人们疼痛感觉的因素有：社会文化背景、个人心理特征、个人经历、情绪、注意力、疲乏程度、患者的支持系统、治疗及护理因素等。其实，从准备怀孕一直到孩子出生，准爸爸的关心、陪伴和支持对孕妈妈生产时战胜疼痛的勇气有着很重要的作用。在孕妈妈生孩子前，准爸爸要悉心照料，为孕妈妈准备合理的饮食，让她补充好体力，陪伴孕妈妈一起进行产前检查，了解孕妈妈的生理、心理变化，和她一起经历孕育生命的喜怒哀乐，带给她信心与力量，陪她一起学习，提前了解生产时的注意事项，做到心中有数，调整好心态一起面对即将到来的生产，缓解孕妈妈对疼痛的恐惧；在生产中，准爸爸也可以陪在产房，增强孕妈妈的信心，转移她对疼痛的注意力；在生产后，听从护理人员的建议，协助孕妈妈做好护理。这些都有利于疼痛的缓解。当然，随着现代医学的发展，现在无痛分娩已经是很成熟的了。无痛分娩不仅减少了生孩子的疼痛，而且还有一个好处：如果顺产不成功，转去做剖宫产，孕妈妈不用再做第二次麻醉了。

总之，疼痛感因人而异，它与人的心理感受有很大的关系，当你越恐惧、越孤独，也越会觉得疼痛。作为孕妈妈身边的人，特别是准爸爸的关爱、陪伴和支持是孕妈妈缓解和战胜疼痛的良药，生孩子可不是一个人的事。

第二章
拒绝性别暴力

性别暴力是基于性别不平等、性别歧视、社会性别刻板印象的暴力，它体现在我们青春期的学习和生活的各方面。

这一章我们将一起全面认识性别暴力的定义和表现形式，了解性别暴力是如何伤害我们的，从施暴者、受暴者和旁观者等角度全方位地培养自己应对暴力、让暴力归"零"的能力。

第一节 性别暴力的定义及内涵

青春期的我们或多或少会遭遇、看见或者感受到暴力，基于性别不平等、性别歧视、社会性别刻板印象的性别暴力在我们的学习、生活和周边环境中从不缺少。有些性别暴力是有形的，有些性别暴力是无形的，带来的伤害也不一样。

学习性别暴力的定义和内涵，了解性别暴力的表现形式，有助于青春期的我们掌握识别和应对性别暴力的能力，这对青春期的我们而言很重要。

因为国际社会基本是在同一个意义上使用"性别暴力"和"针对妇女的暴力"这两个概念，所以我们首先了解"针对妇女的暴力"的定义和体现形式，我们会从中懂得性别暴力的根源在于不平等的社会性别关系。与此同时，常见的性别暴力还有性骚扰、性侵犯和强奸等。这些性别暴力包括异性间的，也包括同性间的，也可能存在于跨性别者、生理间性人内部。

青春期的我们将不再停留在男人和女人的二元性别划分思维上来思考性别暴力，而会充分考虑其他性别的存在，因为忽视其他性别的存在，本身也是一种性别暴力。我们要拒绝针对性别气质的性别暴力、针对性倾向的性别暴力和针对性别选择的性别暴力等。

青春期的我们会更有辨别能力来判断家庭暴力与伴侣暴力，我们会认识到家庭暴力包括肢体暴力、言语暴力及精神暴力、性暴力和经济控制五种形式；我们会更清晰地知道家庭暴力在我们的生活或者周边存在着，它不仅是男性对女性的暴力，也有女性对男性的暴力，它同样也存在于同志伴侣关系中。而对于婆媳等其他家庭成员之间的家庭暴力，我们一样不能忽视。这对培养我们应对家庭暴力的能力、学会如何建立未来的亲密关系都很有意义。

性骚扰的问题应该是"骚扰"（这违反人的性自主权），而不应该来自"性"的羞耻感。性骚扰是有针对性的，明知不接受（被拒绝）却依旧强行实施。所以，同性恋在街头接吻牵手、恋人当众接吻亲热、某人喜欢讲黄色笑话、个人穿着暴露、性邀约（约炮），这些只要不是有针对性的侵犯性言行，就不构成性骚扰。

此外，青春期的我们也会发现，美貌暴力、拐卖妇女儿童等其他性别暴力的形式也是存在的，我们要拒绝所有基于性别不平等、性别歧视、社会性别刻板印象的性别暴力。

Q 性骚扰只是男生针对女生的吗？
困惑解答老师：许舒婷

其实性骚扰可能是男性对女性，也可能是女性对男性，还可能发生在同性（女性对女性、男性对男性）之间。

为什么有很多人认为性骚扰事件是男生对女生的呢？这是因为他们被社会性别刻板印象误导了。传统观念认为，男生在性方面是主动的和受益的一方。我们可以回想一下，家长们在教导孩子的时候，更多的是跟女孩子说要学会保护自己，很少跟男孩子说要保护自己。所以，当男性遭受性骚扰，周围会有"男人被碰一下不会吃亏"的言论。这样的社会偏见会让很多男性在遭遇性骚扰时不愿向外界诉说，他们担心没有人相信或理解自己。

2016年，国外的SoFlo团队曾经做过一个关于性骚扰的实验，实验地点是人来人往的大商场。在实验中，一位男性和一位女性先后扮演性骚扰受害者来测试路人的反应。

第一个实验是女性扮演性骚扰者，男性扮演性骚扰受害者。当这位男性表现出对这种肢体接触的不情愿，甚至向路人投去求助的眼光时，有的路人一点反应都没有，有的路人轻轻瞄了一眼就离开了，还有路人对他说："兄弟，你疯了吗？你没看到她这么好看吗？"

第二个实验则是两人互换角色，女性为性骚扰受害者。当附近的路人看到男性对女性进行性骚扰时，二话不说就冲上去阻止。从实验结果来看，同等情况下，女性遇到性骚扰比男性受到性骚扰更能得到看得见的帮助。而男性遇到性骚扰时，人们往往对此不以为然，男性能得到的支援少之又少。中国现行的法律制度也较多地站在女性受害者的角度，较少地关注男性也会遭遇性骚扰的现实以及男性受害者的维权需求。

同样较少被关注到的还有同性之间的性骚扰。由于同性之间的性骚扰往往被"友谊"和开玩笑等名义包裹着，所以大部分受害者可能会倾向于隐忍。

但是，沉默不代表男性或同性遭遇性骚扰的情况就不存在。根据《中国白领私生活大调查》的数据显示，在职场中有49%的男性遭受过性骚扰。而BBC的纪录片《男性性侵：打破沉默》公布了两组触目惊心的数据：每小时约有8名男性遭到性侵，1/6的男性曾经在一生中的不同阶段遭受过不同程度的性侵。根据韩国人权委员会的统计，2012—2016年间，同性性骚扰事件由原来的15件增加至30件，增加了一倍。相信现实中的男性遭受性骚扰和同性性骚扰的事件数量大于统计数据，当事人的隐忍和旁人的沉默也是导致男性遭受性骚扰和同性性骚扰事件的统计数据比较低的主要原因。

全球每天都在发生性骚扰事件，许多国家的女性纷纷站出来，说出"Me Too"。"Me Too"是美国掀起的一场反性骚扰的社会运动，站出来说"Me Too"的还有男性。所以，性骚扰受害者是不分性别的，男性、女性都可能是骚扰者或者被骚扰者。

Q 趁女朋友喝多了，跟她发生性关系算性侵吗？
困惑解答老师：蔡云枝

性是美好的、积极的和健康的行为，是爱的一种表达方式。人与生俱来拥有身体权和性人权，每个人都有接受与拒绝性邀约的权利。但是，发生性行为有一个重要的原则，就是要在双方都自愿的情况下进行。如果趁女朋友喝多了，与其发生性关系，则属于性侵。

性侵是指加害者以威胁、权力、暴力、金钱或甜言蜜语等方式，引诱、胁迫他人，在明显违背被害人意愿的情况下，强制与其发生性行为，或在性方面对受害人造成伤害的行为，这属于违法犯罪行为。

任何人的身体只会属于他本人，不会因为双方的关系或身份而转移。即使是夫妻，发生性关系的前提依然是双方自愿，彼此尊重，如强行发生性关系，同样是性侵。

你和你的女朋友即使有过拥抱、亲吻等亲密的互动，也不代表可以在没有经过对方同意的情况下强行跟她发生性关系。女朋友醉酒后是没有意识的，在整个过程中她没有能力清楚地表达同意与否，如果这时与其发生性关系，则属于性侵，已触犯刑法。

我们既要尊重对方，也要避免触犯法律。如果在女朋友醉酒后跟她发生了性关系，除了要主动坦诚地跟女朋友沟通和向她道歉，争取她的谅解以外，还要有承担法律责任的准备。

Q 只有女生需要防范性侵犯，男生不需要防范吗？

困惑解答老师：莫海琛

男生同样需要防范性侵犯。

为什么我们会产生"男生需不需要防范性侵犯"的疑问呢？这有多个方面的原因。

举个例子，如果有一个社会新闻说"某某男性被强奸了"，可能有人会当成假新闻看，可能有人会说"得了便宜还卖乖"，甚至可能还有人说"这等好事怎么没轮到我"。人们之所以产生这些想法，是因为传统观念对性别的双重标准，认为男性是勇敢、坚强的，女性是胆小、柔弱的，认为男性在性上是主动的、占优势的，而女性是被动的、处于劣势地位的。

在法律层面也有这样的倾向。例如，在我国《刑法》的"强奸罪"的定义中，将受害者的身体限定为"妇女"及"幼女"，关于"性骚扰"的相关法律条文也出现在《妇女权益保障法》中。这些似乎都在告诉我们，男性被性侵犯的可能性很小，现实却不是这样的。

当现实与传统观念出现偏差，当法律法规暂时无法提供健全的保障时，性的羞耻感和性主导权的被剥夺感，让被性侵犯的男性受害者对此更羞于启齿，更难向外界寻求帮助，更不愿意报警，从而导致男性遭受性侵的统计数据相对较低。也正因为此，他们受到的心理伤害远远大于身体伤害，这些伤害有可能会持续一生。

看到这里，身为一个男生，你是不是有些担心，担心在这样的文化环境和相关法律不完善的情况下无法保护好自己？不要紧张，不要焦虑，你能提出这个问题，就说明你已经有了一定的自我保护意识，这是非常好的开始。接下来你要认识到"男尊女卑"的社会性别刻板印象是错误的，男生、女生都一样，我们都有自己的身体权，性器官跟我们身体的其他器官是一样的，都是我们身体的一部分，每个人的身体权都不可侵犯。因此，防范性侵跟防范其他身体侵犯是一样的。

最后，老师还要提醒你的是，性侵犯的受害者有可能是女性，也有可能是男性。同理，性侵犯的实施者有可能是男性，也有可能是女性；有可能是陌生人，也有可能是熟人；有可能是男性对女性实施侵犯，也有可能是女性对男性实施侵犯，同样也有可能是同性间实施侵犯。如果遭遇不幸，要保持冷静，注意策略，记住生命最重要。

Q 同性之间也会存在性骚扰吗？
困惑解答老师：赵丹

同性之间也存在性骚扰，因为如何界定性骚扰不是以当事人的性别异同来衡量的，而是以是否侵犯了对方的性权利为基本的判断标准的。性骚扰的重点不在于"性"或者"性别"，而在于"骚扰"。

在日常生活中，我们时常会接触到一些同性之间发生性骚扰的案例。比如我到不同的学校去上性教育课，总会有同学在课后来找我咨询，有女生说："老师，我不喜欢我的好朋友经常拍我的屁股，但我又不好拒绝，我很难受，怎么办？"还有男生说："老师，我的同桌经常提出周末来到我家住一晚，然后对我动手动脚的，我太不舒服，他这是性骚扰吗？"对于这些问题，我都会肯定地回答：所有让你觉得不舒服、委屈、难受的，带有性意味的言语、行为都是性骚扰，你都可以严肃、正式地拒绝。

1999年正式通过的《世界性权宣言》中提到，个体的性权利包含11项基本内容，其中第二条是"性自主权、性完整权和性的身体安全权"。这一权利包括，在自己个人和社会道德的框架内，个人自主决定性生活的能力。它也包含我们对自己身体的控制和享受，是免于任何痛苦、毁损和暴力的自由。

尽管每个人的主观感受可能会有所差别，但绝大多数人都认同：凡是违反个人主观意愿的、带有性意味的行为（包括身体接触、言语挑逗、视频音频传播、目光扫视等）都属于性骚扰。性骚扰可能来自任何人，包括熟人、陌生人、同性、异性、长者、未成年人，有血缘的、没有血缘的等等。性骚扰的实施者和受害者包括不同性别，比如女性、男性、跨性别者、间性人等。一个人对另一个人无论是进行行为、言语，还是其他方式的性骚扰，都违反了个体的性自主权，让个体感受到被侵犯的痛苦，这是对个人人格尊严的践踏。

我们都知道，人群中有一部分人的性梦、性幻想及性行为的指向对象是同性，当他/她们未经对方许可，带着明确的性意味去触碰同性身体，言语上挑逗、侮辱，让对方猝不及防地看到一些与性相关的图像，或者给对方打骚扰电话，等等，都应被视为性骚扰；当对方明确表示反感和拒绝，依然不停止骚扰行为，就进一步触犯了法律。在我国法律体系中，类似于性骚扰的惩罚表述在诸如《妇女权益保障法》《治安管理处罚法》《儿童权益保障法》《青少年权益保障法》《老年人权益保障法》《民法》和《刑法》等法律中，不同程度的性骚扰、猥亵、侮辱行为，将分别受到行政处罚、民事处罚和刑事处罚。

另外，性骚扰有时也可能存在其他情形。有一些人的性取向并不是同性恋或者双性恋，但他们的性观念非常闭塞和狭隘，他们不能接受他人的性取向。于是当他/她们面对性取向不同于自己的同性或异性时，他/她们也有可能故意用一些带着明确性意味的动作或言语去骚扰对方，这些行为同样会使被害者感到痛苦和委屈，依然是性骚扰，依然要受到国家法律的惩罚。

Q 我想和女朋友发生性关系，女朋友不答应，她的拒绝算是一种暴力吗？

困惑解答老师：王弘琦

这位朋友，你的问题让我想到以前的一个咨询个案。个案中的男子和妻子已经结婚十多年，有一个儿子，经济状况不错，但因为工作上应酬多、陪客户时间长而经常到深夜才回家，久而久之，妻子开始有怨气并拒绝与其发生性关系。男子认为妻子的拒绝是一种性暴力，认为妻子没有尽到应该满足自己性需求的义务，于是开始报复妻子，婚内出轨了。夫妻俩沟通无果，争吵不断，最后上升到丈夫动手施暴。为此，他很苦恼地前来求助。

很显然，丈夫这种"妻子应该履行满足丈夫的性的义务"的传统观念是错误的，每个人都有行使自己身体的权利，这是基本的人权。

性人权也是人权的一部分。即便是在婚姻中的配偶，也可以自主地决定是否与对方做爱，而违背配偶意愿，强行与之发生性关系的，则是婚内强奸。这位丈夫通过肢体暴力和性暴力的方法解决问题是错的，显然无助于改善两个人之间的亲密关系，反而极大地破坏了夫妻和谐性关系的感情基础。

我国著名社会学家李银河教授在二十多年前提出"自愿、成人、私密"的性爱三原则，我国著名性教育家方刚博士基于性人权层面提出"自主、健康、责任"的性爱三原则，他们都从不同层面强调了个人对于性的自主权和不侵犯别人的选择权。无论对性的态度是"保守"，还是"自由"，都应该在彼此达成共识、彼此的性价值观达成一致的前提下继续伴侣关系。

暴力是基于激烈和强制性的力量行为，其本质是有权力方针对无权力方的一种控制，体现的是一种权力关系。亲密关系中的暴力通常表现有：肢体暴力、性暴力、精神暴力（包括但不限于言语）、行为控制、经济控制。亲密关系中"男尊女卑""男王女臣"的思想都是错误的，这种权力结构是落后的和不可取的，只有在自主、平等的关系里，男女朋友和伴侣双方才能真正享受到彼此爱的能量，促进彼此独立人格的成长，双方的关系才能更加健康、绵长。

你想发生性关系，女朋友不答应，她的拒绝并不是暴力行为，恰恰是她在性需要和性权利上要求自主和平等的表现。相反，如果你在她拒绝后坚持强行跟她发生性关系，你就是在实施性暴力了。伴侣双方不仅在是否发生性行为上享有提出需求和拒绝的权利，在亲密关系的其他方面，也应享有提出需求和拒绝的权利。性行为是性伴侣双方间进行的性活动，是双方协商后达成一致才可进行的行为。女性和男性都有说"要"和说"不要"的权利，这是对人权和性权的尊重。

你的女朋友不同意和你发生性关系，你们可以坦诚地沟通，了解她不同意的原因，这也是彼此更进一步了解对方性价值观的好时机。一旦决定发生性行为，也要在事前讨论好是否采取安全措施以及采取何种安全措施，并对性行为后所需承担的责任和后果进行协商，达成一致。

Q 有一个女同学总是喜欢发淫秽的图片给老师,这算性骚扰吗?

困惑解答老师:李凡

首先,我们要搞清楚什么样的图片算是淫秽图片,《中华人民共和国刑法》第三百六十七条界定了"淫秽物品"的范围,是指具体描绘性行为或者露骨宣扬色情的淫秽性的书刊、影片、录像带、录音带、图片及其他淫秽物品。有关人体生理、医学知识的科学著作不是淫秽物品。包含有色情内容的有艺术价值的文学、艺术作品不视为淫秽物品。

青少年处于青春期的性萌动阶段,性激素激增,性器官及第二性征迅速发育,普遍会有性的意识,并由此产生相应的心理变化,开始对性相关的信息产生好奇与关注,这是很正常的。

青春期对别人产生好感、爱意也是非常正常的。也许这个女同学是喜欢上了老师,希望用成人之间的性暗示来试探老师的反应。你要告诉这位同学,感情是美好的,美好的感情是建立在彼此尊重和认同的基础上的。通过发淫秽图片来表达自己的感情,如果老师不喜欢,她还坚持发,是对老师的不尊重;如果老师表达了不希望她再发这些图片的信息,她还在继续发,这种行为就是性骚扰。

性骚扰不仅限于当面的肢体接触,通过电话、短信、网络等沟通方式发送一些带有性意味的、让对方感到不舒服的语言、表情或者图片、视频等都属于性骚扰。

如果这位女同学和老师关系好,喜欢开玩笑,出于好玩发给老师,老师没觉得不舒服,表示能够接受,那就不构成性骚扰。

但是,在网络上传播淫秽图片的行为是违法的。我们需要知道相关的法律法规。

1. 依据我国《中华人民共和国治安管理处罚法》第六十八条规定:

制作、运输、复制、出售、出租淫秽的书刊、图片、影片、音像制品等淫秽物品或者利用计算机信息网络、电话以及其他通信工具传播淫秽信息的，处10日以上15日以下拘留，可以并处3000元以下罚款……

2.《中华人民共和国刑法》第三百六十四条规定：传播淫秽的书刊、影片、音像、图片或者其他淫秽物品，情节严重的，处二年以下有期徒刑、拘役或者管制……

所以，你可以真诚地告诉这位女同学，在网络上发送淫秽图片是违法的，提醒她不要触犯法律。与此同时，不要歧视她。你也可以建议老师在班会上讲讲该如何正确地看待色情品，引导同学们识别性骚扰，普及与淫秽物品有关的法律法规，开展青春期的性教育。

Q 强迫女生发生性行为，只有阴茎插入了阴道才算强奸吗？
困惑解答老师：蔡云枝

强迫女生发生性行为，阴茎插入阴道是强奸行为。然而，并不是只有阴茎插入阴道才算是强奸。

强奸是违法行为，根据《中华人民共和国刑法》第二百三十六条规定可知，强奸是指违背妇女意志，使用暴力、胁迫或者其他手段，强行与妇女发生性交的行为，或者故意与不满14周岁的幼女发生性关系的行为。

我国司法实践中是以"插入"为认定强奸罪既遂的标准，即男性阴茎插入女性的阴道为犯罪既遂，至于是否射精与既遂未遂无关。如果强迫女生发生性行为的过程中，阴茎没有插入阴道，还有两种认定：一种认定是强奸未遂，强奸未遂是指行为人已经着手实行以暴力、胁迫或其他手段强奸妇女的行为，由于行为人意志以外的原因，犯罪未得逞，即未完成强行性交的行为；另一种认定是强制猥亵妇女的行为，猥亵行为是指以刺激或满足性欲为目的，用性交以外的方法实施的淫秽行为。两种认定的依据结合实际的犯罪情节确定，以司法机关最终审判为准。

但有一个特例。如果强奸的对象是幼女，则以"接触"为认定标准，即只要男性的阴茎与幼女的阴道接触就算犯罪既遂，也是认定为强奸罪。

所以，并不是只有阴茎插入阴道才算是强奸。无论是哪种方式的强奸，都是对受害女性的性自由权、身体权的侵犯，都是违法的性暴力，都会受到法律的处罚。

有性欲望和性冲动是正常的，但是要寻找适合自己和不伤害他人的方式释放性欲望，如自慰等。若与他人发生性关系，应遵守"自主、健康、责任"的性爱三原则，做一名守法、自律、负责任的青少年。

Q 在学校被老师打,妈妈还叫好,怎么办?
困惑解答老师:王艺

首先,明确地告诉你,无论出于什么原因,老师用打人的方式教育学生都属于肢体暴力,是错误的。你母亲认可老师用肢体暴力的方式教育学生,表明你母亲对暴力的认知也是错误的。

不论何种原因,教师对学生施暴都是不可容忍的。但是面对强势的学校、老师和对暴力持支持态度的家长,以及一切以成绩为目的的教育体制,你抵制或反抗暴力的压力会很大,并且很难得到支持。

"打是亲、骂是爱""严师出高徒""棍棒底下出孝子""打你是为你好"……诸如此类的言论经常能在各个场合听到。中国传统文化中就有这样对权威扭曲的认同。现代社会中,依然存在"老师打学生的管教方式并不是暴力"的错误认知,相当多的家长也将此看作是老师负责任的表现。这些错误的认知都会纵容暴力的泛滥。

暴力不是管教,更不是负责任的表现,暴力的目的是彰显权威。对暴力的支持,是对权威的盲从或屈服。暴力不会起到教育的作用,反而会带来很多负面影响。首先,老师实施暴力,实际上是在"教导"学生用暴力解决问题;其次,暴力手段在解决问题时看似直接、有效,但实际上只是利用对方的痛苦和恐惧收到一时之效,不可能从根本上解决问题。

如果老师打人,妈妈还叫好,你可能会生气,觉得屈辱,这些感受都是正常的。不排除你的母亲其实是不赞同老师的暴力行为的,但是担心你反抗老师会影响老师对你的印象,影响你的学习成绩,从而故意那样说。

所以,你可以先跟你的母亲谈一谈,表达自己的感受,转变她的看法,获得她的支持。然后,你可以跟母亲探讨应对老师实施暴力的方法。

你可以选择忍耐，尤其在老师的暴力只是偶然性，而不是习惯性的情况下，你的母亲很有可能也会这样建议；你也可以选择去跟老师进行沟通，表达你对暴力行为的不满；你还可以要求老师向你道歉，同时要求老师不再继续对你使用暴力手段。如果老师拒绝道歉或是继续使用暴力，你和你的母亲有权利找校长等人反映情况，提出诉求。当然，不可回避的是，你的维权行动将会给你带来很大的压力，建议你和家长沟通、权衡之后，再做决定。还提醒你一句，就是"对暴力零容忍"的意思是对暴力行为零容忍，而不是针对老师个人。

第二节 性骚扰及性侵犯的应对

前面一节,我们讲述了性别暴力的定义和内涵,对性骚扰和性侵犯有了全面的认识。处于青春期的我们,在性别暴力事件中,无论是性骚扰和性侵犯的受暴者、施暴者,还是旁观者,都要具备应对性骚扰和性侵犯的能力。

除了言语上和行为上的性骚扰,我们还要识别校园里、家里、公交车和地铁上、马路上、荒郊野外等不同情境下的性骚扰,并对其采用不同的应对方法,比如在人多拥挤的地方,要确认对方是否有意骚扰才能判断是否是性骚扰或性侵犯,若是,表明立场,明确拒绝;比如在校园或者家里,面对来自老师或者长辈的性骚扰,我们要不受权威压迫,以勇气和智慧阻止和避免性骚扰;比如在荒郊野外,孤立无援,确定无法求救了,我们要认识到生命才是最宝贵的。

男性、女性都有可能是性骚扰和性侵犯的受暴者或者施暴者。所以,我们要知道,亲戚、监护人以及其他认识的人都可能是性骚扰和性侵犯的施暴者,遇到来自熟人的性骚扰或性侵犯,更要及时表明态度,将事情告知信任的家人、老师和朋友,一味忍让和不声张,反而更有可能让自己不断遭受骚扰或侵犯。

所有的性骚扰和性侵犯都是权力不对等的暴力,我们学会积极反抗,便是翻转受暴者和施暴者之间权力关系的一种好方法。无论我们是受暴者还是旁观者,在拒绝和制止性骚扰和性侵犯时要讲究策略,当施暴者攻击性较强时,我们要评估危险情境,牢记生命最重要,尽量以智取胜。如果经常受到性骚扰,我们要懂得把性骚扰发生的时间、地点和对方的行为、语言记录下来,保留相关证据,以便作为日后投诉的依据。

性侵犯侵犯的是受暴者的身体自主权和尊严,而不是"贞操",并且受暴者不分性别。所以，我们不能以一个人是否被侵犯、女性是否有处女膜去判断对方是否"纯洁"。我们在这一节会讲述，处女膜所代表的贞洁观念本质上是男权社会对女性的压迫。如果我们周边有人受到了性骚扰或者性侵犯，我们要明白这不是他们的问题，错在施暴者。性骚扰和性侵犯的行为不可饶恕，但是知错能改的施暴者也需要得到我们的原谅。

Q 我长得比较清秀，邻居家的哥哥们总叫我"小姑娘"，还经常对我动手动脚，怎么办？

困惑解答老师：李海琛

　　我上学的时候也经历过和你类似的事情，我太能理解你的处境了。老师也是属于那种长得比较清秀的类型，从小就经常被错认成女生，同学、朋友甚至长辈都会拿这个开玩笑，说我是"假女子"。要知道，这个词一般是形容不像女生的女生的，却被他们拿来形容我。我那时也不懂那么多，而且也感觉大家说的是事实。不过随着年龄的增长，我也越来越意识到不对劲了。从我小时候开始，其他人就一直用刻板的性别观念看待我，所以才会有诸如"假女子"这样的"玩笑话"，现在想想也着实不觉得好笑了。

　　你的情况跟我有一些不同，这些邻居家的哥哥不只叫你"小姑娘"，还对你动手动脚。我不知道你是什么样的感受，但我看到这种事时是感到气愤的。他们这样的行为，说得严重些，就是性骚扰呀！

　　性骚扰是一种典型的性别暴力。在传统的观念里，我们常常会认为男生不会遭受性骚扰，因为社会普遍认为男性是性的主动方，怎么可能会遭受被动的骚扰呢？这太不合理了。随着新闻报道出越来越多的男性遭受性骚扰或性侵犯的案件，我们才意识到，男性也有可能被性骚扰的。

　　像你的这种情况，这些邻居家的哥哥不论是称呼你为"小姑娘"，还是对你动手动脚，都没有考虑到你的感受，好像你是附属于他们的一样，他们对你没有做到基本的尊重，似乎给你贴上了"像女生"的标签，他们就可以对你为所欲为了，你就低了他们一等。这种不平等的对待方式就是典型的性别暴力。

　　其实这样的情况在日常生活中并不少见，不论是在学校、家中还是其他的生活环境里，我们都有可能遭受由性别刻板印象带来的性别暴力。

我想要告诉你的是，你没有做错任何事情，不需要因为他人的行为而否定自己，认为自己是不对的、不好的，对自己产生怀疑。每个人都是独一无二的个体，每个人都可以有自己的个人特色，没必要都朝着一个方向去发展。

当然，根据你目前面对的状况，你可以做以下几种尝试。

明确地告诉自己："我的身体是我的，别人没有权利随便对我'动手动脚'，即便是开玩笑，只要是让我感觉不舒服的，我也可以告诉对方'这样的行为让我感到不舒服'，希望对方不要再做类似的事情了。"你也可以直接告诉对方，你可以接受什么形式的玩笑或者友善的互动。记住，在拒绝对方行为的时候一定是温柔而坚定的。

你们是邻居，对方又比你年长，有时候确实会因为一些现实的压力而不敢直接拒绝对方。如果是这样，你可以寻求父母的帮助，向父母说明事情的始末，并和父母商议如何解决，同时也别忘了表达自己的期望与想法。相信在父母的帮助下，你可以更好地解决问题。

当然，如果你在对这个事情的后续发展有了充分的评估之后，依然觉得自己可以接受对方的行为，那也是你自己的自由，你可以选择继续和他们保持这样的互动，但一定要注意做好自我保护，如果他们有些行为让你觉得不舒服了，你随时都可以拒绝对方。

基于性别不平等的性别暴力不断出现在我们的生活中，一定的原因是我们对性别平等的理解还不够充分，很多时候还是依照性别刻板印象来对人对事。如果你愿意的话，也可以多多了解有关性别平等的知识，让自己的性别平等观念得到提升，进而帮助周围的人渐渐改正他们的性别观念，建立平等的价值观。久而久之，相信诸如你我这样的性骚扰事件将会逐渐减少，性别不平等的现状也会渐渐得到改善的。祝愿我们都能够生活在一个多元、平等的世界，让每个人都开出属于自己的独特的花。

Q 放学路上遭遇露阴癖，我该怎么办？

困惑解答老师：胡艺

提到露阴癖，我脑海里马上就会浮现出自己曾经在公交车站碰到露阴癖的那一幕。

有一年夏天晚上8点多钟，天还没有完全黑，我坐在公交车站的广告牌前的一排椅子上。与我坐在一起的，还有另外一个等待乘车的女生。

也不知道是什么时候，我突然感觉身边有一个人在抖动，抬头瞄了一眼，发现一个中年男子侧着身子站在我的面前，他的"大拇指"好像被烫伤了，肿得很厉害。也许是太痛了，他在不停地在抖。我心里想，这个人好可怜啊。但仅过了几秒我就觉得有点不对劲，便又看了他一眼。这下可把我吓到了。原来我刚才看错了，那个疑似因烫伤而肿得厉害的"大拇指"其实是他的生殖器。

我遇到了一个露阴癖！他不但在我面前露阴，还对着我自慰！

那一年，我虽然已经32岁了，却是第一次遇到这种事情。我一下子不知道怎么办才好，但是我对露阴癖有一定的了解。我对自己说，绝对不能露出被惊吓的表情，不能大叫，不能慌张。所以，哪怕我的心跳得很快，我很紧张，我依旧面无表情地站起来，走到了前方的人群中。

我没有忘记与我同坐一排椅子的女孩。当我回头准备提醒她的时候，发现她也不在椅子上了。也许她也发现了，也许没有。与此同时，那个露阴癖也不见了。我感觉到了恐慌，便随便上了一辆公交车。

上了公交车后，我环顾着四周，依旧觉得害怕。车上有空位，我选择了旁边是女性的空位坐了下来。

待我平静下来，转车回到家后，我把事情的前前后后讲给了家人听，也打电话向好朋友诉说了我的遭遇。

第二天，我上班后，还将这件事情告诉了公司的女同事。没想到，有好几个女同事都跟我说她们也遭遇过这样的事情，但是很多人都不知道这叫露阴癖。

露阴癖是一种比较常见的性偏好异常，又叫露阴者、暴露者。我个人觉得叫露阴者比较好些。露阴者有男性，也有女性，其中男性占绝大多数。在所有的因性侵犯而被逮捕的人中，大约有 1/3 的人是露阴者。

他们就是在"不适当"的环境下公开暴露自己的生殖器或其他隐私、敏感的身体部位，以引起对方紧张性的情绪反应，从而获得快感。目前，人们对他们发病的确切原因还不太清楚，但对于有这种行为的人，也有一些治疗方案取得了一定的成功。

许多女性面对露阴者会表现得很惊恐，这是可以理解的。有时候，有些男性也会不可避免地遇到女性露阴者。我曾在一本书上看到过一个报道，大概讲的是在英国有一项关于女性侵犯者的研究，里面就找到了几个裸露过自己身体的女性。曾经有好几起女性在公共场合把衣服脱掉，然后自慰的事件，也有女性脱掉衣服，然后拉着陌生人跟她做爱的事件。

绝大部分的人突然遇到这样的事情都会条件反射地被吓一跳，但对露阴者来说，对方的反应越激烈，他们就越感觉刺激和满足。所以，如果你在放学的路上遇到了露阴者，一定要保持冷静，不要慌张，更不要觉得自己看到了别人的隐私部位就见不得人。如果你身边有其他的同学，可以赶紧拉着其他的同学快速离开。如果只有你一个人的话，你不需要上前去戏弄他/她，或者是用暴力相对，你只需要镇静地走开，就当没有看见他/她。

若事后你心里还是觉得非常不舒服，可以像我一样，将自己所发生的事情跟自己信任的人讲一讲，吐一下心里的惊吓与不快。当然，你也可以把事情告诉学校里的其他同学，提醒他们有可能会在那条路上遇到这个露阴者。虽然说一般情况下露阴者不会伤人，但是也不要去挑衅他/她，让他们注意安全，以免受到惊吓。

Q 同学喜欢开跟性有关的玩笑，或讲黄色笑话、发淫秽物品，我该怎么办？

困惑解答老师：杨宇

性是我们人类的一种自然本能，它应该是给大家带来快乐和愉悦的。进入青春期后，无论男女，往往都会开始对性产生好奇，这很正常。但是有一些同学由于缺乏专业的性教育，把开跟性有关的玩笑和讲黄色笑话等作为炫耀和吸引别人注意的方式，这是不恰当的。

跟性有关的玩笑和黄色笑话是一种言语的艺术加工，通过一些技巧来达到幽默效果，但是很粗俗的表达或在不恰当的场合谈论，会引起他人的反感和不适。淫秽物品中，很多成人录像都有非常大的表演成分，有相当比例的艺术加工，并不真实，这类物品的传播会导致同学们盲目比较和效仿。在国内传播淫秽物品是非法的，传播偷拍照片和未经当事人同意传播的裸露照片更是严重侵犯了人权，这种行为需要每一个人加以抵制。

每个人的性观念和对性的感受是不同的，每个人都有自己的选择。有些人收到跟性有关的玩笑、黄色笑话和淫秽物品时没有任何不舒服的感觉，把它们视作一种娱乐，坦然地接受，看完就放下了。而有些人看到同样的内容会觉得不舒服。如果确定那些言语和信息传播内容会让你不舒服，你可以明确地表达你的立场并拒绝。如果对方在你拒绝后还将这些信息传播给你，那就构成了性骚扰。

如果有同学经常开跟性有关的玩笑、讲黄色笑话、发淫秽物品，他/她也同样需要帮助。首先，他/她不清楚自己的行为已经对他人造成性骚扰，我们要把相关的知识跟他/她分享，避免他/她再做出骚扰别人的行为；其次，他/她以此吸引来的"关注度"，可能会助长他/她虚幻自信的形成，这将不利于他/她的健康成长。你可以请老师给大家上性教育课，引导同学们正确地看待这些问题。

Q 男生被性骚扰之后该怎么办？

困惑解答老师：刘清珊

老师想问一下，被性骚扰的人是谁呢？如果是你，我庆幸你此刻懂得来向老师寻求帮助，你真是一个勇敢、坚强的好同学，懂得爱自己；如果是你的朋友，你的这份贴心让我很感动，他有你这样的好朋友，一定会更有力量去解决问题的。

不知道这位男生被骚扰后胃口怎么样？吃饭规律吗？晚上睡得好不好？很多人在被性骚扰之后，会有惊恐、恶心、愤怒、厌恶这些情绪，这是正常的。给自己一点时间，允许自己有看起来负面但又是正常反应的情绪。其实，情绪没有好坏之分，让它自然流动就好。难过归难过，我们还是要好好吃饭，回归规律、健康的生活。

被性骚扰后，首先要检查一下身体有没有受到伤害，倘若有，一定要及时寻求专业人士的帮助，及时就医，因为生命和健康是最重要的。其次，我们要总结性骚扰者的特征、受到性骚扰的时间和地点等信息，以此全面分析事件，总结应对的方法，以便未来可以更好地保护自己。

假如是被陌生人性骚扰，这类案例有可能是随机的、一次性的，那么下次去公共场合时，保持警惕，与他人保持一定距离即可；假如是被同学、朋友之类的同龄人性骚扰，你可以试着直接跟对方表达你的感受，表明你的底线，告知对方，如果他不停止骚扰行为，需要付出什么代价；假如是被亲属或者老师等权威人士性骚扰，你可以尝试着告诉对方你的感受，警示对方不要再做同样的事。有些熟人间的性骚扰是循序渐进的，即使对方是权威人士，只要你感觉不舒服，你都要勇敢、坚决地拒绝。如果你觉得一个人去面对和解决这个问题有点困难，可以向你信任的人寻求帮助。如果你找的人无法帮你，就再找其他人帮助，直到找到能给你提供帮助的人为止。在你们联合解决问题之前，要保护好自己。

被骚扰的人不是因为他长得清秀，或者穿着暴露，所以才被性骚扰；也不是因为他的人品、性格等原因被性骚扰。总之，不论是男生还是女生，被性骚扰之后，我们都要知道：错的是骚扰者，不是被骚扰者。

性骚扰的重点是"骚扰"，不是"性"。我们态度上要重视，行动上要坚决、果断，心理上要放松，不要因为和"性"相关就无比焦虑。因为被性骚扰后，你的身体依然是纯洁的，你的价值没有被降低，你依然是值得被爱的。

在我们的传统文化里，男人被认为是不会被性骚扰的，也被认为在性方面是占便宜的那一方，这些想法都是错误的。没有人愿意不被尊重，没有人喜欢被骚扰。老师相信，只要你脑中有对策，心里有底线，行动上有支援，就一定可以让这段被性骚扰的经历成为人生的垫脚石。

Q 我被性侵了，感觉自己不纯洁了，怎么办？
困惑解答老师：王艺

看到你的问题，我既生气又心疼，生气是因为犯罪分子的暴行，同时心疼你承受了这么大的伤害。

被性侵犯之后，你采取必要的措施了吗？被性侵犯之后，应当第一时间去医院做身体检查，检查身体受伤害的程度，是否需要做必要的治疗，及时服用艾滋病病毒阻断药物。虽然这些药物有较大的副作用，会让身体有一段时间的不舒服，但是是非常必要的。医院的检查结果及相关单据保存好，可以作为法律上的证据。然后，与家长或其他监护人商量是否报警，如果需要的话，请医生对伤势拍照并评定伤害程度。

当上述一切处理完后，按说，你该继续如常地生活了，但实际上这很难做到。我知道，你还会有一段时间，也许是挺长的一段时间，感到沮丧、恐惧，整个人都抑郁了，可能会失眠、做噩梦、不愿意出门、学习成绩下降、经常哭泣等等，这都是正常的反应。在家人的支持和陪伴下，伤痛会逐渐过去。如果感觉被性侵的经历对自己的生活影响非常大，你长时间无法自我调节好，那么寻求学校的心理老师支持，或是进行更加专业的心理干预也是很好的办法。

几千年来，中国一直是男权社会，男尊女卑成为"传统"，男性看似处处占有优势，可从另一个角度来看，男性也被放到了一个"必须强大"的位置上。虽然男性被性侵的比例比女性要少，但也不是少数。可是社会文化认为被性骚扰、猥亵、侵犯的对象通常是女性，因为她们弱小、没力气，才会遭受这样的伤害。所以，绝大部分的男性习惯性地认为自己不会以这种方式受害，同样也很难相信其他男性会受到这样的伤害。与此同时，被默认为"强大"的男性将受伤害视为"软弱"的表现，他们自己也不允许将自己脆弱的一面暴露在人前。

这些观念叠加在一起，使得男性在被性侵之后更加感到羞耻，所以宁愿沉默忍受，也不愿承认自己是受害者。曾经有被性侵的男性说："我很害怕没人会相信我，我认为他们会批评我，甚至怪罪于我。"对许多男性受害者来说，别说报案了，即使寻求帮助，也需要极大的勇气。

我希望你能明白，被性骚扰或性侵犯与受害者的身体有多强壮没有关系，与受害者的性格是否强硬也没有关系。还有，不论如何伤心，不论如何解决问题，不论被人说什么，我也希望你牢牢记住——被性骚扰或性侵犯不是你的错，是坏人的错；见不得人的不是你，是做错事的人。你受到伤害的是身体器官，被侵犯的是身体权和性自主权，你的学习能力、工作能力不会因此受损，更不要说你的价值和人格，也不会影响你追求梦想和美好生活的权利。

直面伤痛，处理伤口，带伤前行，直至战胜创伤与痛苦，需要巨大的勇气和力量。然而，这才是你一直以来被鼓励的"勇敢""强大"的真正体现。

Q 知道某位同学被强奸过，我们该怎么对待那位同学？

困惑解答老师：孟益如

虽然我不知道你的那位同学是男生还是女生，但是这种经历对于任何人来说都是不愉快的，要避免它成为心里的一道坎。作为他们的同学、朋友，我们应该做一些力所能及的事情来帮助他们走出阴影，我为你愿意帮助同学而感到高兴。

我们常常会在社会新闻里看到诸如"强奸""性侵""性骚扰"等事件的报道。从人们的议论里就能发现，社会大众对于这类事件有一些误区。首先，在人们的脑海中，性侵犯一定是男性施加于女性身上的，但事实上，性侵犯发生在同性之间、女性为加害者的情况也存在；其次，人们认为年长者或权威人士不会做这类事情，因此会降低对他们的防范意识，其实并不然；再者，此类事件一发生，总会有类似"你看她穿的裙子，这么暴露，活该！"等声音出现。这更是无稽之谈，毕竟个人穿着和性侵犯之间没有必然的因果联系。消除了这些误区后，让我们来看看怎样帮助你的同学吧！

首先，帮助他/她从阴影中走出来，忘记不愉快的经历。你可以帮助你的同学认识到，性侵犯是对受害者的身体自主权的侵犯，就和摔倒了腿被磕破一样，不要强化性器官的特殊性。也不要反复提起，这样只会让他/她一遍遍回忆起惨痛的过去，增加痛苦。

其次，给予他/她倾听和关爱。如果你的同学是女生，你要告诉她"你依然纯洁""你依然美好"，要避免女性的贞操观对她的压迫；如果你的同学是男生，我们也要避免他被社会构建的"受害者多为女性""男性是占便宜的一方"等思想所束缚，从而沉默、压抑，导致他遭受更大的痛苦和创伤。在他们想表达痛苦的时候要多倾听，多给予关心和接纳，帮助他们尽快融入生活和交际中。

再次，帮他/她重拾信心，构建理想。奥普拉和露易丝·海都有童年遭遇强暴的经历，但她们并没有就此消沉、堕落，反而成为著名主持人和心理治疗师。你可以用正向的例子让同学认识到，遭遇强奸不可怕，只要不放弃自己，不放弃人生，受过伤的人依旧可以追求人生的理想，活得精彩。

最后，陪他/她寻求专业的心理咨询帮助。如果上述三种方法你都尝试过了，但你的同学依旧没有办法从阴影里走出来，那不妨陪他/她找专业的、值得信赖的心理咨询师，让心理咨询师通过专业的咨询帮助他/她解决问题。

希望上述的方法可以帮助你的同学尽快走出阴霾，走向美好。

Q 微信收到性暗示语言是性骚扰吗？我该怎么办？
困惑解答老师：李秀英

你提出的问题让我想起之前一个女性朋友咨询的问题。这个朋友所在的公司男性同事比较多，男同事们会故意在女同事出现的时候讲黄色笑话，然后发出夸张的笑声，一边笑还一边看着女同事们，让女同事们非常苦恼。

不只是女性会受到性骚扰，男性受到性骚扰也是常见的现象。你的问题本质上和我朋友咨询的问题是同类别的问题，是一个关于性骚扰的问题，所以，我们首先要对性骚扰有所了解。

2005年正式颁布的《中华人民共和国妇女权益保障法》就已经明确规定了"禁止对妇女实施性骚扰"，但是其中并没有对"性骚扰罪"的行为特征做出明确的界定。2005年5月21日，该保障法修订案首次对性骚扰罪做出行为界定，明确构成性骚扰罪的五种形式。草案第三十八条：禁止以语言、文字、图像、电子信息、肢体行为等形式对妇女实施性骚扰。所以当你在微信上收到的性暗示语言让你感觉不舒服时，对方的行为是构成性骚扰的。

很多人都对性骚扰有三个误解。

第一个误解是，人们以为只有地痞、流氓等坏人才会进行性骚扰。事实上，性骚扰的实施者可能是男人，也可能是女人；可能是熟人，也可能是陌生人；可能是酗酒者，也可能是老师甚至家人，可能是任何人。

第二个误解是，只有接触到隐私部位才构成性骚扰。实际上，性骚扰的形式不仅仅有肢体的接触，还包括语言、偷拍、跟踪、电话、目光猥亵、死缠烂打、咸猪手、发色情图片等等。

第三个误解是，人们认为性骚扰的地点只会发生在偏僻的地方。事实上，人多或人少的地方都有可能发生性骚扰，无论是酒吧还是小胡同，无论是家里还是办公室,甚至是在互联网上,任何地方都有可能发生。

对于性骚扰的取证是比较困难的。结合实际经验,我给你的建议是,当你收到对方的性暗示语言的时候,要直截了当、明确地表达你的不舒服,并请对方不要再发送这样的信息,态度要严厉。如果对方在收到你的警告后还继续发送的话,那他的行为就构成性骚扰,你需要做的就是截图保留证据,以便取证。同时你可以采取最直接的拒绝方式——拉黑对方,永绝后患。如果对方在你如此强烈且明确地拒绝之后,还换其他方式对你进行性骚扰的话,你一定要把这个事情告诉给你信任的人,比如父母、老师等,请他们帮助你一起面对,还可以一起将事情举报给对方的相关利益方,比如老师、学校、单位等,必要的时候可以报警。根据《中华人民共和国治安管理处罚法》第四十二条第五款规定:多次发送淫秽、侮辱、恐吓或者其他信息,干扰他人正常生活的,处5日以下拘留或者500元以下罚款;情节较重的,处5日以上10日以下拘留,可以并处500元以下罚款。

你能提出这个问题,我相信你是一个勇敢的人,是一个敢于维护自己权益的人,给你点赞。

Q 有一个女亲戚每次见到我都要又亲又抱,我很抵触,怎么办?

困惑解答老师:刘玉兰

我非常理解你的感受,因为老师小时候也有过这样的经历,也不知道该怎么办。但是,老师现在接受了科学的性教育,知道在面对这种让自己不舒服的肢体触摸时,不仅要在心里抵触,还要勇敢说"不"!这位女亲戚没有身体界限意识,不懂得尊重你的身体权,你有权利拒绝她。你可以去学习一些拒绝的方法,老师稍后也会给你一些建议。

在这之前,我们先来明确一下身体权和身体界限的概念。

我们的身体,包括身体的任何一个部位和器官,都是属于我们自己的,任何人的任何碰触,只要让我们不情愿、不舒服的,我们都有权利拒绝,这就是我们的身体权。

所谓身体界限,每个人对触摸的感受都不一样,每个人都有自己的身体界限,比如别人摸你的头,你觉得这样的触摸可以接受,但是你不习惯跟别人握手,那么你可以明确地告诉别人你不喜欢握手,表达拒绝,这就是你的身体界限;而你的朋友或其他人可能觉得握手是表示友好,愿意接受,但是不喜欢别人摸他/她的头,他/她可以明确拒绝别人的触摸,这就是他/她的身体界限。大家的身体界限可以相同,也可以不相同,但是都应该得到尊重。

所以,你的女亲戚对你又亲又抱,让你感觉不舒服,最好的解决办法就是明确地告诉她,她那样的接触让你感觉不舒服,请她不要再那样做。一定要明确拒绝,因为沉默和忍耐容易变成纵容和姑息,导致她下次还那样做,只有明确表明自己的态度,才能彻底终止她那突破你的身体界限的接触行为。

如果对你又亲又抱的人换成男亲戚,你也要如此。要懂得拒绝别人对自己身体的侵犯，不论对方是男还是女。

  另外，尊重是相互的。在维护自己的身体权的同时，我们也要明确别人的身体界限，尊重别人的身体权。如果我们无意的触碰让别人不喜欢，我们也要及时跟别人道歉。我们在碰触别人的时候最好先征得别人的同意，尊重别人，才能更好地让自己获得尊重。

Q 在公交车上看到漂亮女生，我忍不住想摸她，怎么办？
困惑解答老师：蔡云枝

人人都欣赏和追求美好的人和事物。作为男生，看到漂亮的女生时，有忍不住想要触摸的冲动，是处于青春期的青少年正常的身心反应，这是性冲动的现象。性冲动是指人在性激素和内外环境刺激的共同作用下，对性行为的渴望与冲动。性冲动是人类的性功能日趋成熟，伴随着性意识的发展而产生的。

首先，男生和女生从青春期开始都会产生性冲动，只是引起冲动的刺激物有所不同。由于你正处于青春期性激素分泌的旺盛时期，在这个事件中，漂亮女生是你产生性冲动的外在刺激物，让你产生想去摸的欲望。这个欲望是正常的心理现象，不是因为男生的思想品德有问题，不是下流的表现，不要因此感到自责。女生的外貌是天生的，但是每个人都有权利决定自己穿什么，外貌和穿着不能成为被你随便碰触的理由。

其次，虽然性冲动是正常的心理现象，但如果出现性冲动时，在没有征得他人同意的情况下就强行付诸行动，故意触摸他人的身体，便是错误的行为，会构成性骚扰。性骚扰是指违反个人意愿、带有性意识的行为，如身体接触、言语、强迫他人观看隐私部位等，不仅会给他人带来伤害，还会触犯国家对人身权保护的法律法规。每个人都有身体权，身体只属于我们个人，他人没有权利随意侵犯。当对方被你侵犯的时候，可能会拒绝、反抗或者报警，你会受到相应的处罚，你的声誉也会受到不良影响。因此，当我们产生性冲动，忍不住想摸他人的时候，要保持冷静，权衡利弊，不要轻易为一时的欲望和快感而冒险尝试，侵犯他人的身体权。

面对性冲动，我们除了有意识地管理自己的行为外，还可以尝试深呼吸，让自己平静下来；可以转移注意力，观看别处。平常可以将关注点转移到自己喜欢的事情上，如阅读、与他人聊天、写日记等；还可以寻找其他能让自己安全地释放性压力的方式，如自慰或体育锻炼等。同时，青少年要尽量避免观看淫秽物品，以免激发更多的性冲动。

如果你仍然处于困惑中，依然无法很好地处理自己的性冲动，可以向家长、心理老师等你信任的成年人求助，寻求专业人士的帮助。

Q 我平时喜欢摸或者袭击男生的阴茎，只是玩闹，有错吗？
困惑解答老师：张智慧

在我很小的时候，我也玩过互摸阴茎的"性游戏"。那是小孩子的一种身体探索，大家出于好奇，相互之间没有恶意。可是，"性游戏"是双方自愿参加且随时都可以退出的。因此，只要有一方感到不舒服，不想再玩，另一方都要尊重对方，不再继续，否则就侵犯了对方的身体权，构成了性骚扰。

我们知道，每个人都拥有身体自主权，未经自己同意，他人不能随意触碰身体的任何一个部位，即便是无意间的身体触碰，如在公共场合不小心踩了别人一脚，也需要向对方道歉。所以，如果不是不小心地触碰，而是故意违背他人意愿去抚摸或袭击对方的阴茎，便已经构成了性骚扰。性骚扰是违法行为，不再是"玩闹"，因此建议你立即停止这样的行为。此外，被袭击阴茎的男生往往会对这样的行为感到不舒服，会向你表示抗议，甚至也会攻击你的阴茎来表示反抗。在这个过程中，会有造成你们阴茎受伤的安全隐患。

不知你的阴茎是否突然被袭击过？你是否会因此而感到惊慌和恐惧？如果会，己所不欲，勿施于人。如果你认识到自己的行为是不对的，明白自己的行为对那些被你摸过或者袭击过阴茎的男生造成了骚扰，可以通过坦诚地沟通、真诚地道歉和承诺以后不会再犯，来重新赢得他们的尊重。

如果你还在留恋"性游戏"并对阴茎充满好奇，建议你可以通过书本、网络资料以及向专业人士请教等方式了解更多关于阴茎的正确知识。对阴茎的好奇和对其他事物的好奇，没有本质的区别。好奇心可以帮助我们拓宽探索的知识领域，但是切忌因好奇心而对他人造成骚扰和伤害。

Q 老师喜欢拍我的头，搂我的肩膀，我该怎么办？

困惑解答老师：李海琛

不瞒你说，我在上学的时候也遇到过类似的情况。我是在子弟学校上的学。子弟学校是单位内部为方便职工子女接受教育而自己办的学校，我家又在厂家属院里，所以学校的老师都和家里人认识，甚至熟识。那时候，我的班主任就是和我母亲相识的一位女老师，我当时因为比较内向，又比较懂事、听话，所以不论是在学校，还是和母亲一起在院子里碰到老师，都可能被老师"摸头"。老师有时候是边摸头边跟母亲夸奖我，有时候是边摸头边点评我最近的学习情况。那会儿我觉得老师摸我的头可能是在表达对我的喜爱，再加上老师和母亲是认识的，我就没有多想什么，只是每次都表现出些许的害羞。长大后，我才幡然醒悟，好像忽略了自己到底喜不喜欢老师这样的行为，只是"理所当然"地将其视为合理。

在我们的文化里，经常会遇到长辈为了表达喜爱而不顾晚辈的感受做出亲脸、摸脸、摸头、勾肩搭背或者拥抱等行为。父母也教育我们对此要礼貌地接受，不应该拒绝。但是这样做是不对的。是否允许他人触碰我们的身体，应该由我们自己决定，我们不应该被迫接受。

我不清楚你在老师这样对你的时候是什么感受？是喜欢、讨厌、不舒服，还是其他呢？如果你不喜欢老师这样的举动，可以礼貌地告诉老师："这样的方式让我觉得不舒服，我希望老师不要再这样了。"如果你认为老师的行为并没有恶意，反而是想表达对你的喜爱的话，也可以补充说："我知道老师是想表达对我的喜欢，但是我希望老师可以换一种方式，比如直接用语言表达，或用手势。"你可以选择将自己能够接受的具体方式告诉老师。

但是，如果你发现在你表达了自己的想法和感受后，老师并不尊重你的想法，还继续之前的行为，那么你需要对此保持警惕了。老师对你的肢体触碰可能不是普通的喜爱表达方式，而是一种"性骚扰"。你需要先稳定自己的情绪，不要急于硬碰硬。你可以尝试以下几种方法。

1. 先礼后兵。考虑到老师与学生的权力关系差异，可以先尝试礼貌性地拒绝，拒绝的态度一定是温柔而坚定的，然后找到机会离开，再另寻办法处理。如果无法及时离开，也要在保证自己生命安全的情况下，寻求其他办法。

2. 三思后行。仔细思考清楚你目前的状况，分析清楚老师的意图，并思考自己希望的结果是什么样的，是希望老师以后不再有这样的行为呢，还是希望老师受到惩罚？除此之外，你还需要想清楚的是，这件事对你来说是不是必须要做的，你的决定是否会改变你目前的生活，结果是否是你能够承担的。当然，因为结果不同，处理的方式、方法也有所不同，所以你需要在这之前先想清楚怎样做对自己更有利。比如，如果你是希望学校对此有个交代的话，那么你需要提前了解一下学校之前是否有过类似的事件，学校当时是怎么处理的，那一些领导是否还在任等，这些信息将帮助你评估学校可能的处理结果。

3. 远交近攻。一个人处理这样的问题，有时候不是一件容易的事。你可以把这些情况和自己的好友沟通，商议如何处理。与此同时，也可以寻求父母的支持和帮助。总之要记住，别让自己一个人去面对，可以寻求身边可利用的资源来帮助自己。

4. 伺机而动。不论你的决定是什么，你都可以尝试把证据保留下来。如果老师是长期如此的话，你可以在必要的时候将证据公之于众，作为保护自己的有力武器。

不管你最终选择如何做，老师相信你都是在充分地权衡了利弊之后做出的对自己最有利的决定。记住，一切以自身的安全为出发点，安全是最重要的。

第三节 让校园欺凌归"零"

我们在校园内外会经历或者听说一些校园欺凌事件，青春期的我们，每个人都有可能成为校园欺凌事件的当事人。那么什么是校园欺凌，如何拒绝校园欺凌，如何具备让欺凌归"零"的能力，如何建立一个让欺凌归"零"的环境，是我们这一节要一起来探讨的。

校园欺凌作为校园暴力的一种，是发生在校园（包括中小学校和中等职业学校）内外、学生之间，一方（个体或群体）单次或多次蓄意或恶意通过肢体、语言及网络等手段实施欺负、侮辱，造成另一方（个体或群体）身体伤害、财产损失或精神损害等的事件。

所以，欺凌事件不只发生在校内，也可能发生在校外；欺凌的加害方可能是个人，也可能是群体；欺凌可能是重复性的，也可能是单次的；欺凌具有伤害性。

我们将学习从力量的不对等、旨在伤害、进一步侵害的威胁和制造恐惧四个要素入手，清晰识别校园欺凌。我们将从深入了解身体欺凌、言语欺凌、社交欺凌、网络欺凌、性欺凌和同意的欺凌等校园欺凌的形式开始，探讨各类欺凌的应对方法。

有些校园欺凌是有形的，有些是无形的。其中，最难以从外显行为来觉察的是社交欺凌，这种欺凌方式通过忽略、孤立、排除或回避，系统地降低了被欺凌孩子的自我意识。有一种特殊的欺凌，仿佛是被欺凌者"同意的"。我们也会在这一节的探讨中学会区分欺凌与玩笑（调侃），学会区分欺凌与冲突、暴力。从深入了解它们的定义到学习如何应对，从被欺凌者、旁观者、欺凌者等角度去全方位地培养让欺凌归"零"的能力。

Q 一位女同学在我拒绝了她的追求之后，四处散播我的谣言，我该怎么办？

困惑解答老师：张琴琴

遇到这样的事情，确实让人烦恼啊！拒绝同学的追求并没有错，无论是被同性追求还是被异性追求，你都有接受和拒绝的权利。同学因为被你拒绝就散播你的谣言，这种行为是不对的，她没有学会正确对待拒绝，不懂得尊重你的选择。她散播谣言，侵害了你的名誉权，又企图利用谣言控制你，这属于言语和精神的欺凌。

明确了这些，我们再来聊一聊如何对待这些谣言。

1. 你可以和这位同学沟通，语气要温和，态度要坚定。拒绝她的追求不是否定她和不尊重她，相反，诚实地表达才是对她真正的尊重，也是负责的体现。请她尊重你的选择，不要因此而造谣、传谣。让她知道她的这种行为属于言语和精神欺凌，已经侵害了你的名誉权，让你感觉很难过，你会做自己权益的坚定维护者，希望她及时住手，不要让事情愈演愈烈。

2. 寻求他人的帮助。你可以向班主任老师或其他可信任的管理者求助，说明情况，请老师开主题班会，帮助大家认清欺凌。建议老师第一个主题可以讨论爱情与尊重。爱是相互尊重，不是控制，以爱为掩饰的控制是一种暴力，欺凌正是暴力的表现形式。第二个主题可以讨论校园欺凌，谣言是欺凌的一种，被传谣言不是当事人的错，呼吁大家不做欺凌别人的人，也不做欺凌的旁观者，要给被欺凌的同学支持和帮助；还可以参考《让欺凌归"零"》这本书，开展班会和自我学习。除此之外，你可以告诉自己信任的朋友，在他们的帮助下渡过难关；你也可以寻求值得信任的家长的帮助，获得他们的精神支持，必要时请家长出面与学校沟通等；你还可以寻求学校心理咨询师的帮助，排除内心的困惑，增强心理的能量。

  3.在这种情况下,我们没办法命令别人说自己喜欢听的话,按自己的意愿行事。但我们有一件事情可以做,那就是不让别人的传言影响到自己,因为我们清楚自己做得对不对。内心坦然才可以不受干扰,要勇敢地做自己。

  这些是你遇到谣言时可以做的事情。当你坚定地维护自己的权益、拒绝欺凌时,谣言在你面前也会变得无力。谣言的消散需要一定的时间,这件事情要成为过去,也需要过程,你不要太着急,尽最大的可能降低这件事对自己的影响,同时坚守自己的界线,这样离谣言破灭的那天就很近了。

Q 班上有同学合伙欺凌别人，我该怎么办？

困惑解答老师：魏徐红

老师欣赏你对同学的关心。如果班上有同学合伙欺负一个人，恃强凌弱，对于这样的校园欺凌事件，我们要零容忍。

据媒体报道，国内外大多数学校都有校园欺凌的事件发生，我也经常接到中学生有关校园欺凌的咨询电话和来信。由此可见，校园欺凌的现象时有发生，需要我们积极应对。

1. 对于校园欺凌事件要及时制止，不能做沉默的旁观者，沉默就是对校园欺凌的纵容。可以告诉那些欺凌者：欺凌同学是不对的，违反了校纪校规，而且肢体的暴力是违法的。让欺凌者认识到欺凌同学将使得自己不被认可和不被喜欢。

2. 对于有人合伙欺凌别人的现象，上前制止前要考虑自己的安全，在自己力量不足以制止的情况下，可以及时寻求外界的帮助。若是发生在校内的校园欺凌，要及时报告老师；若是发生在校外的校园欺凌，可以及时拨打报警电话，及时告知被欺凌者的家长，使得校园欺凌事件可以尽快被阻止。

3. 建议老师在全班范围内开展反对校园欺凌的主题班会，引导大家识别校园欺凌，让同学们意识到不能成为校园欺凌的施暴者，并学习作为旁观者和被欺凌者应对校园欺凌的方法。

4. 青春期的同学们都很在乎和重视同伴关系，被欺凌的同学内心更是渴望并寻求同学的关心和支持。我们可以通过很多细节去帮助和支持被欺凌者，比如一个关心的眼神和微笑就会让他感到温暖和充满力量。我相信，像你这样正义、善良的同学一定不止一个，你还可以慢慢地团结其他同学，一起跟被欺凌者做朋友。这将大大地增强被欺凌者的自信心，避免因为自卑和懦弱而遭受和忍受更多的欺凌。

5.如果被欺凌的同学不知道如何拒绝被欺凌，被欺凌的事件已经影响到其心理和情绪，甚至影响他的学习和生活，可以建议他找专业的心理咨询师咨询。每一位被欺凌者都需要觉察到自己缺少自信、懦弱、不敢反抗等特点，并获得成长。自我成长才是应对校园欺凌最有力的武器。

最后，再次感谢你对同学的关心。让我们一起反对校园欺凌，为和谐的同学关系和温馨的学习环境而努力做好自己！

Q 我是传说中的"欺凌者",但我也不想这样,又改不了,怎么办?

困惑解答老师:赵丹

从你的提问中,我感觉到你的心里很矛盾,很纠结,你并不是真的想当"欺凌者",对吗?因为你知道,你"欺凌"别人不等于你自己强大,也许恰恰相反,正反映出你不够强大。强大的人会使用更好的方式来化解争端,争取"双赢",而不是使用暴力这样"双输"的方式。

你是从哪里学习到用暴力的方法来解决问题的呢?你小的时候也经常被父母打吗?你经常目睹家庭成员之间用暴力的方式来"解决问题"?很想问一问你,当你被打的时候,你的感觉是怎么样的?你喜欢他们这样对待你吗?

我想我们都不会喜欢被打时的感觉,那会让我们感到恐惧、屈辱、愤怒、绝望。当我们长期处在这样的负面感受里时,我们很可能就会"不在沉默中爆发,就在沉默中死亡"。"爆发"就是指和施暴者一样暴力,"死亡"就意味着失去活下去的信心。你希望被你"欺凌"过的同学变得暴力吗?或者是再也没有了活下去的勇气?

你会提出这个问题,说明你知道自己的行为是不对的,是会伤害他人的身心健康的,是会在未来的某一天让你尝到苦果的。你还是少年,未来还很长,只要你明白伤害他人的行为侵犯了他人的人权、身体权,严重时会触犯法律,让自己受到严惩,那么,相信你也会随之改变自己的行为。太阳每一天都是新的,我们也一样。内在信念改变了,外在行为也就改变了。

你过去习惯使用暴力,你的人际关系变得怎么样了?暴力解决了你和他人的争端了吗?我们都知道暴力之所以会被一次次地使用,正是因为它没有解决问题,而是制造了更多的问题,让我们陷入强迫性重复的旋涡中。好的人际关系必然是平等、尊重、非暴力的。如果你希望自己未来的人际关系是和谐、美满的,那就从现在做起,改变自己应对矛盾的行为模式。当你改变了,世界也就改变了。

当我们处于憎恨、愤怒、暴躁等情绪时,我们怎样才能既宣泄了情绪,又不伤害自己和他人呢?我想,也许你可以学习一些更好的方法,比如在纸上涂鸦、撕一些废报纸、用出气棒打沙发、跟信任的人倾诉;又比如打一场球,或者到大自然里去放松放松;再比如写一篇"讨伐檄文",搞不好这个用笔宣泄愤怒的办法让你未来成为作家呢!那个时候,你也许还会感谢那些曾经让你感到怒不可遏的人,他们加速了你的成长。

当你开始思考,开始反省过去的行为时,就是改变的开始。我们只喜欢喜欢我们的人,假如你想获得好的人际关系和人际支持,你可以先尝试真诚地向被你"欺凌"过的同学道歉,然后,从今往后多说赞美和鼓励别人的话,多做帮助别人的事,来传达你的善意。

期待听到你从"小霸王"变成"人气王"的好消息!

Q 欺凌者拉着我去欺凌别人，我该怎么办？

困惑解答老师：颜习捷

我猜想被欺凌者拉去欺凌别人的你，心里一定会有压力，甚至有恐惧。没事的，同样的事情在很多同学的身上都发生过。你知道吗？中国青少年研究中心在 2015 年的调查发现，调查人群中 32.5% 的中小学生都受到过校园欺凌；而根据中国最高人民法院的调查显示，调查人群中 59% 的学生在看到他人受到欺凌后，选择沉默。

选择沉默的同学不是欺凌者，也不是被欺凌者，可能是协助者、煽动者、局外人，甚至保护者……我们知道，每一种角色都对应着不同的欺凌处理方式，也因此会面对不同的结果。现在的你，希望自己在这个欺凌事件中是哪一种角色呢？

分享一个朋友的故事给你吧。我上小学时，学校有个传统，高年级学生会有一个被称为"级霸"的群体，他们由一群比较调皮的五六年级的男生女生组成，他们会和外校学生打架、争地盘，也以欺负低年级同学为乐。

我上三年级时，我的同桌叫 Li，因为他的名字里有"丽"字，所以常被同学们取笑，说他娘娘腔。Li 是一位高高瘦瘦的男孩子，很喜欢打篮球，数学学得特别好。他就住在学校附近，父母是市里老国企的职工。我和 Li 同桌的时候发现，每天放学后，都有几个很凶的男生到我们班抢他的篮球，逼他替大家写数学作业，而且作业写不完还不让他回家。一开始，我只觉得是男孩子之间感情好，互相帮忙。直到有一天我因为值日而晚走，发现围着 Li 的同学一边用手重重地扇他的头，一边大声骂他笨蛋、傻瓜、娘娘腔……Li 低着头，一声不吭。看到这些的我气愤地大声警告那些施暴者停止打 Li，不然我就要去报告老师！在我的威胁下，那些同学拍拍书包，离开了教室。当时的我很为自己的挺身而出感到自豪，但是在接下来的一周，Li 不再理我，并和老师申请换座位，远离了我。同时，我还受到了来自高年级"级霸"的威胁，说我再多管闲事帮 Li，就会找人在学校门口打我。Li 的反应伤害了我，我不知道自己做错了什么。后来我在"级霸"们的威胁下，不得不在他/她们打同学时，帮他/她们在教室门口观察老师们的动向。

一年以后，当我再次看到"级霸"抢了 Li 的篮球并将其丢出窗外，抢了他的零用钱并威胁他不准告诉父母，还把他狠狠踢倒在地时，我长久压抑的愤怒、恐惧和愧疚都爆发了出来。这一次，我马上跑去将事情报告给了班主任老师。老师及时赶到教室，保护了 Li，并斥责了相关的同学。事后，我和几位被胁迫参与的同学被找家长谈话，学校向我们了解事情的经过，也肯定了我们的勇气。直到此时，Li 的妈妈才知道他在过去几年里一直是校园欺凌的受害者。进一步调查后，学校发现除了 Li 还有不少同学被这个团体欺凌过。后来"级霸"们有的因抢劫数额较大而被判进入少管所，有的因校园欺凌而被学校开除学籍或者受到警告处分。

事情已经过去多年，但在我亲身经历的这个欺凌事件中，"级霸"同学既受到严重的心理创伤，也因触犯法律而被绳之以法，从而影响自己的人生。而我从曾经的局外人，变成了旁观者、协助者，到最后的保护者，无论哪一个角色都曾让我受到过伤害，但是这些伤害也让我学习到，每一种处理方式都对应着不同的后果和责任，我必须要为自己的选择和人生负责。

同时，无数的案例证明，欺凌并不会随着年龄的增长而消失，所以，当欺凌者拉着你去欺凌别人时，建议你可以从以下几个方向去思考怎么做。

1.在确保自己安全的情况下，可以怎么做？例如试着提升自己的沟通能力，劝告欺凌者停止暴力行为。

2.在自己的安全受到威胁时，可以怎么做？例如向离你最近或你最信任的成年人求助。如果没有引起成年人的重视，那你一定要一直求助，直到有人相信你并开始保护你为止。

3.除了报告老师，有没有其他的解决方法？例如听一听父母的建议，战胜自己的恐惧，运用自己的智慧去阻止暴力。

4.如果你不愿意被别人知晓你的参与，有没有其他方法？比如给校方写匿名举报信。

············

亲爱的同学，最后送你两个原则：第一个原则是生命第一，无论你选择什么角色，用什么方式处理校园暴力，你都必须是在保护自己生命安全的前提下进行；第二个原则是在满足生命第一的原则后，不要在任何情况下在校园中使用暴力。

Q **同学约我一起去强奸一个女同学,我该怎么办?**
困惑解答老师:李春芳

强奸,又叫性暴力、性侵犯或者强制性交,是一种违背被害人的意愿,使用暴力的非法手段,强制与被害人进行性交的行为,属于违法犯罪行为。《中华人民共和国刑法》第二百三十六条规定:以暴力、胁迫或者其他手段强奸妇女的,处三年以上十年以下有期徒刑;奸淫不满十四周岁的幼女的,以强奸论,从重处罚,情节恶劣最高可判处死刑。所以说,你的同学如果实施了这种行为,那他就是违法犯罪。

面对性骚扰与性侵犯行为,你不但不能和施暴者同伙,还要坚决地说"不",要尽可能地表达自己反暴力的立场。因为沉默只能让问题延续,暴力只有被干预才会停止。如果可能的话,告诉他们,强奸是违法犯罪行为,并尽快把事情告诉值得信赖的教师、家长、朋友,请求得到对方的帮助。你也可以匿名报警,一起来制止这种暴力行为。如果面对暴力时,你选择沉默或者没有拒绝,施暴者可能就会认为你是愿意的、赞成的,这就有可能会鼓励他们采取进一步的行动,那后果就不堪设想。而你作为知情者,就成了暴力的帮凶。

如果你当时没有拒绝同学,或者你没有参与但也没有制止他们的暴力行为,而导致一个女孩被性侵,那么我们来看看这个暴力行为会带来什么样的后果。先说施暴者,他就有可能因为自己的犯罪行为而坐牢,从此他的学业、前途是不是几乎就被毁了?再说这个受到性侵害的女孩,性侵害会对她造成哪些负面影响呢?

1.影响学业。她可能会对学习失去兴趣,无心学习。

2.影响心理健康。性侵害可能会毁坏她的自尊心,让她产生自卑、焦虑、罪恶感、自我否定等情绪,整个人开始抑郁,最后有可能自残甚至自杀。

3.影响性健康。她有可能从此不能正常和别人发生性行为甚至厌恶性行为。

4.影响身体健康。性侵害可能会给她造成生理创伤,让她感染性传播疾病,甚至非意愿的妊娠、不安全堕胎等。

5.影响人际关系。因自我否定和极大的罪恶感而自我封闭,从而她的价值观被改变。

所以,我们不能对暴力行为视而不见,不能一起参与,还要坚决制止暴力行为。

国际上有一个由一群加拿大男性发起的、反对对妇女的暴力的"白丝带"运动,它倡导每一位男性都不对女性使用暴力,也不对针对女性的暴力保持沉默。"白丝带"的校园运动可以帮助学生在青少年时代树立起反对性别暴力的意识。如果你是一名大学生,如果愿意帮助更多的人,你可以发起校园"白丝带"运动,搜集和学习相关的知识,在校园里开办反暴力的讲座和宣传;可以组织反暴力知识演讲、反暴力电影播放来传播反暴力理念。如果你是一名中学生,可以组织一些男生一起成为"白丝带"志愿者,互相影响,一起为反对暴力出一份力。

青少年时期,很多同学都不知道哪些行为是犯罪行为,通过网络、电视学到一些不好的行为就想试试,不懂得尊重女性,然后实施一些情节严重的暴力行为。我建议你和身边的同学多学习相关的知识和法律,促进自我成长,积极伸张正义,建立维权意识,对暴力提高警惕,做到尊重别人,保护自己。我们应该共同努力去营造一个良好的校园环境,只有在一个彼此尊重、没有暴力的校园环境中,同学们才能够真正健康地学习和成长。

Q 有一个男同学在放学路上被学长们围殴，老师说因为事情发生在校外，所以不管，怎么办？

困惑解答老师：赵钧

你能对老师的说法提出质疑，首先我要为你点赞！智慧和自我成长是从不迷信权威和善于独立思考开始萌芽的。

2017年11月，教育部等十一个部门印发的《加强中小学生欺凌综合治理方案》明确了学生欺凌的界定：中小学生欺凌是发生在校园（包括中小学校和中等职业学校）内外、学生之间，一方（个体或群体）单次或多次蓄意或恶意通过肢体、语言及网络等手段实施欺负、侮辱，造成另一方（个体或群体）身体伤害、财产损失或精神损害等的事件。

参考以上定义，你所说的男生在校外被学长们围殴，毫无疑问属于校园欺凌，老师说不管是不对的。那我们应该怎么办呢？

我的回答："凉拌！"

"凉"相当于"冷"，即冷静思考；"拌"相当于"办"，即积极行动。我们应该冷静地思考并付诸行动。其中，在采取行动时应该遵守的大原则是：在充分保证自己的身体、生命安全的前提下，积极想办法，并机动、灵活地制止欺凌行为。

如果现场只有你一个旁观者，或者即使你有同伴，但对方人多势众，力量占绝对优势时，你可以试着先用语言制止对方，注意态度温和，视情形可以撒个谎，比如说"别打了，我看到我们某某老师（如班主任或者校长等）或者有警察来这边了！咱们快离开吧！"然后趁机走近被欺负的同学，帮他离开现场或是联系成年人进一步获得帮助。

如果对方不理睬你，你可以迅速离开现场并尽快报警，以及找到老师或其他可以帮上忙的成年人。如果像你所说，有的老师或成年人不支持你，那么你要继续寻求有效帮助。

如果现场还有比较多的旁观者，你要主动动员大家一起来制止暴力。

此刻，我突然想援引一首小诗——《我没有说话》，这是美国波士顿犹太人屠杀纪念碑上所铭刻的马丁·尼莫拉的话：

在德国，起初他们追杀共产主义者，我没有说话——因为我不是共产主义者；

接着他们追杀犹太人，我没有说话——因为我不是犹太人；

后来他们追杀工会成员，我没有说话——因为我不是工会成员；

此后他们追杀天主教徒，我没有说话，因为我是新教教徒；

最后他们奔我而来，却再也没有人站出来为我说话了。

无论何时何地，我们都不能对校园欺凌保持沉默，我们需要开动脑筋，积极行动，一起对校园欺凌说"不"。

对学校和老师而言，他们有义务综合治理校园欺凌，教会同学们如何应对校园欺凌，让大家不做欺凌者和旁观者，而要成为积极行动派；对同学们而言，在校园欺凌事件里，无论你是欺凌者、被欺凌者还是旁观者，都是受害者。

Q 听说我兄弟正被一群同学在巷子里强行扒裤子，我该怎么办？

困惑解答老师：王艺

这是一件很严重的性别暴力、校园欺凌事件，已经涉嫌"猥亵罪"，并且可能演变为严重的伤害事件，会对每一个受害人产生严重的影响，尤其是被欺凌者，其身心都会受到严重的伤害，并且这种伤害可能会非常持久。我能感觉到你很害怕，同时也很担心自己的兄弟，希望你在保护自己安全的前提下，尽可能地帮助一下你的兄弟。

首先，确认一下身边是否有可以信任并求助的人，最好是成年人，比如老师、学校领导、学校职工、同学家长等；如果没有，叫上几个同学也是好的，你们一起赶往现场。到达现场后，先判断一下形势，根据形势决定如何制止他们的行为，要保护自己的安全。如果欺凌者众多并且有武器，果断报警，哪怕是躲在暗处打个110报警电话，或大喊一声"老师来了""警察来了"也是可能奏效的方法；即使是让欺凌者走一下神、暂缓一下手里的动作，都可以给被欺凌者逃开的机会。也就是说，关键是保障安全，你自己的安全，被欺凌的兄弟的安全。远离危险是最重要的第一步。一定要记住，你的目的不是反击，更不是报复。

现在，在我回答你的提问的这个时间点，应该已经距离事件过去有一段时间了，不知道欺凌事件是否停止，被欺凌者是否得到安抚。要知道，这一类的欺凌事件，即使当时被制止，即使表面上已经是"过去"，但是它是不可能自行停止的，所以我们还要采取后续措施，确保欺凌不再继续。

你可以告诉自己的家长班级里发生了这样的事情，请家长出面跟老师沟通解决；可能的话，你自己或拜托你的家长联系兄弟的家长，请他们出面跟老师、学校和欺负人的同学的家长沟通，以解决问题；必要的话，可以通过法律手段解决。

你也可以建议老师在全班甚至全校范围内开班会，开展以"反校园欺凌"为主题的活动；你还可以用手机制作一些反校园欺凌的宣传资料，发放给同学们，这种方法也会有不错的效果。

如果你的兄弟感到十分孤独、难过、沮丧，并且持续很长时间，甚至影响他的睡眠、学习，导致他成绩下降，正常生活都变得一团糟，那么你可以建议他去找学校的心理咨询老师做咨询。咨询师会给他温暖和支持，并协助他走出被欺凌的困境。必要的话，还可以让他寻求进一步的专业心理支持。

你可以在保证自身安全的情况下，帮助和支持兄弟。和他成为朋友，更是对他莫大的支持。

Q 同学把我的照片 P 成半裸照，然后传到班级 QQ 群里，我该怎么办？

困惑解答老师：姜玲玲

无论是谁遇到这样的事情，内心都会很受伤，感觉委屈、生气和难过，不知该如何应对。近几年，随着科技的进步和网络的普及，我们的日常生活、学习和娱乐逐渐离不开网络，QQ 群、微信群、BBS、微博等网络交流平台也成为校园暴力的主战场。欺凌者凭借网络技术和电信设备，以文字、图片等形式攻击、诋毁、诬蔑受害者，这种行为被称为网络暴力，是校园暴力在网络上的延伸。遭遇这种暴力行为时该怎么办呢？我们先看一下发生在小明（化名）身上的故事，或许会对你有所帮助和启发。

小明今年 14 岁，性格内向，为人积极上进、品学兼优，现上初中二年级。一天，因不让同班同学小强（化名）、小虎（化名）和小刚（化名）抄作业而跟他们发生了矛盾。三个同学对此很生气，出于报复的心理，三个人合作把小明的头像与从网上下载的半裸照合成了一张照片，然后把照片传到了他们的班级 QQ 群里，配文说"这就是小明的照片，大家都来看看他的德行。"同学们对此议论纷纷，小明感觉自己没脸见人了，自尊心受伤，不敢出家门，不敢去上学，甚至连吃饭、睡觉都受到了很大的影响。父母带他去看心理医生，结果被诊断为抑郁症，不得不休学。小强、小虎和小刚则因实施校园暴力、侵犯他人的隐私而受到学校的处分和法律的严惩。

在上述事件中，小明自始至终没有任何过错，他遭遇了校园欺凌和网络暴力，身心都受到很大的伤害，是一个纯粹的受害者，而那三个欺凌他的同学，也因自己的无知和过错受到了应有的惩罚。在这个事件中，四个孩子其实都是受害者。校园暴力没有胜利者，所以我们在面对它时，要零容忍，要坚决说"不"。

随着身体的发育和心理的成长，青春期的孩子会越来越关注自己和同伴的身体。有些同学不分轻重，擅自把同学的照片传到网络上，认为这只是开玩笑或者恶作剧，殊不知自己的行为给他人带来了严重的伤害，已经属于校园暴力，甚至是违法犯罪了。

面对这样的网络暴力，首先你需要明确地告诉你的同学："你们的行为让我感觉特别不舒服，我不想被你这样乱搞，你们的行为已经严重侵犯了我的隐私权、肖像权，是对我的诬蔑和诋毁，是严重的人身攻击，请你们删除所有的照片，在班级 QQ 群里公开向我赔礼道歉。"你要对这种校园暴力行为大声说"不"，绝不姑息。

其次，如果你的同学仍不停止自己的暴力行为，继续明知故犯、为所欲为，你就要及时告诉值得你信任的家长和老师，让大人和学校一起想办法帮助你解决问题，一起来维护你的合法权益。

再次，如果协商解决不成，你还可以选择报警和起诉，用法律来维护自己的权益，保护自己，让施暴者承担相应的法律责任。这时，你就需要冷静地将你可以想到的所有证据都收集、保存起来，以备日后维权需要。要相信法律的公正，相信正义的力量，相信事实胜于雄辩，真相一定会水落石出，自己的名誉一定能恢复。

Q 有朋友因为性骚扰同学而受到了批评和惩罚，我还要继续和他做朋友吗？

困惑解答老师：刘清珊

老师能感受到你的纠结和矛盾。一方面，你担心继续和他做朋友，会让别人觉得你可能也有性骚扰的倾向；另一方面，你担心不继续和他做朋友，就断了友谊，挺可惜的，对吗？

老师的一个同学曾经因强奸罪坐过牢。前不久，我和他吃了顿饭。听到这里，你是不是有点紧张：他都犯过强奸罪，你还敢跟他吃饭？是的，我们友好地吃了一顿饭。因为我是这样看待这个问题的。首先，他虽然曾经犯过强奸罪，但是他已经受到法律的惩罚和批评了，我相信并也看到他改过自新了。在我们成长的过程中，我们有时会犯一些错误，这些错误有小有大。我觉得犯错不可怕，一错再错才可怕，所以对于他人的知错能改，我们要多一份包容。其次，他虽然犯过强奸罪，但是他身上仍然有很多的闪光点是值得我学习的，比如他的商业意识比较强，可以在商场上给我传经送宝，我和他吃饭就是想向他请教一些问题。再次，他在与我的相处中一直都很尊重我，我们之间是平等的、友好的、互相尊重的。

所以回到你的问题上，老师觉得，在你决定是否继续和这位性骚扰过同学的朋友做朋友之前，你需要考虑以下几点。

1.这位同学或朋友现在是怎样与你相处的？是平等的、互相尊重的、互相帮助的吗？他尊重你的身体权吗？如果他跟你的交往是平等的、互相尊重的、互相帮助的，他懂得尊重和保护你的身体权，那么，他对同学的性骚扰行为已经成为过去，我们要着眼现在的他，对已经知错并改正了的他给予接纳、包容和肯定。

2.他现在是如何对待身边的人的呢？是飞扬跋扈、蛮横无理，还是唯唯诺诺、老实巴交，或者是团结友爱、平易近人呢？如果他在性骚扰后，因为接受了惩罚，从而更加懂得如何尊重别人、与别人友好相处，那么，我们要鼓励大家一起接纳他，继续和他做朋友。

3. 他身上有值得你欣赏和学习的闪光点吗？你能包容他的缺点吗？根据他的优点和特质，以及你想和他交往的深度，你可以判断自己是否适合继续和他做朋友。

他之所以性骚扰同学，有可能是因为他缺少性教育，不知道自己的行为已经骚扰到别人，给别人带来了伤害。如果他在接受了批评和惩罚后，已经成为一个不会骚扰他人的人，那么我们不能因为过去了的事情而对他抱有偏见，我们要学着全然地包容和接纳他。

第四节 拒绝家庭暴力

家庭暴力是发生在家庭成员之间的，造成身体、精神、性或财产上有损害的行为。

家庭暴力有肢体暴力、言语及精神暴力、性暴力、经济控制四种形式。我们将在这一节深入了解家庭暴力的表现形式，从家庭暴力具有普遍性、隐蔽性、习得性、反复持续、周期循环、高度容忍、习得性无助等几个特点中，认识到家庭暴力的根源在于不平等的社会性别关系，家庭暴力反映出施暴者和受暴者之间的权力控制关系。这将有助于青春期的我们培养反对家庭暴力的基本态度，如家庭暴力不是个人私事，而是社会公害；家庭暴力是侵犯人权的行为，是不能容许的；不平等的权力制度是家庭暴力的根源，这决定了绝大多数家庭暴力是男性对女性的暴力；除了身体暴力之外，精神暴力、性暴力和经济控制也是家庭暴力；暴力没有理由，施暴者要对自己的行为负责；指责受暴者是对他们的二次伤害；反对家庭暴力是全社会的共同责任；消除暴力需要每个人的积极行动。

我们将拥有预防家庭暴力的全方位视野，逐渐增强反对家庭暴力的能力。当我们成为家庭暴力的受暴者时，我们也更有力量行使自己的权利；当我们作为家庭暴力的旁观者时，我们也更有能力帮助受暴者。

青春期的我们，已经不再停留于男人和女人的二元性别划分方式上来思考家庭暴力，而会充分考虑进其他性别的存在。家庭暴力不仅是男性对女性的暴力，也有女性对男性的暴力，同样也存在于同志伴侣关系中。与此同时，婆媳等其他家庭成员之间的家庭暴力，一样不容忽视，这对培养我们减少家庭暴力的因素、增强应对家庭暴力的能力、学会如何建立未来的亲密关系都很有意义。

Q 爸爸经常打妈妈，听说家暴会"遗传"，我应该怎么办？

困惑解答老师：王晓斌

爸爸打妈妈是发生在家庭成员间的肢体暴力，属于家庭暴力，不仅是侵犯人权的行为，还是违法行为。爸爸作为施暴者，没有任何理由可以开脱罪责，必须要对自己的行为负责。

家庭暴力不是个人私事，而是严重的违法行为。反对家庭暴力是全社会的共同责任。消除暴力需要每个人的积极行动。但是你作为中学生，在目睹家暴的过程中，如果力量暂时单薄，要将保护自己和避免受到伤害放在第一位，而不是考虑如何去制止成人间的冲突。不过，你可以学习并教会妈妈如何保护自己。

任何类似"因为受暴者不好，所以才会被打"的指责都是错误的，是对受暴者的第二次伤害。你在任何言论下都不可以质疑和指责妈妈，要给予她关怀与呵护。

家暴之所以会"遗传"，是因为原生家庭处理问题的方式会影响和迁移到孩子身上，在家暴环境中长大的子女，难以学习到互相尊重、平等地沟通解决问题的方法，而只会用暴力的方式。有些人在孩童时期是十分痛恨家长的暴力行为的，但是由于习得性暴力，成年之后又不自觉地成为实施暴力或是遭受暴力的人，无法逃脱。这就是所谓的家庭暴力的"遗传"。

当然，这是可以避免的。你有对家暴"遗传"的担心，已经是开始了避免自己陷入家暴的第一步，即自身有意愿改变。你要学会理性分析，冷静处理问题，学会将心比心地站在双方的立场去感受心情和提出期望。其次，不平等的权力是家庭暴力的根源，要想避免被"遗传"，要从根本上形成互相尊重和平等的理念，特别是在亲密关系中。如果你感觉情绪压抑，遇到事情暴躁易怒，又不知道如何控制自己的情绪和行为，可以寻求专业心理咨询人士的帮助。

Q 爸妈总说生我不如生个女孩好，我该怎么办？

困惑解答老师：李伟

你每次听到爸妈说"生你不如生个女孩好"，心里肯定非常难过吧？爸妈给了我们生命，抚育我们长大，是我们生命中最重要的亲人。同样，我们也是他们生命中最重要的亲人，是他们生命的延续，是爱的传递。不管是男孩还是女孩，都应该是爸妈手心里的宝。

你的爸妈总说生你不如生个女孩好，你问过他们其中的原因吗？我们先要了解清楚爸妈为什么会这么说，再来想解决的办法。我建议你和爸妈推心置腹地沟通一次。在沟通之前，我们先平复一下自己的情绪，做到不指责、不愤怒，心平气和地说出自己的疑问。也许爸妈会轻描淡写地回复你："这是在和你开玩笑呢，你想多啦。"是的，爸妈很多时候会很随意地说一些话，比如"我们当初更想要一个男孩或者女孩"，又或者是"我们马上再给你生一个弟弟或者妹妹，你就没有现在这么吃香啦"。他们一般这么说，初衷都是想逗孩子玩，看到孩子着急了、哭了，就觉得很有趣、很好玩。还有的是想让孩子更加珍惜现在的生活，懂得感恩。

如果是这类情况，你要认真地告诉爸妈，这不是"玩笑"，这是对孩子的伤害。这样的话对你的杀伤力很大，让你感觉很痛苦。长此以往，你会觉得自己不被爸妈爱着，是个多余的孩子，没有安全感。现在很多心理学的文章都提到原生家庭对一个人深远的影响。在孩子成长的过程中，有些爸妈不是不爱孩子，而是不会爱。他们错误的语言、错误的表达方式，在不知不觉中伤害了孩子。这种伤害有的能在孩子以后的人生中慢慢修复，有的将伴随并影响其一生。当你和爸妈说清楚的时候，他们也许会意识到自己做错了，知道了"玩笑"和"伤害"的区别，以后一定会改变自己，知道如何正确地去表达爱。

你爸妈之所以这样说，还有一种可能就是如俗语所说："女孩是父母的小棉袄，长大后比男孩子更贴心。"这是一种普遍的刻板印象，也和中国传统的教养方式有关。男孩和女孩在小时候就会因为性别而被区别对待。男孩要阳刚、坚强，长大以后要以事业为重；女孩应该温柔、细腻，长大以后要以家庭为重。这样被教育长大的孩子，男人只重视事业上的成功，忽略对家人的陪伴。当爸妈看到别人家的女儿对父母嘘寒问暖、贴心照顾的时候，就会有深深的失落感。基于这样的思想，他们也许会说"生个女孩会更好"。

这时候你可以和爸妈说："坚强、勇敢、细心、关心他人这些品格，不分男孩和女孩，应该都同样具备。我现在会努力地学习，帮助你们分担家务。长大以后，在做好自己工作的同时，也会多陪伴爸妈，细心地照顾你们。"当他们听到你说这些的时候，一定会意识到自己以前的认知是错误的，并且会觉得特别欣慰。

同学，和你聊了这些，不知道你的心里是否舒服一些了？是否帮助到了你？总之，你一定要大胆地和父母沟通，温和而坚定地说出自己的想法，同时也请耐心倾听爸妈的心里话。如果这次沟通以后，爸妈还是没有改变，请你一定不要气馁，这不是你的错。人生的道路很长，我们要坚信生命是可贵的，要勇敢、温和、善良地做自己，用积极、乐观的态度赋予自己人生最美好的意义。终有一天，你的爸妈会明白男孩、女孩一样好。

Q 被家里长辈猥亵，我该怎么办？
困惑解答老师：张群英

看到你的问题，我能想象到你内心的挣扎与痛苦，以及不知所措。告诉家长吧，怕不被信任，又怕影响与长辈的关系；不告诉吧，又无法忍受。非常值得赞扬的是，在这个时刻，你选择了求助专业人员。

首先可以肯定的是，发生这样的事，不是你的错，完全是那个长辈的错。他的行为已经触犯了《中华人民共和国刑法》有关"猥亵罪"的条例，你有权通过法律来保护自己。至于是否一定要通过法律来解决，你可以根据事情的严重程度以及周围可以支持你的社会资源而定，最好在考虑周全后再确定。

如果对方是采用暴力和威胁手段猥亵，周围无人可以制止，那么，法律是可以保护你的。如果是非暴力的，那你可以将此事告诉你父母（前提是猥亵者非父母一方）。当然，为了让父母相信你，同时避免他们反过来指责你，你可以先试探一下，感觉有把握了再告诉他们。如果感觉自己不被信任，那就采取"曲线救国"的策略：先找到你信任的亲戚、老师或者咨询师等成年人，由他们转告你的父母，这样可能会避免你和父母的冲突，然后大家齐心协力，共同协商解决方案。

如果猥亵者是父母一方，那就需要更加慎重一些，是求助另一方，还是求助其他你信任的成年人，需要你根据自己对他们的了解做出评估，然后再决定求助于谁。

在这里，我想给你分享一个真实的案例，这个案例也许会对你有所启发。

一个美丽、善良的女青年，在她青春期时，她的姑父总是有意无意地触碰她的乳房，她很害怕，也很羞愧，就把事情跟妈妈说了。本想寻求妈妈的支持，让她去制止姑父，可妈妈却说是她多心了，姑父不是有意的,并且不让她对别人说这件事。她很无助。之后,姑父这种"有意无意"的触碰行为不但没有收敛,反而有所增加,她很愤怒,但又不敢说,一是担心姑姑和姑父生气,影响两家人的关系;二是担心说出来不但不会得到支持,反而会被家人误解。这件事一直持续困扰着她,使得她羞愧而自卑,同时恨家人没有保护她,以至于严重影响了她成年后的亲密关系的建立,导致她无法选择伴侣。在意识到问题的严重性后,她终于开始求助于心理咨询师,在专业人员的指导下,她学习到"身体权"等概念,懂得了"我的身体我做主""只要他人的触碰让我感到不舒服,我就有权拒绝"!于是,她开始捍卫自己的身体权,勇敢地告诫姑父:"你这样做是对我身体的侵犯!是触犯了《刑法》的!请你自重!"在她坚决的态度下,姑父终于停止了这种侵犯行为!

这个案例中的父母的态度,是典型的受到传统文化中某些糟粕影响的父母的态度,例如"守贞""廉耻""家丑不可外扬"等,导致他们宁可让孩子受伤害,也要顾及家族名誉,这是错误的认知。目前,社会上依然还有很多人也是这样的认知,你的父母也有可能会有这样的认知。如果陷入和案例中的女生同样的境遇时,你首先要相信自己,不必自责,你没有错,错的是那个长辈,错的是父母的认知,你一定要勇敢地捍卫自己的身体权,按照老师上面的建议,找到所有可以支持自己的资源,果断地制止那个长辈的猥亵行为!捍卫自己的身体权!

Q 妈妈天天用"污言秽语"谩骂爸爸，这算暴力吗？
困惑解答老师：蔡云枝

爸爸、妈妈是家庭的建造者，家人相处，倡导爱、平等与尊重。家庭成员之间发生暴力属于家庭暴力，2016年《中华人民共和国反家庭暴力法》关于家庭暴力的定义是，家庭成员之间以殴打、捆绑、残害、限制人身自由以及经常性谩骂、恐吓等方式实施的身体、精神等侵害行为。家庭暴力是侵犯人权的行为，是不能容许的。家庭暴力常见四种类型：身体暴力、精神暴力、性暴力和经济控制。其中经常性谩骂属于家庭暴力中的精神暴力。

你在提问中说，妈妈天天用"污言秽语"谩骂爸爸，这种情况下，不需要考虑谩骂的内容与当时的态度，更与频率无关，只要是一次谩骂，就是精神暴力。"污言秽语"一般指用肮脏、下流或不文明的话语进行人身攻击，贬低、侮辱他人人格，如对对方大声吼叫，骂对方"蠢猪""没用""废物"，咒对方"去死吧"，有意识地进行尖酸的讽刺等损害对方自尊心的行为。所以，妈妈天天用"污言秽语"谩骂爸爸，是在经常性地对爸爸实施精神暴力。

每个家庭成员都是一个独立的个体，都有自由表达自己的想法、观点和感受的权利，但不能伤害他人。在遇到意见不合、观点差异大等情况时，可以通过非暴力沟通的方式进行沟通，说事实（被贬损的事件）、说感受（情绪感受）、说需要（渴望平等、尊重）、提出要求（不要进行言语攻击等），在尊重的基础上协商解决。如果实际情况超出一般意见不合的情形，达到家庭暴力的标准时，建议受暴者做好证据的收集、保存工作，向当地居委会、妇联、警方等求助，要求获得保护和处理施暴者。

《中华人民共和国反家庭暴力法》中指出了子女作为旁观者，目睹家庭暴力的情形，这时子女也是受害者，面对此情况，可以向父母表达自己的感受与期待；如问题解决不了，向学校老师或信任的成年人求助，必要时报警求助，保障自身安全。暴力没有理由，施暴者要对自己的行为负责。

Q 爸爸一直通过打我来"教育"我，我该怎么办？
困惑解答老师：赵丹

一直被这样的方式"教育"，你一定感到非常委屈、难过、愤怒又无助吧！特别是打着"教育"的旗号来打你的人又是你的爸爸，如果反抗，就会感觉自己"不孝"，事情传出去，或许还会被人说"太不懂事了，你爸打你还不是为你好"；如果不反抗，自己又很绝望、痛苦，感觉看不到明天。这真的是一个孩子面对的最严峻的状况之一了！

在你爸爸的意识里，或许他认为他是一家之主，是权威，想怎么管教你就可以怎么管教你；又或许，他从小受教育的方式也是这样，觉得"打是亲，骂是爱"；但更有可能，他打你就只是通过这种方式发泄他自己的情绪而已！我想对你说，你的爸爸就算有100个理由，他打你都是不对的，是国家法律所不允许的。根据《中华人民共和国未成年人保护法》中第十五条、第十六条、第十七条内容可知：父母或者其他监护人应当创造良好、和睦的家庭环境，依法履行对未成年人的监护职责和抚养义务。禁止对未成年人实施家庭暴力，禁止虐待、遗弃未成年人。

你问"该怎么办"，我不清楚你爸爸的"打"给你的身体造成的伤害有多严重，是否有过需要就诊的时候。但我能确定的是，你爸爸这样的"教育"方式，对你的心理健康造成了极大的负面影响。认真考虑后，我给你如下建议，供你参考。

1.在你爸爸心平气和的时候跟他谈一谈，告诉他，你不喜欢他用打的方式来教育你，他若有什么想要告诉你的，可以用语言表达，如果觉得用语言表达不了，还可以写信，或者通过其他亲人转告等温和的方式。你还可以问一问爸爸，是不是他小的时候也经常挨打？爷爷、奶奶是用这样的方法来教育他的吗？如果他说是，就问一问爸爸，当他挨打的时候他是什么感觉。

2.如果爸爸是一个难以沟通的人，请你想一想有谁可以帮助你，亲人、老师、朋友中，有谁的话他听得进去？有谁的话对他有威慑力？遇到解不开的结时，我们需要学习寻求外界的帮助。

如果身边的人都没有很好的办法，我们还可以寻求社会资源的帮助。你可以搜索白丝带公益热线微信号：bsdgyrx，每天10：00~20：00都有专人在线。你还可以通过QQ咨询，咨询QQ号：2959512636，或者发邮件咨询，邮箱地址：bsd4000110391@163.com，都能够得到专业的帮助。

3.如果你的爸爸非常暴力且积习难改，对所有的家庭成员都拳脚相向，也没有人能真正地说动他，那我建议你，下一次当他又想打你的时候，你一定要想办法报警。公安机关接到报案后会及时出警，制止他的暴力行为，会按照有关规定调查取证，协助受暴人就医、鉴定伤情，还会根据家暴的不同程度给予不同的处理，可能是批评教育，可能是开具告诫书；如果发现情况严重，还会帮助你向人民法院申请保护令。想详细了解的话，你可以查询《中华人民共和国反家庭暴力法》。

总之，虽然你的爸爸有可能是被一些错误的观念所影响，对你使用暴力，但这样的习惯也很难靠他的自觉来改变。所以，你要依靠自己的改变（不再忍受），联合其他的支持系统（可信赖的人、机构、法律）一同发力，保护好自己，同时也帮助和促成爸爸的改变。

Q 家里的保姆打我妹妹，算家庭暴力吗？

困惑解答老师：付徐

作为中学生的你，能这么贴心地关心妹妹的身心健康，真的很让人欣慰。妹妹有你这样的哥哥应该很幸福，未来也会很快乐的。

就你咨询的"家里的保姆打我妹妹，算家庭暴力吗"这一问题，我想和你做以下几方面的探讨。

从法律上来讲，我国的《反家暴法》对家庭暴力是这样规定的：家庭暴力是指家庭成员之间以殴打、捆绑、残害、限制人身自由以及经常性谩骂、恐吓等方式实施的身体、精神等侵害行为。其中该法第三十七条明确规定："家庭成员以外共同生活的人之间实施的暴力行为，参照本法规定执行。"这里规定的共同生活的人，其中就包括因雇佣关系在一起生活的保姆、月嫂以及因同居关系一起生活的男女朋友。所以，如果简单地从主体身份来看，保姆对家庭成员实施的暴力也属于家庭暴力。如果保姆实施了家庭暴力，也可能要承担相应的责任。

但判定某种行为是否是家庭暴力，除了从身份上来确定，还要从行为及结果上来鉴别。家庭暴力的行为是以殴打、捆绑、残害、限制人身自由以及经常性谩骂、恐吓等方式进行的，从结果来看，家庭暴力会给受暴者造成身体、心理伤害。所以，保姆打妹妹是肢体暴力，与妹妹的受伤程度、妹妹的被打次数没有关系，哪怕仅有一次，无论轻重，都是暴力。如果妹妹有表达能力，最好让妹妹告诉你具体情况，这样有助于你根据实际情况提出对策。因为家庭暴力很多时候具有隐蔽性，并不容易被察觉，而且由于其取证不易，更容易被忽视，所以如果你知道妹妹被打了，要引导和协助妹妹在第一时间保留证据，比如通过录视频、报警、进行伤情鉴定等方式保留证据，同时应及时通知你的家人，让家人知晓此事。

由于遭受暴力会给受暴者带来很大的心理和身体的伤害，受暴者尤其是你的妹妹可能还小，往往会比较害怕，担心遭到报复或者更大的伤害，甚至拒绝说出真相，因此，当你发现保姆可能有侵害行为的时候，第一时间是保护妹妹，告诉妹妹这不是她的错，是施暴者的错，施暴者应该承担责任；其次，你还应该告诉妹妹遇到暴力要勇敢地说出来，第一时间把事实告知家人。保姆承担相应的责任，可以让其他家庭避免遭受同样的暴力。你可以建议父母先留存相关证据，然后报警并解除与保姆的雇佣关系。

Q 奶奶总是指责、谩骂妈妈，妈妈忍受得很痛苦，我该怎么帮她？

困惑解答老师：王艺

你说的这种情况的确很普遍，虽然近些年来随着女性受教育水平和经济收入的提高而有所好转，但是总体来讲，婆婆欺压儿媳的事件仍然不少。

其原因也许是奶奶性格不好，为人刻薄；也许是奶奶和妈妈合不来。但是当奶奶在外面时，很多时候她都是和蔼、慈祥的老太太。妈妈在外面也是人人尊敬、十分出色的人，可是回到家里，却被奶奶处处挑剔，奶奶怎么看她都不顺眼，甚至责骂连篇，而妈妈好像怎么努力都没有用处。你说，这是两个人不够好吗？不是的，是观念的问题，而且是传统观念的问题。

在传统社会的家庭观中，"娶进门"的媳妇就是自己家的人，这个"自己家的人"的意思不是相互爱护和关心的家人，而是"生是我家人，死是我家鬼""进了我家的门，就得听我的话"的家人。这种家庭里的女人地位是非常低的，尤以媳妇地位最低，要等到自己也成为婆婆，地位才会提升，也有了儿媳妇可欺压，所以有句话叫"多年的媳妇熬成婆"。你听听这个逻辑，多么落伍，多么愚蠢。当然了，随着社会的进步，"敢于"这样明目张胆欺压媳妇的婆婆不多了，她们的欺压方式变成了"讲道理"的挑剔和指责。

奶奶用语言实施暴力，是精神暴力的一种，已经构成家庭暴力。针对家庭成员的暴力，不是"家务事"这么轻描淡写，而是违反法律的。《中华人民共和国反家庭暴力法》中明确规定："家庭暴力，是指家庭成员之间以殴打、捆绑、残害、限制人身自由以及经常性谩骂、恐吓等方式实施的身体、精神等侵害行为。""指责、谩骂"属于精神暴力的一种，与谩骂的内容、频率和次数没有关系，只要有一次谩骂，就构成家庭暴力。

我理解你对妈妈的心疼。想帮助妈妈、保护妈妈，你要从两个方面入手：一是让奶奶停止暴力，二是让妈妈不再忍耐。

先说奶奶这边。奶奶年纪大了，也许年轻时过得不容易，但这不是她可以实施暴力的理由，可以请爸爸、爷爷、其他家里说得上话的亲戚、老朋友，也包括你，去跟奶奶讲清楚，沟通时态度要温和，言语礼貌，但是立场要坚定，告诉奶奶：这样对待儿媳妇是不对的，不要再拿老一套"规矩"说事了。这当中，你爸爸的态度是非常关键的，他要坚决地维护你妈妈。

再说妈妈这边。你首先要告诉妈妈：你爱她，你支持她；同时，鼓励妈妈不再忍耐奶奶的暴力。孝敬老人不是凡事都要顺从，遇事要据理力争，不骂人、不吵架，但是要坚持自己认为对的事情，不为自己没有错的事道歉。可能的话，你可以支持妈妈不跟奶奶居住在一起，作为两个小家庭分开居住，减少见面起冲突的次数。你还要寻求爸爸的支持，爸爸在这当中非常关键，他应该意识到自己妈妈是不对的，不应该一味愚孝，顺着老妈却要求妻子忍让。此外，村委会、社区、妇联都是可以求助的部门；110（报警电话）、4006–012338（免费的心理咨询热线）都是可以寻求帮助的号码。

在这样的家庭中生活，心情也许会很糟糕，并且长期如此，很难自己调节，从而心情抑郁、沮丧、烦躁，有可能影响睡眠、学习，甚至影响人际交往。你如果有这方面的感受，可以找学校的心理老师谈谈，调节一下自己的心理情绪。如果需要的话，还可以让心理老师帮忙介绍专业人士来帮助你。你的妈妈也会面临这样的问题，你可以问问学校的心理老师，有没有帮助妈妈的办法，或者让妈妈跟你一起找学校的心理老师寻求帮助。

不了解你家里的具体情况，只能泛泛地提些建议。不论怎样，你一定要清楚，奶奶对妈妈的态度，以及这当中爸爸扮演的角色，都属于他们之间的亲密关系的事情，你作为家庭的一分子，不可避免地会受到影响，但是这并不是你的责任。他们有保护你、照顾你、支持你的责任，反过来，并不成立。你要判断家里的形势，如果你采取的措施可能会"引火上身"，那就得不偿失了。他们之间发生口角时，可能会有人将责任推到你头上，类似"都是为了你才……"的话挂在嘴边，这时你要清楚地且一遍又一遍地告诉自己："是他们处理不好自己的亲密关系，不是我的错。"

你更应该做的是好好学习，提升自己，让自己身心强大，摆脱家庭的不利影响，追求自己的梦想和幸福生活。这样，你也会找到更多的办法，有更强的能力保护自己和妈妈。

第三章
爱情

　　人生是花，爱是花蜜。提到爱情，谁不向往？多少人为爱情歌唱，写下美妙的诗篇。然而，爱情是什么？你憧憬的爱情，和心仪的他／她向往的爱情是否一样？

　　爱情观念的差异往往会给我们的恋爱带来许多烦恼与困难，只有穿透这重重迷雾，我们才能找到爱的真谛。

　　青春期的性成熟是爱情降临的重要条件。然而，成熟意味着更多的责任。负责的爱与性，才会与安全、健康为伍。

　　爱情有开始，就有结束。真正的智者，拥有时懂得如何珍惜，失去时也懂得如何放手。愿你在享受美妙爱情的同时，也有智慧女神的护航。

第一节 爱情观

爱情,被称为永恒的主题。《诗经》开篇道:"关关雎鸠,在河之洲。窈窕淑女,君子好逑。"德国大诗人歌德也感叹:"哪个少男不善钟情?哪个少女不善怀春?"古今中外,爱情被多少人歌颂、感叹,多少人询问:"爱情是什么?爱情在哪里?"步入青春期的少男少女们更是对爱情充满着无限的憧憬。如果没有爱情,恐怕连作家都会失去灵感,文艺作品也会黯然失色。不只诗人、作家描绘爱情,还有很多心理学家、社会学家、哲学家、思想家研究爱情。

有人说,爱情就是性激素分泌的结果。

有人说,爱情是友谊发展的必然。

有人说,爱情是责任、尊重和关怀。

有人说,爱情是激情、承诺和亲密。

…………

有学者已经设计了心理量表,你只要做做选择题就能知道自己是爱他/她还是喜欢他/她。

虽然有很多人研究爱情,但遗憾的是,目前仍然没有关于爱情的标准答案。

人们对爱情的看法就是爱情观。爱情观是一个人对恋爱对象和爱情关系所持有的一种多面性态度,对一个人爱情关系的建立和发展有重要作用。

爱情观是随着时代不断变化的。中国古代强调婚姻要遵守"父母之命,媒妁之言",自己追求爱情的结果很可能就是"徘徊庭树下,自挂东南枝"。而现代社会,大家普遍认为追求幸福的爱情是每个人不可剥夺的权利。

同一个时代的人，爱情观也是有个体差异的。在提倡性别平等、尊重多元的现代，爱情展现出更多的多样性。

有人认为郎才女貌，有人认为重在心灵。

有人相信一见钟情，有人认为日久生情。

有人认为爱情是要考虑物质条件的，也有人强调爱情与金钱无关。

有人认为爱情必须是排他的，也有人认为爱情可以是多元的。

有人海誓山盟，追求爱情的永恒，也有人只在乎刹那间的拥有。

……

爱情是人生很重要的一门必修课，请你用智慧去描绘你的爱情地图吧。

Q 小说和影视里那些感人的爱情，是真的吗？
困惑解答老师：李春芳

爱情，是亘古不变的话题，很多艺术家对它进行了不同的诠释，从远古的《诗经》到最新的偶像剧，古往今来，描写爱情的作品数不胜数。它可能是人群中一次奇妙的邂逅，偶然的擦肩一瞬，甚至一个意外的对视，或是相濡以沫、日久生情，又或是轰轰烈烈、缠绵悱恻。

生活中的爱情和文艺作品中的爱情的相同之处，都是建立在人类复杂的感情基础上。爱情的基本元素都相似，如互相吸引、亲密浪漫，或矛盾分歧、冲突不断……不同之处在于，小说影视中往往对爱情进行了夸张的艺术加工，有时把爱情描画得过分完美，甜上加糖，狂撒狗粮，有时又刻画得无比虐心，赚取观众很多的眼泪。众多的作品从不同的角度描写爱情，足够把大家的头脑搞乱，甚至有时候，关于爱情的作品看得越多，越不清楚爱情到底是什么样的。

最近几年，《遇见王沥川》《何以笙箫默》《亲爱的，热爱的》《你和我的倾城时光》等通过小说改编的电视剧非常火爆，剧中的女主一般都是美丽单纯、聪慧优秀、多才多艺，男主大多有能力、有财富、高大帅气、感情专一、温暖体贴，剧中的爱情或浪漫甜美、或天长地久、海枯石烂、至死不渝，让很多情窦初开的青少年陷入剧情而不能自拔，男孩、女孩都希望自己能拥有一个像剧中那样完美的伴侣。

这些影视剧中的爱情固然刻骨铭心，令人印象深刻，但你肯定已经发现，在现实中，不是所有的人都这么完美，也不是所有的人都能拥有如此美好的爱情。有的人可能要经历多次的恋爱、分手，才能遇到真命天子，也有的人可能一辈子都遇不到自己的真爱。即使爱情到来了，结局也不是公主和王子从此就过上了幸福的生活，因为往往相爱简单，相处太难。在这个过程中，既有见到恋人时的满心欢喜，不见恋人时的如隔三秋，也会有日复一日的平淡，让爱情渐渐乏味，还有无数争吵、误会、摩擦、伤心、难过和后悔。

不管你在小说或影视剧中看到了什么样的爱情，最终你能遇到怎样的爱情，既依靠运气，也取决于你的能力。所以，小说和影视作品里的那些爱情是真是假，是不重要的，重要的是，你信什么，你要什么，你的能力能让你获得什么。

俗话说：知己知彼，百战不殆。虽然爱情不是战争，但我们也要充分了解自己的性格、优缺点、能力、价值观和伴侣偏好，以及对未来情感的期待。然后，如果在现实生活中遇到合适的人，我们也要清楚如何赢得对方的青睐，如何创造出两个人共同向往的未来。

这些能力的提高，必须通过实践中的锻炼。当然，我们可以把影视剧中的爱情故事当作借鉴、学习的素材，比如从中学习追求喜欢的人的方法、恋人相处的技巧、矛盾分歧的沟通方式以及如何调整失恋、暗恋的心态等等。在总结他人经验教训的过程中提高自己，让自己变得更出色，我们就会有更多的选择机会。

Q 人为什么一定要结婚？可以一辈子不结婚吗？
困惑解答老师：韩雪梅

不知道是什么原因引起了你对结婚这个问题的深刻思考，是看到一些婚姻的悲剧，对婚姻失去了信任？还是你本来就喜欢独处，或者其他什么原因？不管什么原因，我感觉你对这个问题的思考是非常认真的。

在中国传统社会中，"男耕女织"是主要的生产方式，因此，如果一个人不结婚，家庭的经济生产就很难维持，也不会有孩子，养老也没有保障。所以，结婚不但是个人生存的必要，也是家族的需要。在这样的环境下，家庭占据非常重要的位置，"男大当婚，女大当嫁""不孝有三，无后为大"成为文化主流。在许多家族的联姻中，本着"门当户对"的观念，婚姻当事人成为家族交换的筹码，个人的幸福反而成为不重要的因素了。

即便如此，在中国历史上也有一位著名的独身主义者——北宋著名词人林逋。他"以梅为妻，以鹤为子"，终生未娶，人谓"梅妻鹤子"。

除了林逋，古今中外，还有很多名人一生都没有结婚，从柏拉图、达·芬奇、贝多芬、诺贝尔……到现代中国的学者金岳霖、木心等，终身未婚完全没有影响他们的人生发展，相反，他们创造了许多的成就，为人类造福；再比如大家熟悉的物理学家牛顿，他是现代力学的奠基人、万有引力的发现者，他一生与科学为伴，没有结婚；还有丹麦作家安徒生，他写了很多与爱情、婚姻有关的童话，自己却一生未婚。

随着社会经济的发展、社会保障的进步以及性别平等观念的普及，结婚不再是生存的必要条件，人们追求个性解放，有了更多的选择。婚姻的本来目标是为了幸福，既然不结婚也能幸福，单身当然就能被很多人接受了。

现在，很多国家的法律法规都支持婚姻自由。我国的法律也是保障婚姻自由的。婚姻自由，包括了结婚、离婚自由，只要是个人自主的选择，并承担相应的法律、家庭责任，双方自愿，别人是无权干涉的。

根据我国国家统计局公布的数据，从2014年到2019年，我国适婚人群的未婚数据一直呈现上升趋势；在结婚的人群中，离婚率也在攀升。可见，幸福不是靠结婚这种形式就能一劳永逸的，结婚后的亲密关系也会发生变化。

当然，有一些人受传统观念影响，认为男孩子需要传宗接代，必须结婚生子。而且，还有一些人存有偏见，认为不结婚的人是因为性能力、生殖能力或者心理状态有问题。不结婚的人，也有可能要面对周围亲友的压力和非议。这些没有道理的猜测、对他人的干涉，是不尊重人的，是不道德的。每个人的人生是自己的，经营好自己的幸福、为自己负责是最重要的事，不必考虑太多别人的看法。

人生的路很长，你也不必早早给自己或别人贴上"独身主义"的标签。现在不想结婚，就可以不结婚；未来如果遇到了一个理想的人，想换一种生活方式，也可以做出新的选择。

Q 老师误解我在谈恋爱，批评我，怎么办？

困惑解答老师：魏徐红

人际关系中，误解与被误解是我们每个人都会遇到的情况。

在工作中，我接到过许多中学生关于被误解的来信和电话咨询；在我的成长中，我也经历过误解与被误解的事情，所以我能深深体会到你被老师误解的苦恼。

曾经有个同学打电话找我咨询，我们就叫他小文吧。小文告诉我："班主任把我叫到办公室里，批评我说'马上高考了，你的成绩只是中上，要集中精力学习，现在这么紧张的高考冲刺阶段，怎么能恋爱呢？！恋爱会影响学习，等考上大学后你想怎么谈就怎么谈'。我被老师训蒙了，我没谈恋爱啊，老师为何批评我？"

我问小文："你是怎么向老师解释的？"小文说："老师批评完了，就说'赶快回去复习功课吧，时间不等人，我还要批改试卷'。老师根本不让我说话，我没办法解释。"

我感受到了小文内心的烦躁、愤怒和委屈，帮他舒缓了情绪之后，就试着让他换位思考。我说："老师教学任务重，工作压力大，可能生活上事务也繁忙，对学生了解得不全面，或者听信了谁的谣言，难免会对你产生误解。你希望老师消除误解，就要主动澄清。你可以找机会和老师面谈，也可以把你的想法写在纸上，交给老师，或发信息到老师的手机或者QQ邮箱里。老师是否回复你或什么时间回复你，那是老师的事情，你把事情说清楚即可。"

小文接受了我的建议，很快向老师澄清了事实。原来周末老师开车路过某饭店时，看到小文与一个女生站在饭店门口开心地聊天，就以为小文在谈恋爱。小文告诉老师，那天爸爸请朋友全家一起来聚餐，女孩是爸爸朋友的孩子，他们从小就熟识，爸爸让小文到饭店门口接她。误会消除了，老师给小文道了歉，小文也更理解老师对他的关心了。

所以，有误解就要主动去解释，愿意教育你的老师，一定是负责的老师。

你可以跟家长谈谈这件事，听听他们的看法和建议；也可以向信任的同学或好朋友倾诉，也许他们会有一些好主意。

你还可以尝试一下"空椅子"方法，在家里或者教室里无人的时候，想象着老师坐在你对面的一张空椅子上，把你所受的委屈说出来，你也会感到轻松的。

如果老师一直误解你，你可以把心中的苦闷、烦恼、愤怒等写在纸上，怎么写都可以，写好后，将其撕碎、扔掉。你可以重复地写，直到感觉舒服为止。

希望以上的方法能帮到你，若感觉心里还是难受，可以找专业的心理咨询师做咨询。

Q 女孩子都喜欢"高富帅"吗？
困惑解答老师：孟益如

我先给你说一个女孩子的故事。她在大学期间认识了一个个头不高、其貌不扬，甚至有点丑，而且出身也普通的男同学。他和"高富帅"是一点边都沾不上，但他有出众的能力，做了其他大部分男生都做不到的事：组建英语角、给外国游客当导游、到处讲课、做兼职等等。也许就是男生的这些独特的魅力吸引了她，他们相恋了，大学毕业以后很快就结了婚。故事讲到这儿，你心中的疑惑解开了吗？

中国自古有句话叫"爱美之心人皆有之"，现在的我们更是处在一个"美丽暴力"的时代，每天从一睁眼开始，就被手机上、电视上、路上的各种广告里的帅哥、美女冲击着眼球，所以，大家对"高富帅"有好感也是正常的事。如果有人喜欢"高富帅"，只要她愿意为自己的决定负责，没有伤害到自己和他人，别人也应该尊重她的选择。同时，我们生活在一个多元的社会，俗话说"萝卜青菜，各有所爱"，大家喜欢的类型一定是多种多样的。

如果你遇到几个女孩子喜欢"高富帅"，那也不能以偏概全地认为所有女孩子都喜欢这种类型的男生。其实，在爱情中本来就是"情人眼里出西施"，你不必苦苦寻找一个并不存在的统一择偶标准。

有人说"一个人不是因美丽而可爱，而是因可爱而美丽"，比起好看的外表，内在的性格气质，才是在与他人长久相处中最吸引对方的。试想，如果你是一个女生，面对两个选择对象，一个外表又高又帅，出手阔绰，但相处以后发现他不求上进，只会啃老，行为粗俗；另一个长相普通，家境一般，但越接触越发现他内涵丰富，举止得体，上进好学，勤劳刻苦，你会选择谁呢？

容颜会老去，金钱会散尽，唯有气质才华和人格魅力才是一生最宝贵的财富。有这么一些人，明明可以靠颜值、靠父母，偏偏很努力，比如何猷君，是澳门赌王的儿子，凭借个人的数学天赋和努力考入美国麻省理工学院，成为美国麻省理工学院史上最年轻的金融硕士。中途暂时放弃学业的他，拒绝了家族的庇护，独自前往上海，与千千万万创业者一样，从零开始。所以，和"高富帅"比拼，怕的不仅是拼不过他们的颜值和财富，还拼不过他们的努力与才华。

每个人都有独一无二的价值。你一定有你的闪光点，不必因为自己不是"高富帅"而自卑、灰心，接受不能改变的，改变可以改变的，扬长避短，努力提升自己，使自己内心丰盈，变得更加优秀。将来，你肯定会遇到欣赏你、喜欢你的人。也请你多多发现周围人的独一无二，学着欣赏他人。

开篇的故事其实还没有讲完。那个女生名叫张瑛，当初她也没有想到，自己看中的男生日后成了商业领袖。那个男生叫马云。张瑛在马云一无所有的时候选择他，说明男孩子不是"高富帅"也一样有人爱，一样能找到自己的价值。

有人说："好看的皮囊千篇一律，有趣的灵魂万里挑一。"品德"高"尚，内心"富"足，"率"真而为的人才是真正吸引人的"高富帅"，你觉得呢？

Q 我不敢和异性搭话怎么办？

困惑解答老师：魏秀

很多同学在青春期的时候会突然意识到自己不敢和异性搭话，或是跟异性一搭话就脸红、结巴，不知道说什么。这是为什么呢？

因为进入青春期后，受性激素分泌影响，大家的性意识开始觉醒，很多同学会在意异性对自己的看法。从这个角度来看，老师要恭喜你长大了！可是，很多老师、家长认为男女在进入青春期后不应该过多交往，以避免"早恋"。这会导致很多同学为了避嫌，回避与异性交往。此外，过去与异性交往的经验少，也会导致不知道如何与异性沟通。

其实我们跟异性交往是有很多好处的。充分的、广泛的异性交往，是健康人格成长中不可缺少的。跟异性交往，可以提升人际交往技巧；有利于未来良好亲密关系的建立；可以帮助完成对自我社会性别性取向的探索；还可以获得同性伙伴不能提供的意见和建议，了解异性对事物的不同看法，拓宽自己的思路、视野等等。

看到这里，你可能迫不及待要问我一些关于不敢跟异性搭话的改善办法了吧？

首先，注意观察身边的女同学。在她们聊天时，你通过旁听可以了解她们的爱好、个性、经历、特点等，这可以成为你以后跟她们搭话的素材。

其次，了解与人搭话的礼节，照着镜子练习微笑，多跟人打招呼。早上遇到认识的女同学，你可以主动问好，放学时主动道别；在班级讨论学习、打扫卫生等日常场合，和熟悉的异性多交流。只要交往的场合是公开的，并且有很多人，那么你们交往时，就能够避免自己和对方的尴尬，又能避免他人误会和干涉。

再次，提升自己，培养一些兴趣爱好和特长，你就有了更多的话题与异性交谈。如果你有突出的才艺特长，一定会吸引更多的异性来与你交流。在运动会、艺术节等场合，可以试着与不太熟悉的女同学交谈。如果不知道怎么开头，可以就现场所见的一个人、一件事，谈谈自己的看法，也可以问她们对此的看法。一旦开了头，你就会发现原来搭话是那么简单。

最后，如果你与异性搭话时特别紧张，可以提前做些放松练习，比如在家里或者教室里没人的时候，将某把椅子想象成你要搭话的女同学，然后对着椅子说你想说的话。练习时要认真对待，把每一句话、每一个动作、表情都要演练到位，练得多了，与异性交谈时就会自然了。当你紧张时，你还可以做积极暗示，在心里对自己说"我紧张也是正常的，我接纳我的紧张，我明天会比今天更放松"。你再多做几个深呼吸，就更容易放松下来了。

在和异性交流时，要注意尊重和接纳对方的想法和行为，善于聆听别人的看法，不用自己的价值观去评判对方；同时，也不要为了讨好对方而说违心的话，应做到不伤害自己、不伤害别人、不影响他人。

人的习惯不是一两天形成的，所以，要改变现有的习惯也不是一两天就可以做到的，这会是一个缓慢的过程。在这个过程中，即使有困难，你只要坚持去做，就会获得自身的成长，不断取得突破。

相信一个有着善良、体贴、包容以及尊重他人等特质的你，一旦愿意敞开心怀，主动与异性搭话，会很快体会到与异性交流的乐趣的。

Q 有好几个女生向我示爱，我该怎么办？
困惑解答老师：黄晓霞

看来，你是一个特别优秀的男生，才会得到好几个女生的青睐，才有这样"让人羡慕的烦恼"，先要祝贺你哟！

处在青春美好年华，尝试建立亲密关系，这个非常正常。恋爱是排他性的，相信你不愿意做脚踏几只船的渣男，所以在面对被好几个女生示爱的情况时，才会有选择困难。你问的"怎么办"是不知道如何拒绝求爱呢，还是不知道选谁呢？下面我们逐个分析。

第一种情况，如果你目前只想专注学业，不想谈恋爱的话，那就尊重自己的内心，真诚、礼貌、坚决且明确地拒绝所有的追求者，同时谢谢她们对你的欣赏。有些人比较敏感，容易把同学之间普通的帮助、关心，误以为是示爱。所以，你可以跟好朋友或者老师、家人探讨一下自己有没有容易让人产生误解的地方。如果有，那以后在和同学的交往中注意分寸，保持距离。

第二种情况，你想谈恋爱，恰巧这几个女生中有你喜欢的人。那你就尝试和她确定恋爱关系，明确、礼貌地拒绝其他人。

第三种情况，你想谈恋爱，但这几个女生中没有你喜欢的人。那你也可以明确、礼貌地拒绝所有人，耐心等待你的意中人到来。

第四种情况，每个追求者都有自己的性格和优点，每个人都有你欣赏的地方，你不知道该选择谁。那就给自己更多的时间，顺其自然，不必急于确定对象。表白是她们的权利，不回应也是你的权利。当然在这个过程中，要特别注意不搞暧昧，保持正常的同学交往，注意分寸！

因此，先向内看，搞清楚自己内心真正想要什么，做选择时就会容易多了。老师也相信，你可以做出对自己和他人负责任的决定。

Q 恋爱经验越丰富越好吗？
困惑解答老师：李曼

你的问题让我想起了我做心理咨询工作时接待的许多青少年来访者。他们有的人说"我没什么经验，不知道该怎么办"，也有人说"他似乎是觉得我恋爱经验太丰富了，所以有点抵触我"。恋爱经验这种东西，没有的话会被嫌弃，有了还可能被嫌弃。所以，到底怎样的情感经历算是"刚刚好"呢？下面我就来聊一聊这个问题。

首先我想问你，你说的"好"是指什么呢？我理解的是，在恋爱中，某些情况对恋爱双方的幸福有积极的作用，就是"好"。

一般来说，有恋爱经验的人比缺乏恋爱经验的人更容易了解恋人的需求，更能体会对方的感受。但是如果他一直以自我为中心，没有在恋爱中去了解恋人、体贴对方，那他恋爱多少次也不会变"好"。

也有人认为，恋爱经验丰富的人是情场老手，套路多，太花心，对感情投入不真诚。与这样的人相处，不能信任，要保持距离。

每一个人都有独一无二的个性与需求。你认为的"好"，可能张三觉得很贴心很受用，用在李四的感情中却不见得受待见；而你认为的"不好"，有可能恰恰是你的恋人看重和需要的。所以，在这个"好"的界定上，没有统一标准，一切都是以你的恋人感受为准，你的"好"是她所需要的"好"，能让她感受到，能满足她的需求，这才算数。

所以，恋爱经验丰富与否，并不是恋爱幸福的决定因素。恋爱经验多，不必得意；缺乏恋爱经验，也不必自卑。一段健康的亲密关系要做到彼此尊重，用心聆听对方的想法，尊重对方的意愿，真诚地表达自我，给予对方体谅、包容，坦诚做自己，真诚地悦纳他人。

只要在恋爱中，你能够细心体会恋人的与众不同，真诚地沟通，让恋人感受到你的真心；平等对待，让恋人感受到你的尊重；相信对方，用你的信任去赢得恋人的信任……你一定会找到最懂你的人，获得最适合你的幸福。

Q 和好朋友喜欢上同一个人怎么办？
困惑解答老师：姜玲玲

"窈窕淑女，君子好逑。"你和好朋友喜欢上同一个人，说明这个人确实很优秀，很有人格魅力，也说明你们确实志趣相投，所以喜欢、欣赏同类型的人。当友情和爱情相遇，你有些迷茫和不知所措，不知道该如何处理，或许下面这个故事会对你有一些帮助和启发。

小强和小刚是大学同学，住同一个宿舍，他们从一开始关系就特别铁，是无话不说的好哥们儿。有一天，小强对小刚说："告诉你一个秘密，我喜欢上了咱们班的女生小智，你说我要不要表白？"没想到，小刚说："我也喜欢她，只是一直没有勇气说出来。"两人陷入尴尬的局面。经过深思熟虑后，他们决定同时向小智表白，公平竞争，不管小智最终选择谁，其中一方都要送出自己诚挚的祝福，绝不影响到哥们儿情谊。他们表白后，小智说："谢谢你们俩对我的欣赏，你们都是很优秀的男生，只是我觉得你们都不太适合我，而且我近期不打算谈恋爱。希望我们以后还是好同学、好朋友。"小强和小刚听后，两颗悬着的心终于落地了。虽然没能与自己心仪的人在一起，内心有些遗憾，但是他们勇敢地表露了心声，努力过了，就不后悔。

你是不是可以借鉴他们的办法呢？

感情的事需要两情相悦，不可勉强。好兄弟喜欢上同一个人，互相争抢，容易伤兄弟情谊；互相礼让，是对自己的不诚实。而且，争抢和礼让，都没有考虑过他们喜欢的人的意见。每个人都有权利喜欢一个人，也有权利拒绝别人的表白。你，你的好朋友，你们喜欢的人，都是一样。大家都有平等、自由的选择权，都可以根据自己的感受和意愿做决定，只要不侵犯他人的权利就好。

你不必为难自己，也不必委屈自己以成全他人，只需要对自己坦诚，对朋友坦诚，对喜欢的人坦诚即可。

民国时期，建筑学家梁思成和哲学家金岳霖就共同爱上了名媛林徽因。林徽因考虑了很久，最终选择了梁思成。之后，他们三人仍是好朋友，住处相邻，甚至夫妻吵架都要找金岳霖评理。金岳霖还经常帮助照顾梁与林的孩子，孩子们都称他为"金爸爸"。三人的情谊延续了两代人。

爱她就要给她自由，尊重她的选择。不管她选择的是谁，你和好朋友仍然是好兄弟，不存在谁抢了谁女朋友的问题，她是自由的，不属于任何人。如果她对你们两个都不喜欢，你们刚好同病相怜，可以互相安慰。如果她选择了你的好朋友，你要真心祝福；如果她选择了你，那就好好珍惜，不要得意忘形，因为你们之间还有很长的路要走。

当然，如果你觉得自己还没有准备好，经过认真思考之后，决定不表白，也同样是勇敢的、真实的、负责的。

总之，要忠诚于自己的心，倾听自己内心的声音后再做决定，对自己的决定负责。

Q 残疾人可以和健全人谈恋爱、结婚吗？

困惑解答老师：任晓玮

残疾人可以和健全人谈恋爱、结婚吗？请看《中华人民共和国婚姻法》第五条的规定："结婚必须男女双方完全自愿，不许任何一方对他方加以强迫或任何第三者加以干涉。"第七条规定："有下列情形之一的，禁止结婚：（一）直系血亲和三代以内的旁系血亲；（二）患有医学上认为不应当结婚的疾病。"所以，在恋爱、结婚方面，残疾人跟健全人在法律上是享有同等权利的。

恋爱、结婚是每个人享有的基本权利，身体的健康程度跟追求幸福不会相互矛盾。虽然身体有残缺，但是拥有一个健康的心态，也会让人获得众多的世间美好。

我们来看一个故事：当我们还是宝宝时，一切的吃喝拉撒都离不了人，有时候全家人都会为我们忙得团团转。试想一下，如果把你的双手捆起来，让你去照顾婴儿，你会怎么做？很多人一定觉得这样根本做不到，但是真的有这么一个没有双手的爸爸，带起孩子来也是丝毫不输健全人。他就是辽宁昌图的传奇男子汉——王刚，他不仅可以用脚自理生活，还照顾着一个9个月大的宝宝。因为一场意外的事故，王刚在13岁那年失去了双臂，从此生活里的一切都变得艰难，很多简单的事情都变得不再简单，比如做饭、洗衣，甚至连上厕所都成了一件难事。但是他没有失去对生活的信心，没有了手，就用脚来练习。没有人知道他经历了多少困难，偷偷躲起来大哭过几次；也不会有人对他用脚代替双手，去做看似简单的事情究竟有多么复杂能感同身受。正是因为坚强的意志，他终于用双脚做到生活自理了。

王刚的妻子小红是一个健全人，她看中了王刚诚实、肯吃苦的品质，义无反顾地和他在一起。因为妻子的父亲突然生病了，需要她回娘家照顾病人，于是照顾孩子的重任就压到了王刚一个人的肩上。对于平常人来说，喂奶粉、给孩子洗漱等这些带孩子的琐事都很简单，但是到了王刚这里就成了难题。因为没有手，所以一切都要用脚来代替，这里面的艰难常人一定体会不到，尤其是刚开始的练习阶段。但是经过了一段时间的练习，他带娃已经十分顺"脚"。

　　不管身体残疾还是健全，人生都会遇到很多磕磕绊绊；无论是在学业、恋爱、婚姻、家庭，还是在事业中，每个人的人生都不会是一帆风顺的。当幸福向你敲门时，请大胆抓住；当遇到困难时，需要两个人互相支持和鼓励，一起坦诚地去面对。当然，你所深爱的人是否同样也深爱着你，也是至关重要的。同时，保持积极、乐观的心态去追逐自己的理想和生活，相信你终会获得一个完满的人生。

Q 网络恋爱靠谱吗？
困惑解答老师：罗扬

要回答这个问题，先得理清一个概念，什么是靠谱的恋爱？

有人认为在网络恋爱中，双方无法确定对方个人信息的真假，恋爱在虚拟环境中进行是不靠谱的、没有好结果的。看看新闻，你会发现凡是提到网恋的，几乎全是骗钱、骗色、见光就死的负面报道。

但是，在现实生活中，彼此知晓对方的真实个人信息的恋爱就靠谱吗？就都有好的结果吗？也不一定。所以，不管是网络恋爱还是线下恋爱，都可能靠谱或者不靠谱，关键取决于恋爱双方对恋爱的态度与爱的能力。

网络不过是恋爱的一个媒介，本身无所谓好坏。斯坦福大学的一项调查发现，截止到2010年，网络已经成为夫妻和情侣相识的第三大途径，通过网络相识的人数已超过亲戚介绍、大学认识等途径的人数。

由于网络交往的特点，与线下恋爱相比，网恋有其特有的优点：首先，网络社交没有时间、地点的限制，可以随时随地与恋人交流，互动沟通更频繁、更便捷；其次，除了语音、文字、视频，网络社交软件提供了很多表达交流的方式，例如表情包、链接分享，很多不好当面说或说不清楚的内容，线上都可以轻松传达；再次，网络社交的广泛性让我们选择恋爱对象的范围更大，理论上找到理想伴侣的概率更高。

当然，网络恋爱也明显存在一些不足：首先，由于看不见真人，网恋只能通过屏幕了解对方，如果对方提供虚假身份信息，识别能力不强的人容易上当受骗；其次，网恋无法获得恋人的肢体语言等信息，容易导致一些不必要的误会；再次，人是需要在真实社会交往的，长远地看，恋爱是不能只在虚拟世界经营的，如果一直不见面，会影响感情的发展。

青少年如果想尝试网络恋爱，一定要注意在保障自身安全的前提下进行。

提醒你注意以下几点。

1. 考虑到距离与安全，建议找位置近些的恋爱对象。

2. 在有充足把握前，不轻易透露自己的个人信息；确定恋爱关系前或者见面前，请务必确认对方的真实身份。

3. 网络交往中，注意保护好自己的隐私，避免裸聊、发裸露的图片。同时，也要尊重对方的隐私，不提裸聊、发裸露图片的要求。

4. 注意财物安全，不要有超出自己支付水平的大额财物往来。

5. 如果见面，建议安排在公共场所，不要到偏僻、私密的地方；前几次与网恋对象见面，最好找一个信任的人陪同，并听取父母的参考意见。

6. 如果遇到了困难，不要忘了向父母、老师或你信任的人求助。

网络恋爱随着网络时代的发展已经成为一种常见的恋爱形式，随着社会的发展，逐渐被越来越多的人接受。所以，不管是网络还是线下，都只是一种渠道，选不选网恋、网恋靠不靠谱，都要看你本人哦。

第二节 学习处理爱情中的难题

恋爱中有许多难题需要我们学习如何去处理，这些难题的量比学校考试中的难题还多、还难。爱不仅需要勇气，更需要能力。这些难题会引导我们思考，帮助我们提升自己的能力。

当一份感情摆在自己面前时，是表白还是隐藏自己的心意？是接受还是拒绝？或者暧昧……这是一个复杂的问题。不管怎样，都需要考虑好自己的目的、责任与结果，倾听自己内心的声音。

一份亲密关系的变化，会带来一系列的连锁反应。

当我们开始一段恋爱，开始和恋人相处，我们会寻找共同语言、共同爱好、共同价值观，也会随着了解的深入，发现彼此的差异和分歧，还会产生一些矛盾。恋爱不仅会体验到美好，也会体会到烦恼。

我们与恋人的交往会影响我们与老师、家长和同学的关系，甚至还有我们和金钱的关系。不管哪一种关系，想要好的结果，我们就需要按照尊重、信任、真诚、平等的原则好好沟通。

爱情不是人生的全部，我们还要兼顾学习、生活、娱乐等等，让我们的生活更加丰富。

我们需要思考如何与恋人更和谐地相处，如何平衡自己的内心，如何能让自己变得更好、让恋人变得更好、让世界变得更好。

爱是一种力量，让我们成长。我们能力越强，爱情也会越美好。

Q 暗恋一个人，要不要表白？

困惑解答老师：魏秀

作为一名心理老师，常常有学生偷偷问我："老师，我挺喜欢一个人的，可是我不知道该不该告诉他/她？你说我向他/她表白的话，会不会被拒绝啊？"学生们问我这个问题的时候，有的红着脸，略带羞涩，不好意思看我；有的则大大咧咧，带着些许担忧，但他们的眼睛里都闪着光，就像春日里洒在湖面上的粼粼波光，我看着都觉得幸福。

爱情是人类永恒的话题。对于恋爱，人们充满了期待和美好的感觉。若没有恋爱，我们的生活会少一份激情与浪漫；没有恋爱般的心境，我们的生活如同一潭死水，起不了波澜，也起不了涟漪。

周恩来总理是新中国第一位总理，他给邓颖超的信件里有这样一句话感动了我——"我这一生都是坚定不移的唯物主义者，唯有你，我希望有来生。"这是一位伟人的感情表白，也道出了很多情侣的心声。

暗恋一个人，要不要表白呢？

暗恋是正式恋爱的前奏，是一个人默默喜欢另一个人的美好和期待，或许还带着些微的羞涩。在默默喜欢的过程中，你会被他/她的一举一动所牵动，会因为他/她的一颦一笑而忧喜，也可能会为了有资格喜欢他/她而让自己成长得更优秀。这样看起来，暗恋本身也如同正式的恋爱那般美好而有期待哦！

至于要不要表白，我想起了一个很有名的故事。某山区中学的一个男生向暗恋了许久的女神写了表白信。次日，这封信被贴到了学校公告栏，该男生遭到了全校的嘲笑。他感到受辱，于是发奋学习，考上了北大。后来，他再也没有找过那个大山里的姑娘，而是与一位北大校友建立了幸福的家庭，还创立了新东方。你知道他是谁了吧？没错，他就是俞敏洪。

暗恋有苦涩，也有美好的向往，但表白后会有多种可能：对方也许拒绝，也许接受，也许跟你暧昧。被拒绝后可能带来的打击和期待破灭后的失落，你能承受吗？甚至如同俞敏洪一般，还有来自外界的嘲笑，你能接得住吗？如果对方接受了你的表白，那你做好恋爱的准备了吗？比如如何平衡恋人与朋友的关系，如何应对恋爱带来的各种情绪波动，如何调整生活和学习以适应恋爱的节奏，能否应对父母、老师的各种干涉，等等。即使你们成功相爱，恋爱之后，依然有可能会因为矛盾分歧而分手。你设想过如何解决矛盾分歧、如何面对失恋吗？

要不要表白，我没法直接告诉你答案。我能告诉你的是，暗恋是你的权利，对方在你表白之后要不要接受，则是他/她的权利和选择，你只有尊重。我们既不能因为对方拒绝而将自己承受的痛苦归咎于对方，也不能因为对方接受而幻想这份美好能永远维持。

所以，重要的不是要不要表白，而是考量自己的能力够不够承担后果，然后再来决定是否表白。

Q 爱上一个不喜欢自己的人怎么办？

困惑解答老师：黄晓霞

我非常理解你的感受，于千万人之中只关注那一人，她/他的眼神却不在你这里停留。你也许有很多的期待、纠结、伤感、失望……心里五味杂陈，悬在半空，放不下、舍不得、断不了，各种情绪纠缠反复。

不知道你是怎么知道她/他不喜欢你的，有没有可能她/他拒绝你只是暂时性的，怕你不是认真表白，在试探你会不会轻易放弃。爱情这个事情，本来就是需要一些勇气，一些智慧，一些坚持。如果你做一些努力，继续追求，也许能改变她/他对你的态度。

新东方创始人俞敏洪老师也有类似的经历。他在一个采访节目中回忆自己的过去。当年他们班上有二十几个女生，他追求过几个，但都不喜欢他，真有点"惨"！但是最终他还是实现了事业和爱情的双丰收！他在节目里说："没有机会谈恋爱也好，让我有时间多看了那么多书。"他以另一种方式不负韶华。俞老师也建议被拒绝后要再追求几次，但次数不要太多，多了会让对方烦恼，成为性骚扰了。一般被拒绝后再追求三次就差不多，而且每次要间隔一段时间。

在中间这段时间里，你可以像俞老师一样，看更多的书，努力学习，培养爱好，锻炼身体……在各方面提升自己，这是一场不会亏本的投资。如果最终她还是不喜欢你，没关系，因为你经过修炼，已经这么有魅力，就像打怪升级一样，可以解锁新人物了。

在长大的过程中，爱和被爱，爱的表达，爱的拒绝，爱的界限，都需要在实践中学习。喜欢对方是你的权利，对方拒绝你也是对方的权利。爱对方，就要尊重对方的选择。

当然，面对现实有时挺难受的。情绪不好的话，你可以给自己一些安慰。感情有时候是两个人的事情，需要两情相悦；有时候只是一个人的事情。你可以在心里与你喜欢的人对话:"没有接受我是你的损失,你以后再也遇不到像我这样全心全意爱你的人了。我希望可以常常见到你,看着你的一颦一笑,祝你幸福快乐。"总之,怎么说能让自己舒服,你就怎么对话。

你喜欢的人不喜欢你,不是你不够好,千万不要因此否定自己、怀疑自己。感情的世界,讲究缘分,不能强求。总有一些试错的过程,让你更加了解自己,明白什么是你最想要的,什么是更适合你的。

就算所有的深情都是自作多情,所有的认真都是自我感动,那也没关系。即使爱上一个不喜欢你的人,也不会都是难过的。一生中感受过心动,遇上这么一个如彩虹般点亮生命的人,其实已经比很多人都要幸运了,很多人连心动都没有感受过。你这个收获不小吧!

你要相信,总有一个懂得欣赏你的人出现,会让你感谢那些曾经拒绝你的人。那时,这些实实在在的悸动、长长短短的遗憾、深深浅浅的温柔,都会化成日后你在岸边等来的那艘载着落日斜阳的乌篷船。船上终有良人,陪你度过一生。

Q 想拒绝一份求爱，怎么做更好？
困惑解答老师：王艺

有人向你求爱，是对你各方面的非常大的肯定和赞美，你一定是个优秀的男生。你能谨慎处理爱情和亲密关系的问题，更是值得赞赏。

别人对你表白是需要很大的勇气的，对方带着满满的诚意和美好的愿望，值得尊重和被礼貌地对待。你不想接受他人的求爱，当然是你的权利，拒绝的时候，礼貌和尊重是基本原则。不喜欢对方没关系，但是不要嘲弄、挖苦和贬低对方，更不要将其表白又被拒的事情大肆宣扬，要保护对方的隐私与自尊心。故意伤害和贬低别人，不会抬高自己的"身价"，反而会降低自己的人格。如果不经对方允许公开其隐私，不仅可能会引起其他人的嘲笑，还可能引发校园暴力事件，严重的甚至可能是违法的事情。

求爱被拒绝，肯定不是值得高兴的事，对方内心会有挫败感，感到受伤，这都是非常正常的。但是，你切不可因为担心对方受伤害而"拖泥带水"。做人要诚实，对待感情尤其要如此。你要明确、坚决、清晰地告知对方你不接受，不要暧昧，不要让对方有误解而继续等待，仍然对你抱有希望和幻想。如果你有"先留着，没有更好的选择，就接受这个"的心思，虽说也是不违法、不违规的一种选择，但是很大可能会伤害对方的感情，并且会给自己带来比较大的舆论压力，更是辜负了对方的赞美与信任。

至于拒绝的方式，你可以有多个选择，写封信、发个短信或微信、当面告诉对方，或者非常明显的"暗示"，等等，都是可以的。你可以根据你们所处的实际情况和具体场景，做出自己的判断和选择。

青春期的感情，总是被赞美也被禁止，被歌颂也被污名化。对我们每个人来说，青春期之后的回忆是否美好，是否有遗憾和悔恨，取决于我们自己处理感情的方式。衷心祝愿你珍惜这段时光，保存青春的美好，收获学业的成功，也收获成熟处理感情的成长。

Q 她公开了我的求爱信，大家都嘲笑我，怎么办？

困惑解答老师：李伟

你在送出求爱信之前，肯定是酝酿了很久，鼓足了很大的勇气，没想到求爱信被公开了，还受到大家的嘲笑。这真的是很糟糕的事情。我猜，这让你感到既痛苦、难堪，又无奈吧！

每个人都有追求幸福的权利。爱上一个人，大胆表白，不是你的错。对方有拒绝的权利，但是将隐私的求爱信公之于众，用不恰当的方式拒绝你，错的便是她。同学们嘲笑你，也是对你极大的不尊重。直接表白确实会带来这样的风险。

在遭受到双重打击的时候，我们该如何扭转逆境呢？首先，你需要冷静下来，平复自己的情绪，先反思一下，自己的求爱有没有什么不妥当的地方？有没有容易让人误解的地方？如果有，你可以做一下澄清。每个人对文字的理解不一样，你的表达是否让她感觉被冒犯，给她带来了烦恼？或者是面对表白，她缺乏经验，不知道该如何正确地处理，导致求爱信被公开。

你可以找合适的机会，和这个女生沟通，说明自己是在尊重她的基础上，用写信这样私密的方式表达了自己的爱慕。如果冒犯了她，你可以真诚地道歉。如果她不接纳，应该单独告诉你，你会尊重她的决定。这是你们之间的隐私，不应该让其他人知道。现在同学嘲笑你，是对你的伤害，同时对她也是一种伤害。

沟通之后，也许她能意识到她做了错事，伤害了你，愿意道歉或者改变对你的态度。这样的改变，相信不仅可以减轻你的痛苦，对她更是一次成长。如果她不接受你的沟通，一直没有悔意，那你对这样不懂得尊重的人是否仍然能坚持这份爱慕，恐怕也会有新的答案。

至于其他同学的嘲笑，你可以真诚地和他们交流一下自己的想法，期望他们理解。你也可以不去理会和解释,这类笑谈会随着时间的推移很快地烟消云散。

我想告诉你一个真实的故事。

著名音乐家贝多芬在年轻的时候爱上一位贵族小姐。当时音乐家的社会地位不高,音乐家是为贵族们服务的奴仆。所以,这段爱情以失恋告终,贝多芬受到很多人的嘲笑。他把对爱情的向往写成乐曲,就是《致爱丽丝》。贝多芬高贵的内心,不甘心受贵族们的歧视,他要用自己的才华去赢得尊重。后来,他的音乐创作越来越精彩,声誉越来越大。散步时遇到皇室成员,他傲然挺立,皇室成员对他行礼,让他先走。《第九交响曲》首演结束后,听众鼓掌五次,超过对皇室的三次鼓掌礼仪。

这个故事是否对你有所启发?在我们的成长过程中,会经历很多风雨和挫折,只要你坚持一直往前走,穿过风雨,战胜挫折,回头再看,曾经的经历都是在给你增添光彩。

Q 我喜欢的女生各方面都比我出色，怎么办？
困惑解答老师：莫海琛

首先要恭喜你，你喜欢的人是一个优秀的人，说明你眼光很好，是一个对自己有要求的男生。

通常我们喜欢上一个人的时候，眼里看到的全部是对方的优点，比如学习成绩、外貌、性格特点等，怎么看都觉得很好，有时还会拿自己的缺点跟对方的优点去做比较，在凸显对方出色的同时，也令自己自卑。其实，你可以先找找自己的优点，说不定你的优点正是对方喜欢的呢？而且你现在很年轻，还有很多时间去提升自己，扬长避短，你慢慢也会变得出色的。

另外，你可能还有一种担心："我是一个男生，喜欢的女生比我出色，别人会怎么看我？"

你有可能听过这样的说法——男尊女卑、男主女从。主流社会文化认为男生应该在学业、事业上都强于女生，女生只需要温柔、体贴、顺从就好。如果结婚，"男主外，女主内"，男生也必须是养家糊口、顶天立地的那个人。在婚后女生比男生各方面都出色的情况下，男生可能就会被别人贴上"小白脸""吃软饭"等不好的标签。如果你是被这些观念所困扰，请你记住，这些都是错误的认知，是社会性别不平等的错误观念造成的。

在现实生活中有一个很出名的"软饭男"，他曾经自我调侃"我要是有日本丈夫的气节的话，早就该切腹自尽了"。还好他没有这么做，我们才有机会看到了《卧虎藏龙》《少年派的奇幻漂流》《色·戒》等无数优秀的影视作品。是的，他就是著名导演李安。他36岁时才拍了人生中的第一部电影。在此之前的6年里，他没有工作，没有收入，全靠妻子林惠嘉一个人工作赚钱养家。林惠嘉不仅工作能力硬核，生活能力也很硬核。怀孕的她有次下班回家，发现羊水破了，无比冷静地直接自己开车到医院待产，丈夫李安第二天才知道老婆要生了。林惠嘉一边工作，一边照顾家庭，还一边支持着李安的电影梦，是不是各方面都比李安出色？但所有的这些，并没有成为李安的负担，而是成为他的动力，使他一直坚持努力，最终成为一名世界级的电影大师。

古今中外都有女比男强的例子。美国两位前总统奥巴马和克林顿，他俩的妻子米歇尔和希拉里都是知名大律师，挣的钱比当总统的丈夫还多；中国唐代女皇武则天的政治才华远超丈夫唐高宗；宋朝词人李清照的文学才华也胜过丈夫赵明诚。

总之，我们评价自己和他人时，不要只考虑学业、事业或者挣钱等单一的标准，应该从多方面来观察，既要欣赏对方的优点，积极向对方学习，也要看到自己的优势，不必自卑。

每个人都可以选择自己喜欢的人，选择自己喜欢的生活方式。在伴侣关系中，两个人是平等合作者，不是竞争对手，不必以性别论能力，每个人都有特长和优势，也有短板和劣势，双方相互理解、分工合作，才能建立起和谐的亲密关系。

Q 她总和其他男生说说笑笑，让我很生气，怎么办？
困惑解答老师：王晓斌

你因她总和其他男生说说笑笑而生气，我能理解你的生气是源自对她的在意，但是，这份在意已经上升到生气的程度，就需要我们去思考了。让我陪你一起探索其中的原因，寻找解决问题的方法。

我先分析一下你生气的原因吧。一方面，你的生气有可能是源自自己不自信而产生的害怕、嫉妒和愤怒。你担心自己的魅力拴不住女朋友，担心她和其他男生有更密切的互动，你缺乏安全感，害怕失去她。这是你没有把重心放在提升自己、增强自信和建立安全感上导致的。

另一方面，你的生气源自你对她的占有欲。你可能认为她是你的女朋友，她就只能属于你，只能和你说说笑笑，你已经将她物化了。占有欲是自私的，是为了满足自己的需求，却忽略对方的感受，是不尊重对方独立人格的表现。

所以，想要化解这个事件带给你的负面情绪，就需要调整爱情观并全面提升自我。以下几个建议或许能帮你解决困惑。

首先，要正确理解爱的意义，尊重对方的人权。真正的爱，是认识到对方是一个独立的人，两人是平等的，谁都只属于自己。爱她，只给你努力让她幸福的权利，并没有给你控制她的权利。要理解对方的感受，明白对方的需求，为对方着想，让对方开心、快乐和自由地活出自我，不能以爱的名义去左右和束缚对方的意志。

其次，要将重心放在提升自我和增强自信心上。只有爱自己和悦纳自己的男孩，才能更多地得到女朋友和其他人的关注与爱。每个人都是独一无二的，多挖掘自己的闪光点，找寻自己的独特之美，从自己的优点中悦纳自己，从自己的缺点和不足中提升自我。除了外表的修饰，还要让自己的内心充实，减少因为内心的空虚而带来的与其他男生的攀比，培养广泛的兴趣爱好，通过多读书去提升气质，让才华、学识和能力等人格魅力得以散发。

再次，认识到爱情和友情的区别，并拓宽自己的交际圈。你的女朋友总是和其他男生说说笑笑，相信她应该是一个性格开朗、善于交际的女孩。我不知道你是否也会和别的女生说笑，如果会，相信你也会理解恋人的交往和朋友间的交往的区别，说说笑笑并非恋人的专利。你不能因为拥有了她的爱情就阻碍她在友情上的发展。你不能因为自己恋爱了，就不和女朋友以外的其他朋友说笑，限制自己的交际。要知道，交际圈太窄不利于人格的成长和人生的发展。你可以试着拓宽自己的交际网。广泛的人际交往可以提升自信心，可以缓解"害怕失去"的负面情绪，也会对你的学习、生活和人生成长有很大的帮助。

最后，正确处理生气的负面情绪，保持良性的沟通。生气是一种正常的情绪，但是要避免因为生气而使得关系恶化。在自我成长的同时，你可以把自己当下在意和嫉妒的感受与女朋友坦诚沟通，也去了解她的真实感受和想法。通过沟通，一起决定彼此都能接受的相处方式，达成共识。

爱情是两个人的事情，互相尊重、平等沟通是良好亲密关系的基础，自信是解决一切问题的法宝。慢慢地，你会发现，自己不会再为类似的事情生气了。

Q 女友劈腿，瞒着我和别的男生约会，怎么办？

困惑解答老师：王艺

看到你用"劈腿"这么难听的词，我感受到了你的气愤，这是可以理解的。不过愤怒之下容易做出不理智的行为，我们先剥离一下情绪，来看看你有哪些可行的解决方法。

第一种，揍她。你自己揍她，或者找人一起揍她，这个方法非常解气！但是很明显这么做是违法的，一时解气，却带来很多麻烦，后果很严重。所以，这是绝对不能做的！任何情况下，暴力都是不可取的。暴力不会解决问题，只会带来更多的问题。

第二种，骂她。尤其是在网络上骂她，发她的丑照、裸照，甚至恶意将技术处理过的照片传到网上。很明显，这种行为也违法，还显得你很低级、垃圾、龌龊。网络上的暴力也是暴力，并且可能造成更持久、更深远的伤害。这也是绝对不可取的做法。

再强调一遍，以上两种做法都是完全错误的，甚至可能是违法的，是会毁了你，也毁了你喜欢过的人的。绝对不要采取这些做法。

第三种，找女友谈谈，跟她充分沟通之后再做决定。也许分手；也许你们继续交往，女友和另一个男生分手；也许你和女友继续交往，同时，女友和另一个男生也继续交往，但你对女友更好，争取让她回头。

第四种，不找女友谈，自己想清楚之后做决定。可能是无法忍受劈腿而直接分手；也可能是觉得可以接受或可以忍耐而继续交往，然后假装什么都不知道；也可能是去质问女友，要求她与另一个男生断绝往来。

有一件事，希望你能明白：你的女友是有权利和别人交往的，她有选择的自由。你是希望她幸福，还是希望她即使不开心也必须做你的女友？如果她感觉跟别人交往更幸福，你愿意放手吗？真爱她，就尊重她的选择自由，即使她和你的爱情观不同。

第五种，找哥们儿、同学、家长、老师或其他你信任的人聊聊。也许他们会有什么适合你的办法，即使没问到实质性的解决方案，也可以缓解一下情绪，让自己舒服一些。如果他们给你的办法是上文第一、二种那样的，绝对不要听他们的，并且要适当远离这样的损友。

最终如何做决定，取决于你们双方，也可能是三方的爱情观。处理这个问题的时候，要考虑外界各方面的影响和压力，也许还会引起学习成绩的波动。总的来说，这是件困难的事情。你问怎么办？我无法给出确定性的建议，但我可以明确地告诉你什么不要做：不要做违反法律的事情；不要做伤害自己、伤害女友、伤害其他人的任何事情；不要做侮辱他人人格的事情；不要做损害自己和他人未来的事情。这是底线。

爱情，作为人生的一部分，亦如人生一样，是充满意外和波折的，气愤、伤心都是其中的一部分，和快乐、幸福一样，都是宝贵的人生经历。希望你能够将这件事处理得当，降低伤害，收获快乐，增加人生经验值！

Q 谈恋爱如何得到父母、老师的理解和支持？

困惑解答老师：陶小桃

进入青春期后，我们的生理发育成熟，情感开始萌动，想要和他人产生亲密连接，这是非常正常的。它满足了我们心理、生理成长的需要。

恋爱后，能得到父母老师的理解和支持，创造一个好的外围环境，对我们的发展和成长是有利的。那么，为什么有的家长和老师会反对中学生恋爱呢？也许，他们担心中学生不会处理恋爱与学习、恋爱与人生的关系，怕孩子因为恋爱而影响学习，影响身心健康，影响人生发展。

那我们该如何得到父母、老师的理解和支持呢？我先和你分享一个初三男生的故事吧。

我们暂且叫他 A 同学。他喜欢上了一个同班女生，表白后，两个人迅速热恋。家长和老师知道后，强烈反对他们恋爱，要求他们分手。A 没有对家长和老师隐瞒，也不叛逆，而是对他们充满信任，努力跟他们沟通。A 对家长和老师说："我知道你们是因为关心我俩，担心我们谈恋爱影响学习与前途，所以才反对我们恋爱。"A 告诉家长和老师，他考虑过两人在一起后可能会遇到的困难，比如约会也许耽误学习时间，还有可能会有较大的情绪波动。两人也曾商量过瞒着家长和老师，但觉得这样太累，不如光明正大地交往，反正两人都要考重点高中，目前就是想一起学习，并没有想吃喝玩乐的约会。如果家长和老师强行干涉，两人情绪不稳定，是不利于学习的；如果约会转入地下，离开学校和家，去外面更耽误时间，还要花钱。A 说："恋爱不瞒着你们，就是希望遇到困难、学不进去时，你们能够帮助我们，督促我们。"A 的家长和老师见他俩态度坚定，也觉得他说得挺有道理，考虑得比较全面，也就不再反对。就这样，他和恋人不管在学校还是在两人的家里，都出双入对，一起学习。后来，他们双双考上了理想的重点高中。

当家长和老师对我们的恋爱提出反对意见时，我们可以像 A 一样，以真诚的态度去和他们沟通，让他们知道我们对恋爱的选择是非常慎重的，我们懂得为自己和他人负责。

你可以向他们坦言，自己已经权衡过恋爱的利弊，比如好处有愉悦身心、锻炼人际交往能力、增加学习动力等；坏处有耽误学习时间、多花钱、情绪波动比较大等，让他们知道，你是认真思考后做出的选择。你可以告诉他们，自己已经预想过恋爱后可能会发生的情况，如果发生不好的情况，有哪些应对的办法；自己和恋人有哪些约定、哪些目标，需要家长和老师的帮助与支持。父母和老师看到你如此理智和信任他们，还做好了风险的防范、各种变化的应对，也就更容易理解和支持你，他们肯定希望你们学业上有最好的结果。

当然，你也可能没考虑这么周全，那么，你可以向他们表明，情感是难以控制的，自己考虑不周全，很有可能在遇到困难时手足无措，更需要他们的帮助与支持。

总之，要用信任与真诚去与家长、老师沟通。

恋爱会带给你很多美好的体验，也会带来一些烦恼。经历这些烦恼之后，你会发现，在很多问题上，你思考得会越来越全面，你的能力也迅速增长。当你有能力处理好许多问题、能够做出好选择时，那无论他们支持与否，我都相信你会有一个美好、灿烂的未来。

希望你能抓住恋爱这个机会，不断增能，迅速成长。

Q 遇到的女生都特别拜金怎么办？
困惑解答老师：马文燕

你的运气真不好，总是遇到拜金的女生。

你的这个问题让我想起一个段子。一对小情侣到餐厅吃饭，帅哥要请客，让美女点餐。美女看着菜谱，突然问帅哥："你爱我有多深？"帅哥看了看菜谱，说："我爱你比麻婆豆腐要多，比红烧海参要少，和糖醋鱼差不多。"然后，美女就点了糖醋鱼。情侣之间能有这么默契的金钱观，挺让人向往的吧？

不知道你对拜金的定义是什么？是女生在恋爱中总要你花钱，让你不堪重负？还是她看上有钱人后离开了你？还是她忙着挣钱，没空理你？下面我就按情况来分析一下。

第一种情况：女生总要你花钱，你不堪重负。

这种情况，首先你需要明确地告诉女生你愿意为她花钱的界限，比如你不愿意为哪些项目花钱，或者你不愿意花超过哪个数额的钱。你也可以提议，某些超出预算的开销请女友自己支付，有些共同的开销也可以 AA。

其次，你要多和女生谈谈彼此的金钱观，了解她是否非常在意生活的品质，花钱是否有规划，商量一下有没有折中的办法。

我也不知道你钱多钱少，听说富二代恋爱时最难的就是不知道别人是爱他还是爱他的钱，所以在恋爱中会特别吝啬。我也听说过钱少的男生怕吸引不了女孩会故意装大方。这两种做法都不够诚实、坦荡。

不可否认，社会上有一些观念非常流行，比如"女人负责貌美如花，男人负责赚钱养家"。这些观念把男人物化成提款机，把女人按容貌标价，对人的个性都没有一丝尊重，既伤害女孩，也伤害男孩，好像男生钱少就是能力差，就没有价值。有一些女生受这些观念影响，选择恋人时看重物质条件，甚至把花钱的多少当成是爱的表达的衡量标准，还以此试探爱的深度，认为花恋人的钱理所应当。也有女生以恋爱的名义为自己解决一些实际的困难，减少经济压力。这确实是现实存在的现象，是长期不平等的性别刻板教育的恶果。

金钱只是爱的表达方式之一，而不是唯一。只要两人愿意，结婚后，男人、女人都可以挣钱养家，可以经济独立，也可以靠配偶生活。

但是在恋爱中，不管你钱多钱少，感情的平衡与财务的平衡都很重要。如果你不想做提款机，你有拒绝的权利。只要你不开心，不管花多少钱都是不值得。有钱难买愿意。价值观接近，感情才能长久。做自己想做的事，花自己想花的钱，交自己想交的人。合得来则合，谈不拢就分。

如果你钱多，担心别人利用你，你需要努力提高智慧去分辨。如果你钱少不够花，却缺乏拒绝的力量，不敢展示真实的自己，那么你需要努力提升自信。

第二种情况：她看上了有钱人，离开了你。

遇到这种情况，你就偷着乐吧。因为你的钱和你的人都安全了。

第三种情况：她忙着挣钱，或者忙着为将来挣钱做准备，没空理你。

我们生活中的一切，衣、食、住、行都少不了钱。若要追求生活的情调，则需要更多的开销。自视清高，只能是饿死人不偿命。她肯定已经知道，"君子爱财，取之有道"，拥有更多的实力，将来就有更多选择的机会。那么，你是不是也应该去努力挣钱，或者学习挣钱的本领呢？不然，你爱得起这样有实力的女生吗？配得上吗？她将来过怎样的生活都与你无关。

最后，我想强调：物以类聚，人以群分。如果你总吸引拜金的女生，你需要思考一下，自己有没有金钱之外更能吸引女生的内涵？你有没有不花钱也能哄女生开心的方法？同时，如果你只看到她们重视金钱，没看到她们的其他优点，那么，是谁拜金，还是个问题呢。

　　金钱也是一种能量，我们可以带着感恩的心付每一个账单。不要怕别人贪图你的金钱，怕的是你除了金钱就没有其他价值。愿你发现她们更多的美好，同时，也享受美好的物质生活。

Q 我觉得自己很不会和女生交往，有人推荐我学一下 PUA，我该不该去学习呢？

困惑解答老师：王艺

PUA，是 Pick-up Artist 的首字母缩写，最早源于美国，原本的含义是"搭讪艺术家"，后来从简单的搭讪扩展到整个两性交往，发展为"搭讪（初识）—吸引（互动）—建立联系—升级关系—发生亲密接触—确定两性关系"这样一个流程。PUA 的初衷是通过系统化学习、实践和不断自我完善，提高情商，包装自己，提升自身吸引力，进而在与异性交往的时候更有信心和"成功率"。

以上听起来很好，是吧？

不过 PUA 发展到现在，早就变了味。现在的 PUA 的内容变成了诱使异性与之交往，对异性诱骗洗脑，欺骗异性感情，骗取钱财，控制其精神，以达到与异性发生性关系、炫耀发生性关系的人数，甚至鼓励被控制的异性自杀的目的。这不仅违法，还挑战了社会公德的底线。

我猜，你和女生交往，是想感受浪漫，肯定不是想进监狱吧！把言情片演成了谍战片、恐怖片，整天想的是征服、控制、欺骗、杀人……只有内心阴暗、自卑的人，才会这么玩弄别人的生命。这心理多变态啊，这样的 PUA 你还想学吗？谁动员你学 PUA，你就直接报警吧。

在这些 PUA 导师眼里，女人是猎物，是实现自己欲望的工具而已。这是极端扭曲的男权主义观念。他们要的不是两个人发自内心的爱与幸福，而是唯我独尊，众多女人臣服自己。生活在现代社会，人人平等已经成为共识，没有尊重和平等的亲密关系，哪里会有真正的幸福？

你不会跟女生交往，很可能是因为不了解女生。其中原因，也许是从小身边没有姐妹，也许是家长一直不许你与异性交往以避免早恋，导致你没有什么机会接触女生，更谈不上了解她们。这不是你的错。现实生活中,"三人行,必有我师焉",想和女生交往,人际交往、亲密关系,都是你需要学习的。我给你介绍三位老师吧。

第一位,以身边所有的女性为师。学校集体本来是既有男同学又有女同学的,大家在一起学习、游戏、运动、玩耍;在家里,有奶奶、妈妈、姑姑、阿姨等等;在学校还有很多女老师。你多观察她们,了解她们。

第二位,以身边所有的男性为师。观察你身边的男性,看看他们是怎么与女性交往的,试着模仿他们那些受欢迎的做法,淘汰那些让人讨厌的做法。

第三位,以自己的梦想为师。更多的时候,虽然我们想和女生交往,但是觉得自己"不会""不敢",这其实就是不自信。觉得自己不够好,那就充实自己、提高自己,缺哪里补哪里。腹有诗书气自华,好好学习,多读书,提升气质,容貌也会随之产生不一样的光芒;勤于锻炼,也许不能帮助你长高,但健康的体魄和挺拔的姿态给人的感受就是"看起来很高";尊重女生,爱护女生,有性别平等意识的暖男是最受异性欢迎的;寻找自己的爱好和特长,将一些小众的事情做得很精通,让自己特别有吸引力;多交朋友;提升幽默感……让梦想引领你不断提升自己的能力,培养更多的自信,你就会拥有更多的吸引力。

渐渐地,你就会发现,和女生聊天也没什么难度,到时候你就会忘掉今天问我的这个问题。也许你将来可以给那些 PUA 导师上一课,课程名称就叫"尊重与平等,自信与超越"。

第三节 爱情与性

爱情的基础是性吸引，性是重要的功能。

青春期性的发育、性激素的分泌、性器官的成熟……这些都是爱情降临的重要条件。

性吸引、性冲动都是自然现象。人类的繁衍离不开性活动。随着社会的不断发展，做爱不仅有动物性的一面，也有要遵守的社会规则。

每个人都有提出性要求的权利，每个人也有拒绝性要求的权利。是否做爱，需要当事人很好地沟通，不仅要考虑眼前的愉悦，也要考虑后续的结果，要遵循"自主、健康、责任"的原则。

不论男生还是女生，一个人的价值不能用有没有发生过性关系来衡量。有过性关系，既不会提升你的价值，也不会贬低你的价值，你依然是原来的你，是值得被爱、被尊重的人。

好的性，给自己和对方都带来愉悦的感受以及美好的回忆；不好的性，给双方都会留下身心伤害、悔恨与烦恼。照顾好自己是每个人的任务。

愿你在每一次的性体验中都能充分享受性的美好。

Q 几岁可以开始做爱？
困惑解答老师：邓芳婷

进入青春期的同学大多有跟你类似的疑问。你可能已经感受到了明显的性冲动，有了性需求，当你受到一些广告或者文艺作品的刺激时，更加跃跃欲试。这是青春期发育的正常表现。你的这个问题是亲密关系中非常重要的问题。

有人认为18岁就可以做爱了，但现实中，做爱可不是年龄就能决定的。

做爱也称性行为，是一种很深的亲密关系。从名称来看，做爱做爱，当然要有爱，一般发生在相爱的恋人、夫妻之间。恋爱中，随着双方越来越熟悉，爱意越来越浓，身体也越来越亲密，从拉手、亲吻，到隐私部位的爱抚、发生性行为，亲密关系逐渐深入，但每一步都值得认真思索：两人足够了解吗？足够相爱吗？愿意深入接触吗？好的性爱会带来非常愉悦的感受，会令双方的关系更加紧密。

任何一个人都会有性的需求，也有得到性愉悦的权利，但不能侵犯他人的利益，必须符合双方自愿的原则。如果有一方不愿意，另一方强行与其发生性关系，违背了自愿的原则，就肯定不是爱了。这么做还违反了法律。

2019年10月，大连某小区一个10岁的女孩失踪了，后来尸体在小区灌木丛中被发现了。警方迅速破获此案，是13岁男孩蔡某某强奸杀人并抛尸。蔡某某只考虑满足自己的生理需求，不考虑他人生命与健康的权利，将会受到法律的惩罚，让自己的人生付出惨重的代价。

做爱光有自愿的条件也不够。我国法律规定，即使两人自愿做爱，如果男方满了18周岁，女方不满14周岁，法律上也要判定男方为强奸。曾经发生过这样的案例：某12岁女孩与一个19岁男孩网恋，男孩找到女孩，两人在宾馆开房，发生了性行为，后来被女孩家长发现，女孩家长报了警，男孩就被判为强奸罪。

所以，不是到了成年年龄就可以随便做爱，也不是双方自愿就可以做爱，还要考虑双方的责任，全面考虑做爱有可能造成的各方面后果，以及双方能否承担这些后果，比如法律上的后果，双方关系发展的后果，对学业和健康的影响等。

青春期男孩、女孩的性器官已经发育成熟，这时做爱，有可能女方会怀孕，有可能双方互相传染性病。作为男孩，万一女友怀孕，你们要共同承担所有的精神压力、舆论压力、经济压力。女友经历怀孕、堕胎，身心还要承受很大的伤害和打击。如果你是负责的男孩，不是花钱让女友做人流就足够了。你若不想当个不称职的年轻爸爸，应该保护好女友，做好安全措施，承担起健康的责任。做爱时全程正确使用合格的安全套，是负责的男生的基本配置。

总而言之，做爱不是一件简单的事，性行为要符合"自主、健康、责任"的基本原则。当你有把握能让自己和对方都愉悦、幸福的时候，能让各方面都向更好的方向发展的时候，能承担所有后续责任的时候，就是做爱的恰当时机了。

Q 我总是想发生性关系，女友却一直拒绝，怎么办？
困惑解答老师：马文燕

很多青春期的男生恋爱后都会有类似的问题。你不妨先问问自己，为什么想发生性关系？我猜也许有以下几个原因。

1. 有强烈的生理需要。
2. 对做爱一直很好奇，身边有朋友已经做过了，所以你也想尝试。
3. 想通过这件事，证明自己是个男人。
4. 想试探一下女友爱不爱你，爱你有多深。
5. 想用性关系把她变为"你的人"，断绝女友与他人恋爱的想法。
6. 感觉两人的关系已经发展到了可以做爱的阶段，已经做好了有关安全、健康的一切准备，思考好了各方面的责任该如何承担，有能力为各种结果负责任，有把握通过性关系让两人更密切，共享愉悦。

这些原因中，除了第6点，其他都不应该成为发生性关系的理由。为什么呢？性关系，不只是身体的碰撞，还是心灵的交融；不只影响现在，还影响着未来；不只是两人的私事，还关系到社会责任。

作为人，你不能只考虑动物的本能、生理需要的满足。如果有性欲冲动，你完全可以自慰解决，女友没有义务满足你的生理需要，也没有义务满足你的好奇心。每个人都有自己的选择权，身边人都有了性体验，不代表你和女友必须发生性关系，盲目从众，不会有好结果。

男人要显示力量，可以在体育场上显身手、见义勇为斗坏人、帮助弱者反欺凌，还可以展示智慧拼成绩。

爱情有许多的表达方式，性只是其中一种。当你需要试探才能明白她爱你有多深时，说明你对她的了解、你与她的沟通，都是非常不够的。当你想用性关系把她变为"你的人"，让女友断绝与他人恋爱的想法时，说明你对她的信任也是不够的。你爱她又能深到哪里去呢？几千年男权社会的传统，宣扬男性要征服女性，女性是男性的附庸。可现代性别平等已经成为主流观念，任何人都不是附属于他人的。新时代的男性要树立平等观念，懂得尊重、体贴女性，不能物化女性。

在缺乏信任与沟通的情况下，急于求成，只会毁了你的这段感情。

每个人都有性的权利。你可以表达你的愿望，同时也要尊重女友的意愿。好的性关系一定是符合"自主、健康、责任"的原则的。

你的女友为什么拒绝？可能有这样几点原因。

1. 她生理需要并不像你一样旺盛。
2. 她感觉你们两人的关系还没到做爱这一步。
3. 她感到你们还承担不起做爱的诸多责任，担心健康、安全等因素。
4. 她受处女情结影响，担心自己有了性经验后会"掉价"，怕你有性关系后不再珍惜她。

具体是什么原因？还有没有其他原因？你总提出发生性关系，她又是怎么看待你的？这些都需要你去沟通，进一步了解她的想法与感受。

心灵靠近了，身体就不想远离了。情到深处，一切自然会水到渠成。

Q 我和女友做爱时不喜欢戴安全套，觉得不舒服，怎么办？

困惑解答老师：张碧敏

很多男生都提出过类似的困惑。

其实对于很多不喜欢戴套的男生来说，他们不喜欢戴套都是因为心里面有一道坎，认为戴套后双方之间隔着一层膜，少了一些亲昵和零距离接触感。

曾经有一位男生告诉我说，自从他知道了不戴套的风险之后，他逐渐就改变了想法。当他接受安全套是必要的观念后，发生性行为时不再担惊受怕，他感受到了戴套的安全感。同时，也因为自己主动避孕，女友避免了不必要的风险和麻烦，更加放松，两人都真正地享受了性爱。这些美妙的收获是他原本没想到的。比起不戴套时一点点温度的差别，他感觉还是戴套更划算。他也认识到，这才是他作为男友应有的贴心，这才是爱对方的表现。

所以，你不妨也学习这位男生的方法，先改变观念。

不戴套有什么风险呢？女生容易意外怀孕、感染阴道炎和盆腔炎等，双方有感染性病的风险。全程正确使用安全套，基本可以避开这些风险。

我们强调"自主、健康、责任"的性行为。

自主，双方既要尊重对方是否同意性行为的意愿，也要照顾到对方性行为的感受与身体健康。

健康，就要注意避孕和预防性病，因为堕胎对女方的身体伤害很大，而感染性病对双方来说都是极大的痛苦。

责任，是要对双方的人生负责，不想生育孩子时，进行性行为前采取避孕措施，就是一个负责的表现。

安全套是比较便宜、易得的避孕用品。现在市面上也有很多超薄的安全套，薄到你几乎感觉不到它的存在。另外，你的不舒服体验，有可能是安全套的材质、型号等原因导致的，这些情况是可以改善的。像有些人会对橡胶材质的安全套过敏，他可以选择聚氨酯材质的安全套，它不会造成过敏；也有些人没选对安全套型号，安全套太小了，会勒得阴茎不舒服。你也可以用软皮尺子围着自己勃起后的阴茎量一下尺寸，然后再参照安全套上的型号去挑选适合自己的。

如果你觉得以上的方法还不是很适合你的话，你可以试着跟女友协商，在充分沟通的情况下，看看对方是否愿意使用一些口服的避孕药。在沟通时，注意尊重对方的感受和意愿，不应该勉强对方。避孕药含有激素，这类药物都会有一定的副作用，尤其不推荐发育不完全的未成年人使用，所以你们在选择避孕药时需要慎重，最好询问医生的建议，再看是否能用。

另外，目前医学已经发明了男性避孕药，但现在在市面上还不是很普遍，要获得的话有一定的不便，如果你能找到又愿意去使用的话也是可以一试的。同理，任何口服的避孕药都存在一定的副作用，所以在决定使用这个方法时一定要询问医生。

目前药店还有紧急避孕药，如果性行为时安全套破裂，在性行为后72小时内服用，可以弥补避孕的失败。但其副作用比避孕药对身体的伤害更大，不能把紧急避孕药当日常避孕药来服用。爱你的女友，就不要让她受伤害！

做爱是双方的事，所以我们在做之前和做的过程中都要考虑到对方，这样双方才会享受到更大的愉悦！

Q 我想在和女友亲热时拍裸照,她不答应,怎么办?
困惑解答老师:王晓斌

你的问题让我想起了2008年轰动一时的"艳照门"事件。香港某男艺人把坏了的电脑送去修理,导致电脑里保存的与多人性爱的照片被泄露。此事件图片之多、波及人数之众、流传之广,可谓空前。那些照片引起了社会各界的广泛探讨。这一起事件严重侵犯了涉事艺人的私人权利,包括隐私权、性自由选择权,并挑战了执法效能,也凸显了不宽容的社会性道德观与个体性自由选择权之间的冲突,造成了恶劣的社会影响。由于事件的男女主角是公众人物,大家的注意力都在他们身上,却忽略了故意传播者侵犯隐私权的犯罪行为。相关艺人纷纷向公众道歉,退出娱乐圈,婚恋受冲击,事业受重创。

当今社会,随着科技手段和现代传媒的普及,社交媒体更为发达、拍照更加便捷、黑客们技术更高。为了猎取他人的隐私、满足好奇心或达到商业及政治目的,盗取他人信息屡见不鲜。网络上被用裸照威胁和勒索的新闻频频出现,涉及隐私权的案例呈上升趋势。所以,我们要特别注意保护自己的隐私信息的安全,加强防范。

不过,拍裸照未必是坏事。为了引导同学们认识和坦然面对自己的身体,我们在性教育课上也会建议同学们在回家后通过照镜子或者拍照的形式,认识一下自己的生殖器,而拍自己的裸照也可以让人更坦然地面对自己的身体。只是出于安全的考虑,要注意保密,以免照片被泄露。

值得肯定的是,在亲热的时候拍裸照,是情侣之间互动的一种行为,是增加情趣的方式,与"道德"无关。很多人都喜欢给自己的情爱场面留照以作纪念。但是,这种增加情趣的方式不是每个人都喜欢,所以它和性关系一样,要建立在彼此同意的基础上才能实施。每个人都有肖像权、隐私权、名誉权以及受尊重的基本权利。如若双方同意,亲热时拍裸照并无不妥；如若一方不同意，另一方强迫或偷拍，则是违法行为。

女朋友不答应在亲热时拍裸照，你应该尊重她，暂时打消在与她亲热时拍裸照的念头。如果你仍然非常想拍，要进一步与女朋友沟通，得到她的允许并协商好照片如何存储，才可以拍，拍完后也要将照片藏好，保障隐私安全。

隐私权已成为当代公民保护自身人格的一项重要权利。在中国现行法律中，《中华人民共和国侵权责任法》第二条讲民事权益范围就包括了隐私权。裸照这样的隐私照片应被保管好，同时，未经当事人的同意便散布裸照是一种伤害和侵权行为，会受到相关法律的制裁。如果你的照片被盗取，隐私权被侵犯，也可以选择用法律的武器保护自己。

Q 女友几次主动提出发生性关系，我还没想好，怎么办？
困惑解答老师：何叶盈

恋爱是两个人的事。在恋爱关系中，两个人是平等的，是互相尊重的，任何一个人都有提出需求和拒绝的权利，在性邀约这件事上也是一样的。传统观念认为，女性应该是被动的、顺从的，而性又是羞耻的，所以，如果女性在性这件事上主动，则会被认为是不知羞耻，甚至是意图不轨。其实，这些都是性别的刻板印象所带来的偏见。无论女生还是男生，都有权利主动提出性邀约，但是相对的，另一方也有权利拒绝。如果在这件事上不能很好地达成共识，那双方需要彼此坦诚地交流一次。

我的一位男性朋友也曾有和你类似的困扰，当时我问他在犹豫什么，他说希望等关系稳定一些再考虑性的问题。不知道你是怎么考虑的呢？是担心女友怀孕，自己不能承担责任？还是害怕被别人知道后惹来非议？又或是没有合适的时间、地点？对性不感兴趣？还是因为观念问题，觉得女生在性方面主动很让人怀疑其用意？后来我建议我那位男性朋友可以坦诚地和女友聊一聊这个问题。他跟女友沟通了之后才知道，原来女友是期望让两人的恋爱关系更加牢固，所以急切地想要发生性关系。经过沟通、倾听和互相理解，他们明白了性关系不是唯一可以让感情更加牢固的方法，适时的关心、贴心的礼物、共处的时光都可以增进彼此的感情，最终他们决定等关系稳定后再发生性关系。

你女朋友的原因可能不一样，她可能是因为性爱的欲望比较强、可能是错误地认为性关系就是爱情、可能是急着想要证明自己对你的爱……不过无论哪种原因，相信经过真诚的沟通，你们会像我的朋友一样，找到双方都认同的解决办法。但在这之前，先弄清楚自己的想法，这对你们的沟通交流会更有帮助。

除了沟通彼此的想法，还有一些其他的问题需要共同商议决定，比如发生性关系的事如果被别人知道了，你们是否能够承受他人的非议；如果被父母或者学校知道了，你们能否承担后果；如果女友意外怀孕了，自己是否能够担得起责任；你们是否能够找到有足够隐私和安全保障的空间；等等。你们可以把能想到的可能问题都一一罗列出来，并进行讨论，共同商议是否有足够的信心和能力来应对各种可能的问题后，再来决定是否要发生性关系。

无论最后是否要发生性行为，你们都是在为自己的行为负责。所以，一定不要忘记学习科学的避孕知识。了解如何正确使用安全套，这也是对自己和对方都负责的行为。另外，我国的法律规定最低合法性行为的年龄为14周岁，如果女生未满14周岁且与之发生性关系，无论对方是否自愿，男方都会以强奸罪论处。所以在讨论是否发生性行为时，也要考虑到国家的法律法规对未成年人的保护，切勿因为不知法而犯法。

每个人都有表达需要的权利，也有表达不要的权利，这只是每个人基于现状所做的选择而已。赋权型性教育主张把"自主、健康、责任"作为性爱的三原则，而"自主"是放在首位的，你有决定自己是否发生性关系的权利，同时也能为自己的决定负起必要的责任。在此基础之上，相信你会拥有自主、健康、负责的恋爱关系。

Q 和女友做爱了，要不要告诉好朋友呢？

困惑解答老师：李伟

平常我们很多事情都喜欢和好朋友分享，比如一种美食、一本有趣的书或者一次探险等等。这些分享不仅没有压力，还能让我们增进友谊，收获快乐。

然而，做爱这件事是有所不同的。你有没有想过，为什么要把做爱的事情告诉好朋友呢？是觉得好朋友之间应该没有秘密，无话不说？是对你和女友的亲密关系有些担心，想听听好朋友的想法？还是做爱后内心有一些兴奋和雀跃，想一吐为快？还是有其他的原因？

做爱是件很私密的事情，是属于你和女友的隐私。在亲密关系中，你们是平等的，应该相互尊重。你现在想将这么隐私的事告诉第三个人，你征求女友的同意了吗？如果女友反对，你应该尊重她的意见；如果女友认为可以或者无所谓，那你需要进一步思考告诉朋友之后会出现哪些情况。

我分析有这么几种可能：

1. 好朋友知道了以后，为你开心，尊重你的选择，也感谢你和他分享自己的隐私，你们的友谊得以加深；

2. 好朋友对你的亲密关系很担心，因为他没有类似的经验，无法帮助你，所以很烦恼；

3. 好朋友不认可你的行为，批评或者疏远你，你也许会觉得好朋友不够理解你，你们的友谊出现裂痕；

4. 好朋友没有经过你的同意，将这个秘密告诉了别人，你的隐私被公开，众说纷纭，给你和女友带来很大压力。

让我跟你分享一个小故事吧。有一个初一的男生暗恋一个女生，很长时间里，他一直将这个秘密深深地压抑在心里。后来，因为压力太大而不知如何排解，终于有一天，他将这个秘密告诉了自己的好朋友。倾诉过后，他的内心稍稍好受了一些。可是他根本没有想到朋友会公开他的隐私。很快，这个秘密在全班同学中流传开，大家议论纷纷，老师和家长也都知道了。那个被他暗恋的女生非常生气，觉得很难堪，用言语羞辱他。被喜欢的女生羞辱，被全班同学嘲笑，被老师和家长批评，他觉得痛苦不堪。

当我们和朋友分享秘密的时候，朋友也许会守护我们的秘密，当然也有可能把我们的秘密告诉他人。不管你的朋友是什么样的人，都有这样的风险存在。如果你和女友做爱的事情被传播开，会不会影响你和女友的亲密关系？你们如何面对别人的评论？你必须考虑这些风险，以及你们承受这些风险的能力。

相信你经过冷静地分析、周全地思虑，会做出对自己和女友负责任的选择。

Q 同宿舍的哥们儿炫耀他和女友上床了，鼓动我也试试，怎么办？

困惑解答老师：王艺

这个"哥们儿"应该跟你关系很好，所以会跟你分享这么私密的事情。不过不知道他在跟你分享之前有没有征求他女友的意见，也不知他跟你炫耀的目的有多大程度是为了显示自己的"床上本事"和"带女人上床"的本事。如果，他征求过女友的意见，并获得对方同意，那跟你分享一下还算说得过去。只是拿这事来炫耀，能炫耀出什么呢？如果他没有征求女友的意见就直接跟你说了，那这是对女友的不尊重。不论是哪种情况，这样的"哥们儿"的鼓动，你要听从吗？

两人相处，要不要发生性关系，是一件重大的事情，不能有人在旁边吹几句风就草率决定，为了所谓的"面子"更是无法做出适当的判断，很难做出负责任的选择。你应该和你的女友充分地沟通这件事，沟通的内容包括你们的感情到什么阶段，你俩有多大程度渴望进一步的亲密而发生性行为；你们的感情是否会面临家长和学校的压力、是否影响了学习成绩，如果发生性关系，会不会面临更大的压力。如果你们打算发生性关系，时间、地点、方式以及要不要避孕（强烈建议一定要避孕）、采取什么样的避孕措施（推荐安全套）；如果你们暂时没有发生性关系的计划，又担心受一时激情的影响做出后悔的事情，建议你们商定一个"安全词"，选择一个在你俩日常生活中都不是很常用但又很简单的词（比如我和伴侣都特别怕冷，而且不爱运动，从来不会去滑冰，那么"滑冰"就特别适合成为我俩的"安全词"），在一方情绪高涨而另一方还保持清醒的时候及时说出来，相当于加一个"急刹车"，表示还没有准备好，拒绝性生活。

看到这里，你会不会想"跟女友沟通这事得说多少话啊，有些话也说不出口啊"？我不是让你正襟危坐地去找女友谈，也不是说这些内容要一次性都沟通好。再说，有些事一时想不清楚、说不明白也是很正常的。这些内容是你和女友在交往过程中，相互了解、交流，一点一滴地逐渐建立起来的共识。在这些事情上有共识，你们才会继续交往下去。如果在这样重大的问题上双方理念不一致，也就不会再继续了，对不对？当然，在这个过程中会有争吵、犹豫、思考、磨合等等，感情也随之或推进、或倒退、或决裂、或升华。但这才是我们处理感情、处理性的正确方式，也是我们处理人生一切重大事件的方式。

你说，你能让一个炫耀的"哥们儿"帮你做这么重大的决定吗？

Q 有哪些性技巧可以使性爱更安全、更愉悦？

困惑解答老师：刘清珊

我17岁时为了避免自己的身体将来受到伤害，开始研究各种避孕方法。你比老师更有先见之明、好学之心，我好佩服你。

你想学习一些性技巧，是想让自己变得更有魅力，更能"征服"女人，从而显得你是个厉害的男人呢？还是为了在性爱中让自己舒服，让伴侣舒服，安全地做爱呢？其实性爱不是一场比赛，没有谁赢了谁、得到谁，更不是谁征服了谁。在性这个方面，大家都是平等的，没有谁占便宜、谁吃亏的说法。

性爱的本质是悦己愉人，那么，学习提升性技巧可以从以下几个方面做起。

首先，每个人的价值观都不同，对性的看法也不同，所以找到和自己性价值观相同的人，才能跳好这支双人舞。否则，假设你认为性是一种娱乐，而对方认为性只是为了繁衍，那显然你们不搭，是不是？除了要性价值观相似，你们还要有颗愿意探索自己身体和对方身体的性敏感点的心，因为性是悦己愉人的，不是单方面满足、泄欲。

其次，在自体性爱（自慰）时，要注意卫生，选择安全的方式，不能让自己的身体受到不必要的伤害，比如往尿道口塞火柴棍、往肛门塞黄鳝等使用各种异物的方式绝对不可取。我有个朋友是医生，说急诊科经常遇到各种尿道、直肠取异物的病例。悦纳、珍爱自己身体的人，才会有更高的性满意度。

假如你的性伴侣是男性，虽然你们没有怀孕的风险，但是感染性传播疾病的风险一样是有的。所以，发生性关系时一定要全程正确使用安全套，同时要有足够的润滑，避免黏膜损伤。

如果你的性伴侣是异性，除了要预防性传播疾病，还要考虑避孕问题。避孕的方法有服用避孕药、全程规范使用安全套、避孕栓等。不同的避孕方法各有利弊，你们通过沟通，选择合适的就好。负责任的男人不会让女人受不必要的伤害，对吧？

此外，关于性唤起的速度，每个人的个体差异也是挺大的，甚至同一个人的时间变化、身体变化、心理变化都会影响性唤起的速度。你需要多了解你们俩在生理、心理上的差异。

最后，不论是男男还是男女，性爱都是没有通用的技巧的。每一次性爱时，你需要和伴侣坦诚交流，互相直接告诉对方怎么做可以让自己舒服，同时全程照顾伴侣的感受，调整自己的行为去适应对方，愉悦对方。

任何时候、任何方式的性爱，都要以不伤害自己的身体、不伤害对方的身体为底线。最好的性技巧是珍爱自己，悦纳自己的身体和情欲，尊重、体贴、关爱伴侣。

Q 女友怀孕了怎么办？

困惑解答老师：黄晓霞

女友怀孕了，你没有选择逃避，而是来向老师求助，说明你是一个有责任感的人。有了责任感，一定可以应对接下来的诸多难题。

怀孕之后有两种选择——生或者不生。不管生不生，你最好先带她去医院做个彩超，确定胚胎在子宫内，因为早孕试纸虽然能测出怀孕，但不能排除宫外孕。随着宝宝的长大，宫外孕很有可能发生大出血等危及生命的意外情况。只有排除了宫外孕，才有足够的时间去考虑接下来需要处理的事情。

如果你们打算把孩子生下来，需要考虑这些问题：女方怀孕后期，包括产假期间，势必需要休息，她的学业或者工作怎么办？你们有足够的经济实力来抚养这个孩子吗？还是把孩子送人？你们可以给孩子上户口吗？孩子主要由谁来带？双方的父母能否给予支持？你们打算结婚吗？符合结婚登记的条件吗？结婚的主要条件是双方自愿、男性满22周岁、女性满20周岁。

当然现实中也有一些未成年人生子的案例，比如前几年有一些视频网站中的当红主播以"14岁早恋生下儿子""全网最小二胎妈妈"来吸引受众。通过深入调查发现，这些未成年孕妇大多生活在农村或者偏远地区，她们早早辍学生子，与孩子父亲的婚姻关系得不到法律的保护。低龄生育，会给母子双方带来很大的健康风险。带着孩子的未成年父母，受学历与年龄限制，也很难挣钱自立，经济境况堪忧。这些未婚孕产妇的社交面往往非常窄，她们的孩子上户口、入学也非常难。

如果你们选择不生孩子，那就要为流产做好四个方面的准备：

1.调整女友的心理状况；

2.选择医院；

3. 准备做人流手术和后期调理身体的费用；

4. 告诉双方父母。

女方在流产前后，因为激素水平波动等原因，情绪波动会很大，会有各种各样的担心：对疼痛的害怕，对打掉孩子的愧疚，对未来的不确定……各种思绪五味杂陈，加上身体的虚弱，容易敏感、脆弱。这个时候，她特别需要你的陪伴和照顾，不管是身体上还是心理上。如果她想吃什么，尽量去满足她；如果她发脾气，请哄哄她；如果她难过，请抱抱她，告诉她"宝贝你受苦了，我一直都在"，给她更多的耐心和呵护，因为这不仅是你的责任和义务，也是体现你男人魅力的时刻。

做流产一定选择正规医院，千万不要为了省钱或者不让父母知道而选择小诊所。小诊所的医疗条件和医疗技术没有保证，出现大出血危及生命的风险很大。在正规医院做流产手术是比较安全的。还有，选择流产的时机、方式以及种种注意事项都要听医生的。

费用方面，如果有困难，建议跟父母坦白，或者向朋友寻求支援。人命关天的时刻，生命比你的面子更重要，这是对女友的健康负责。如果你们是未成年人，到正规医院做人流手术是需要监护人签字的，所以必须提前告知父母。选择什么时候说、如何说、谁来说，要和女友充分商量，尊重她的想法。

不知道这次意外怀孕是因为没有避孕还是避孕失败？作为男性，你必须要清楚：人流对女性身体和心理的伤害是非常大的，比如做人流会使子宫壁变薄、宫腔粘连；导致宫颈容易病变甚至癌变；容易让女性出现抑郁症状。所以发生性行为前一定要做好避孕措施。避孕失败后可采取紧急避孕法，这比流产的伤害小。

我们在享受性的愉悦时，一定要想一想，怎样的性才是健康的，至少对双方的身体应该是没有伤害的。爱是一种能力，爱是一种责任，爱她，就不要让她再受到伤害。

Q 女朋友向我坦白了她不是处女，我很痛苦，该怎么办？

困惑解答老师：王晓斌

"处女"这个词是什么意思？我们该如何来解读"处女"呢？

很多人以"处女膜"是否完整来判断一个女性是否是"处女"，这是错误的。首先我要告诉你，"处女膜"并不是科学的名词，这个词是严重禁锢女性的精神枷锁。"处女膜"正确的学术用语应该是"阴道瓣"或"尿道瓣"。它是阴道口的外周缘附有的一层较薄的黏膜皱襞，富有弹性。阴道瓣中央有一个孔，可以排出月经，孔的大小、形状因人而异，各不相同。有的人先天没有阴道瓣；有的人的阴道瓣可能因体育运动而破裂；有的人的阴道瓣会在第一次性生活的时候发生破裂；有的人在多次性生活后阴道瓣还没有破裂。有的人阴道瓣破裂时会出血，有的则不会出血。总之，阴道瓣是否存在、是否破裂，与发生性行为没有必然联系。

还有一些人通过一个女性是否与他人发生过性关系来判断她是否是"处女"。如果你在意的是女朋友曾经与他人发生过性关系，那么你的痛苦是来源于处女情结和妇女贞操观。处女情结和妇女贞操观产生于"男尊女卑"、婚恋不自由的旧时代文化环境，那时候女性是男人的附属品，以婚前、婚后不能与其他男人有性关系的贞操观来束缚女性的身体和性观念，以此保障女人所生的孩子是男人的血脉，避免家产外流。那种社会环境下，男人在家可以妻妾成群，在外可以拈花惹草，妻妾却被要求守身如玉，从一而终。这种不平等的婚姻关系，是父权文化下性的双重标准的突出体现，是男权对女性的占有和控制。所以，"处女情结"本身就是值得反思和批判的。

在恋爱中，真诚与相同的价值观才是最重要的。女朋友会向你坦白她不是处女，恰恰是她对你很真诚，对你们的感情负责任的体现，她也可以从你的反应中来获知你的性价值观。如果你在意她是不是处女，你看重的是女生是否与其他人发生过性关系，那么你就需要反思自己是否是一个控制欲强和缺少性别平等意识的人。现在社会进步了，提倡性别平等、婚恋自由，每个人都有自由选择的权利，女人的情感、身体和内心都是独立自主的，不需要对任何一个人"守贞"。只有平等和相互尊重的伴侣关系才是幸福的。

除此之外，还有一些女性是因为遭受过性侵而不是处女，那是性侵者的错，被性侵者是无辜的，她们依然是纯洁和美好的，仍然和每个人一样，有追求幸福生活和实现梦想的权利。愚昧的"处女情结"是对这部分女性的二次伤害。

爱情使人成长，每个人在亲密关系中的经历都会使其积累经验，获得成长，成为更好的自己。她不是处女，她的人格并没有因此降低，她所有吸引你的特质都没有改变。建议你不要沉溺于关注她的过往，而应该想着如何平等地、互相尊重地经营你们的亲密关系，建设你们的未来。

Q 有了性经验，是不是特别有面子？

困惑解答老师：王晓斌

有些同学听到周围的同学有了性经验并分享了一些自己不知道的感受，会很羡慕，因为虚荣心也想发生性关系。虽然爱情和性都是美好的，但是在发生性关系前要考虑周全，确定自己能为各种后果负责，保证彼此安全、健康。当彼此都没有压力，做到"自主、健康、责任"时，发生性关系才会给双方带来快乐与亲密。否则，性关系往往会导致两人关系的恶化，或带来身心的痛苦与伤害。性关系一定要建立在为他人和自己负责任的基础上，要遵循自己的内心。因为人云亦云、随波逐流而发生的性关系，只能说明当事人没有主见，有什么值得炫耀的呢？

有些家长和老师缺乏"赋权"理念，不允许子女和学生在读书期间谈恋爱或者发生性关系，在生硬的教育过程中激起了部分同学的叛逆心理。于是，有同学就将发生性关系作为反抗的手段，以此展示自己的力量。然而，性关系本来应该是你人生中很宝贵、很美好的体验，并不是用来忤逆长辈的武器。青春期有能力为自己负责、有能力做出好的选择，确实令人向往。但如果只是为挑战父母和老师的权威，把能力用在错误的地方，对自己的人生没有好的影响，那这又有什么值得炫耀的呢？

爱情和性很重要，有可能贯穿人的一生，然而每一个人生阶段都有其更重要的任务，比如中学生的当务之急是学习，与其把性关系拿来炫耀，不如增强学习技能，提高学习成绩，担起学习的责任，以实现自己在学业上的目标，然后以此作为炫耀的资本。

发生性关系也是一件隐私的事情，当涉及性伴侣的隐私时，就不是值得炫耀和有面子的事这么简单。所以，要尊重性伴侣，懂得保护彼此的隐私。

与其关注性经验是否让自己有面子，不如关注双方是否遵守了"自主、健康、责任"的原则,做到互相尊重,对自己和他人负责。所有不尊重他人的行为,不仅会让自己没面子,还会很丢脸的。幸福,一定是与尊重为伍、与善良相伴的。

第四节 分手

都说相爱简单，相处太难。爱情不全是甜蜜，也会有痛苦。所以，在开始恋爱之前，我们也要知道如何应对分手。

分手不应该是欲擒故纵的手段。做出分手的决定之前，需要综合考虑，理智判断。

既然曾经爱过，分手也要给彼此留下美好的记忆。

分手的方式中，暴力是不可取的，贬低对方也不可取。

感情不能强求，爱他/她，就给他/她自由。恰当地分手，既是给自己新的机会，也是给对方新的机会。让自己变得更好，将来的爱情才会更美好。

Q 在什么情况下应该和恋人分手呢？

困惑解答老师：高艳丽

看到这个问题的时候，我在想，你目前是否有一段徘徊不定的情感？还是在思考彼此之间是否可以继续走下去？你和恋人之间有什么样的矛盾与冲突？或者是其他什么情况，让你有了分手的想法？

恋爱后决定分手，是很常见的。在什么情况下应该分手，是因人而异的。

我问过一些恋人分手的原因，回答真的是五花八门，有的是因为两人花钱的观念差别太大；有的是因为两人相处太久，没有了新鲜感；有的是因为缺少共同的兴趣爱好；有的是因为性格不合，难以沟通；有的是因为其中一方有身体、性、精神等方面的暴力；有的是因为对方有很强的控制欲和妒忌心；有的是因为自己爱上了别人；有的是因为对方出轨；有的是因为两人距离远，相处时间少，感情慢慢就淡了；有的是因为发现对方太自私……

在这个世界上，没有两个人的价值观会是完全一致的。因为两个人来自不同的成长环境，对事物有不同的理解和看法，所以有差异是难免的。有一些小分歧，可以通过沟通来解决。两个人如果能互相尊重、互相了解、互相接纳，求大同存小异，彼此的价值观又比较接近，相处起来会感觉更舒服，人生也会更幸福。但是涉及原则性的大问题，就要做分手的决断。

情侣是否考虑分手，我建议主要看这几个原则问题。

首先，问问自己的心在这份感情里是开心不已，还是疲惫不堪？这份感情是积极向上，还是消极颓废？在这份感情里，两个人是相互理解、彼此欣赏，还是相互打击、彼此损耗？当我们感到不快乐时，就要选择分开。

其次，分析自己的价值观，问问自己在感情中最看重的、最想要的是什么？对方的价值观是什么？是不是彼此很容易沟通？双方的价值观的差异能减小吗？不管情感上多想在一起，如果价值观差异太大，难以沟通，不能互相接纳，两人在一起很难和谐，建议分手。

再次，一方有暴力或者暴力倾向，要坚决分手，绝不纠结。暴力之下，绝没有爱。暴力表明对方有明显的道德或者性格的缺陷。暴力不仅是指打人，控制欲强、喜欢指责、贬低等也是属于暴力。有暴力倾向的人，在亲密关系中会逐步升级暴力，破坏亲密关系，所以我们要早点识别。

最后，对方移情别恋，或者你爱上别人，要选择分手。强扭的瓜不甜，若对方已经移情别恋，你只有尊重对方。如果是你自己爱上了别人，那么你就要赶快告别现任，才好集中精力经营新的感情，不然脚踩两只船的话，恐怕哪只也踩不稳，甚至还有落水的危险。

总之，好的亲密关系是双方互相尊重与平等，互相信任，容易沟通，愿意接纳对方，为对方奉献，互相妥协让步，还能感到发自内心的快乐，能和谐相处。如果感觉两人的感情不够美满，但通过沟通能调整，也可以继续。反之，就该分手了。

有时，理智上知道应该分手，却不舍得分手，这也很正常，毕竟两人有过甜蜜的回忆。所以，分手前一定要进行深入的思考，全面评估，一旦做出选择，就要为自己的选择负责！不分手，就好好经营感情；分手，就不要后悔。人生总是要有所取舍，舍去不快乐的感情，未来会更幸福。

分手或不分手，你都可以心存一份感谢，感谢这份经历让自己有机会成长。当你吸取了经验和教训后，你会更有力量面对未来！

Q 怎样才能走出失恋的阴影？

困惑解答老师：蔡凤玲

爱情来的时候总是甜蜜的，然而不管是影视剧、身边的朋友或是自己，总会有失恋的事发生。当一段恋情结束后，我们容易被孤独感、自卑感笼罩，感到失落、痛苦，不能自拔。然而塞翁失马，焉知非福。

下面我先分享一个故事。

中国台湾艺人贾静雯女士跟前夫离婚时闹得沸沸扬扬、众所周知，算是分得很难看的一对夫妻。离婚后的她也伤心、难过，生活一片黯淡。不过，她没有因此一蹶不振。2011年处理完离婚所带来的麻烦后，她坚持运动健身，经常旅行放松自己的心情，通过学习让自己在所处的行业里变得更优秀。2014年，她遇到了现任丈夫，两人喜结连理，至今已生下两个可爱的女儿。她奋斗多年，终于在2019年获得第54届电视金钟奖戏剧节目女主角奖。可以说，她现在是事业有成，生活幸福美满。

失恋后，我们要学会自我调节，重新振作起来，相信生活一定有扭转的契机。

下面我给你六点建议，来帮助你快速走出失恋的阴影。

1.给自己或者对方找个分手的理由。分手后想知道分手的理由，是人之常情。有个理由，我们就可以有个窗口去发泄、去抱怨、去生气，从而让情绪流动，而不是一直憋在心里。吃不着葡萄就说葡萄酸的做法，是有心理自我调节作用的。

2.看一些有哲理的文章，比如《苏格拉底和失恋者的对话》。那些充满哲理和智慧的语言会给你很多感悟，让你豁然开朗。

3.找合适的对象倾诉。找一个值得信赖的人，比如好朋友、哥哥、姐姐或父母（前提是父母都知道且支持的），向他们倾诉，把心里的苦恼说出来，会让人轻松很多，然后听听他们的安慰和建议，也可以问他们分手时是怎么调整心态的。除此之外，学校的心理辅导员，也是不错的倾诉人选。

4. 通过写作来调节情绪。写日记是一种很好的减压方式，当你谁都不想说时，就可以尝试选择写作，记下当时的心情、想法，写任何你想写的。在日记里，不管你怎么骂对方，只要没有付诸实际行动，那都无妨。我一个朋友失恋后，把前女友的名字写了几十页，写完后一撕，一烧，顿感轻松。

5. 转移注意力。和朋友们一起打球、唱歌、打游戏、吃美食，酒就免了，古人不是说了吗，"借酒消愁愁更愁"；坚持寻找生活中的乐趣；多参加一些公益活动，去帮助别人，这有助于提高自己的自信和成就感。

6. 认真地投入到自己该做的事、喜欢做的事、有成就感的事上。音乐人周杰伦失恋后，就把自己的心情写成新歌，所以他才有那么多真情实感的作品，感动无数歌迷。你只要让自己成为更优秀的人，过一段时间再回头看，心里就会有一种"轻舟已过万重山"的感觉。

不管你是分手还是被分手，曾经的恋情都会让我们生命的旅程变得多姿多彩。换个角度看问题，失恋不代表你失去了自己的价值，你仍然是值得爱的，值得被尊重的。失恋并非都是不好的，结束恋情，其实是给了你摆脱痛苦、追求幸福的机会。

"春去春会来，花谢花会再开。"每个人都有选择的自由和权利，我们只能根据情况找到相应的办法来缩短走出失恋阴影的时间，不能直接跳过而不去处理情绪。

生活很美好，好好爱自己吧。

Q 我提出分手,她还老纠缠我,怎么办?
困惑解答老师:王艺

因为某种原因结束一段感情,是非常正常的事情。对待感情的结束,对待分手,不同的人有不同的反应:有的人很平静,有的人很洒脱,有的人很纠结,有的人很崩溃……如果你提出分手后,对方反复纠缠,的确是一件让人很头疼的事情,甚至可能是一件很危险的事情。

怎么办呢?

首先,请你问问自己,是不是存着"先保留这个,找到更好的再分,若找不到更好的,这个也凑合"的心思?如果有这样的想法,你的表达就一定是"留有余地"的。这样做的结果,一定是伤害对方的感情的,也会伤害自己,会给自己带来非常大的舆论和道德压力。

其次,反思一下自己的言行,是否在提出分手时表达得有些模糊和暧昧?是否让对方没有清楚地领会你要分手的意图?是否让对方仍然抱有"希望"?提出分手时应该做到:语气要平和,言语要礼貌,态度要尊重,表达要清晰、坚决,绝不拖泥带水。

再次,根据对方纠缠的程度,选择应对方法。

如果对方非常伤心、不舍,可以在坚定拒绝、不给对方希望的前提下,提些善意的建议,比如让她做些喜欢的事、适当增加运动、专注学习等转移注意力的方法。过一段时间,她就会慢慢走出这段感情低谷期。不要因为可怜她而频频互动,让她以为你想旧情复燃。

如果她频繁地约你、跟你联系,短信、微信、QQ不停地发消息,还打电话,甚至找到你的同学、朋友、家人来哭诉、求情,已经给你的生活带来了困扰,这时你要明确地阻止她的这些行为,并要求她向你道歉。不要小瞧这一点,很多这类案例中,就是因为没有明确要求对方停止,而使对方误认为这是有效的"挽回"手段。同时,你也可以寻求她的好朋友的帮助，请他们帮忙劝阻她，让她明白感情的结束只是一段体验的终止，生活还会继续，更多的美好还在未来等她。必要的话，你可以寻求老师和家长的帮助。

如果她完全不能接受你分手的决定，长期反复纠缠，比如言语侮辱、谩骂；骚扰你和朋友、家人；威胁要曝光你和朋友、家人的隐私；对你或朋友、家人实施暴力；或者已经采取了一些极端行为。这时，你要警惕，这些都是"分手暴力"的信号，对方的某些行为已经违反法律，并有可能演变成严重的暴力伤害事件。

分手暴力的本质并不是太爱你，也不是不能离开你，而是不能接受你离开她，不能忍受你做出和她不一样的选择，本质是对你的操纵和控制。这时，你要寻求老师、家长的帮助，要求学校介入，与对方及其家长沟通，要求她停止所有骚扰行为，并远离你和你的家人。如果家长、老师都无法控制住对方的暴力行为，要及时与学校领导沟通。若事态再升级，就要报警，同时不能放弃法律诉讼的途径。总之，要在事态发展之初就有警觉、戒备之心，尽量在萌芽状态将问题解决，不要任之发展成严重的暴力伤害事件。

有些人分手之后的纠缠，会随时间淡去，渐渐消失，不会对生活造成大的困扰；有些人的暴力行为被分手触发，会长期持续出现，不断升级。希望你能准确判断形势，采取适当的措施，需要寻求家长、老师、学校等帮助的时候不要犹豫，要保护好自己。如果有长期的心理困扰，也可以寻求心理咨询师的帮助。

第四章
反对性别刻板印象,追求性别平等

本章,我们介绍社会性别。

我们前面已经讲了第一性征和第二性征,社会性别又被称为第三性征,指的是社会文化基于生理性别的差异,对人的社会行为规范的要求。

第一节 社会性别刻板印象与兼性气质

性别刻板印象是指人们对男性和女性在行为、个性特征等方面予以的归纳、概括和总结，而这种归纳、概括和总结是一种僵化、过度简化或是类化的信念或假设。和所有刻板印象一样，性别刻板印象对男女的区分不是以亲身经验为根据，不是以事实资料为基础，而是单凭一己之见，即对男女两性的行为做出主观和武断的判定，最常见的就是以二分法为依归，赋予男女各自有不同的性格、态度和生活方式、职业等，因而这种评定往往也忽略个体的差异。

性别刻板印象的焦点主要集中在"性格特质"，接着再由特质的性别化推论到其他范畴中，直接会影响到男性和女性的知觉、归因、动机、行为，如身体特性、角色行为、分工与职业、两性关系形态等，如一般人认为男性具有工具性特质，坚强、独立、大胆、冒险、理性，适合从事竞争性的工作；女人具备情感性表达特质，温柔、体贴、胆小、感性、脆弱、母性，适合从事家庭内照顾幼儿、料理家务等工作。因为这个性别定型，男性在表现阳刚的行为上获得赞赏，女性在表现阴柔的行为上获得赞赏，久而久之，逐渐形成男性就是要阳刚、女性就是要阴柔的性别角色刻板印象。

性别刻板印象包括四个不同的方面：外表形象、人格特征、角色行为和职业。这四个方面各自相互独立，人们可以基于有限的信息，根据一个方面去判断其他几个方面。例如，已有研究调查并归纳了性别刻板印象中所反映的典型的男性特征和女性特征：

典型的男性——独立、进取、攻击性、善于经商、操作能力强、表现出领导行为、自信、有主见、坚持自己的立场、有抱负、支配性、主动性、声音洪亮、性欲强、不轻易放弃、能承受压力、勇敢、擅长体育运动、喜欢数学和自然科学、竞争性、冒险性、聪明、有优越感等。

典型的女性——情绪化的、优雅的、以家庭为中心的、善良、爱哭、创造性、善解人意、考虑周到、对他人有奉献精神、脆弱、喜欢艺术、得体的、乐于助人、整洁、信仰宗教、喜欢孩子、待人和气、需要安全感等。

从以上对典型男性和典型女性的描述就可以看出，性别刻板印象更多的是由传统性别文化和社会性别分工导致的对性别差异的认识，它有三个特点：第一，它对社会人群进行了极为简单化的性别分类；第二，在同一社会文化或同一群体中，性别刻板印象具有相当的一致性；第三，性别刻板印象常常与客观事实不相符合，因此，性别刻板印象更多的时候是一种"性别偏见"，当这种"性别偏见"影响了某一类群体的生存和发展的时候，就发展为"性别歧视"。

我们再来讨论一下兼性气质。

由于受社会、环境和家庭的影响，人的性别气质会有较大的差别，有些女生除了具有女性所特有的性别气质外，还兼有热情、豪爽、刚烈、精明能干等男性所具有的性别特征；而一些男性除了具有典型的男性气概外，同时感情细腻、丰富，行为表现温文尔雅。这种同时具有男性气概和女性气质的性别表现被称为"兼性气质"。

"兼性气质"也正是指"男性化"和"女性化"的混合和平衡。而双性化人格是指在一个人身上同时具备男性与女性的兴趣、能力和爱好，尤其是心理气质方面具备男性与女性的长处与优点。

1964年，罗西首次提出了"双性化"这个概念。1974年，桑德拉·利普希茨·贝姆针对"双性化"个体从"处事灵活"的认知角度以两性气质这两个不同的维度为理论基础编制了贝姆性别角色调查表（BSRI），并以此开始了对双性化的实证研究。

每个同学都可以结合这个表，以及表后面的说明文字，测一下自己是否具有"兼性气质"哟。

表 4-1 贝姆性别角色调查表

1. 自立的	21. 可信赖的	41. 热情的
2. 顺从的	22. 分析能力强的	42. 严肃的
3. 愿意助人的	23. 易共鸣的	43. 有立场的
4. 信念坚定	24. 嫉妒的	44. 温柔的
5. 可爱的	25. 有领导能力的	45. 友善的
6. 喜怒无常的	26. 敏感的	46. 进取的
7. 独立的	27. 诚实的	47. 容易受骗的
8. 害羞的	28. 富于冒险的	48. 没有效率的
9. 负责的	29. 善解人意的	49. 举止像领导的
10. 运动型的	30. 隐秘的	50. 孩子气的
11. 有感情的	31. 果断的	51. 有弹性的
12. 夸张的	32. 富有同情心	52. 我行我素的
13. 坚持的	33. 诚恳的	53. 不说脏话的
14. 受人赞赏的	34. 自足的	54. 没有条理的
15. 快乐的	35. 乐于抚慰受伤的情感	55. 有竞争心的
16. 个性强的	36. 自负的	56. 爱小孩
17. 忠诚的	37. 支配的	57. 机智的
18. 不可预测的	38. 说话轻柔的	58. 有雄心的
19. 有力的	39. 可爱的	59. 温和的
20. 有女人味的	40. 有男人味的	60. 保守的

完全符合的分数是 7，完全不符合的分数是 1，介于二者之间的数字表示符合的程度，从 1～7 程度不断增加。

将 1、4、7、10、13、16、19、22、25、28、31、34、37、40、43、46、49、52、55、58 的分数相加，得数除以 20，得到男性化分数。

将 2、5、8、11、14、17、20、23、26、29、32、35、38、41、

44、47、50、53、56、59 的分数相加，得数除以 20，得到女性化分数。

男性化分数和女性化分数都大于 4.9，说明是性别双性化的人。

性别双性化对人格影响较为突出的表现在心理健康方面。从 20 世纪 70 年代至今，中西对于双性化的研究的大量结果都表明，性别双性化的人综合了男性化和女性化特质上的优点，具有较高的心理健康水平。事实证明，具有双性化气质的人在很多情况下能把事情办得更出色，才华出众，自尊心强，是一种理想的气质。

贝姆的研究表明，具备双性化人格的人至少有以下三方面的优点。

1. 允许表达异性特征。具备双性化人格的男人虽然有某些女性特征，但他们的独立性却没有受到影响。在独立性方面，双性化人格与男性化人格的表现是一致的，均比女性化人格要更具有独立性。

2. 富有同情心，有教养。在这一点上，可以说是女性化人格对双性化人格的贡献。

3. 具有很强的自尊心。比起单纯的男性化人格和女性化人格者而言，具备双性化人格的人有着更积极的归因模式：他们多将成功归为稳定的内部因素，而将失败归为不稳定的外部因素。这种归因模式意味着成功的永恒性和失败的暂时性。

这些研究都证明了"双性化的人具备较为优秀的人格气质"这一结论：双性化个体既能胜任男性的工作，也能胜任女性的工作，有更好的可塑性和适应力；双性化者在各种条件下比性别典型者做得更好，在心理健康、自尊、自我评价、受同伴欢迎、适应能力等方面都优于单性化者；双性化个体的优势到青少年和成年初期就会比较明显地表现出来。

Q 广告里的女人是真实存在的吗？

困惑解答老师：丁筠

关于这个问题，我猜你想了解的是，广告里的女人在生活中是否也像在广告中一样，个个年轻、衣着光鲜，拥有天使面孔、魔鬼身材？在回答这个问题之前，我想先讲一个小故事。

有个女生，因为她的脸盘比较大，所以从小她爸爸就喜欢开她的玩笑，说："你腮帮子大是因为小时候嚼煎饼嚼的。"山东人爱吃煎饼，女生将爸爸的玩笑当了真，越照镜子越觉得自己脸大、眼睛小、鼻梁塌。再看看周围，也没有脸像她这么大的，她便对小脸的同学有种又羡慕又嫉妒的感觉。每当周围有人谈论谁好看时，她都有种深深的自卑感，好像别人都是在含沙射影地说自己脸大。

到了高三，女生考上了外地的大学，同学们到车站来送行，有同学开玩笑地说："远远地看见一张大脸，就知道你在哪儿了，都不用你告诉我们！"那一刻她心里就在想：虽然要换新环境了，但现在看来，她走到哪儿，这个缺点就要被带到哪儿了。于是，她又带着这种自卑上了大学，来到了上海这个当时全国最开放的城市之一。

第一天报到，表哥来帮忙，对这个女生上下打量了一番，然后说："你这个裙子不要穿了，这么难看！上海小姑娘是不穿这种裙子的。"在一所以上海本地学生为主的大学里，放眼望去，的确周围的女生个个都是貌美如花、高贵大气。在接下来的四年大学生活里，这个女生一直嫌弃自己，看到身边发育得凹凸有致的女生，只能看着自己不争气的"飞机场"望洋兴叹。

这个女生就是我。所以你看，从外貌、打扮到身材、气质，我从小就很嫌弃自己。这严重影响了我的自信。在很长一段时间里，我都没办法接受自己身上的一些特点，一直带着深深的自卑在生活。

广告里的女人和影视剧里的明星的确很养眼,不过这些形象终归是商业运作下的产物。我们每天接触大量的媒体信息,潜移默化中就把广告里的女人当成了对大众的审美标准。但是对于绝大多数的女人来说,她们今生今世也达不到这样的标准。

常常有媒体爆料,某网红、某明星人设坍塌,不化妆、不用滤镜的真实颜值比不上路人。实际上这是一种针对外貌的暴力。"美貌暴力"对我的伤害就是让我长时间不能接受自己的容貌、身材,并为此感到自卑。当我缺乏自信的时候,我就忘了自己英语特别好,忘了我脑子总是转得飞快,忘了我长跑年年拿名次,忘了我看的课外书比别人多,同学们羡慕我的知识面广……

我们应该发现自己擅长的,投入进去,这样既能得到快乐,又有成就感。慢慢地,我们就能增加自信,不会再陷在对自己的否定里,不再受美貌暴力的伤害了。

当然,你作为男生,每每看到广告里的帅哥,也不需要拿他们的标准来评估自己,让自己烦恼,这同样是一种"美貌暴力"。如果你周围有女生很羡慕偶像的颜值,同时又很介意自己外貌的话,可以尝试帮助她找到自己的优点,接纳自己。你可以告诉她:我不会拿广告里的女人的标准来衡量你的,你也不用拿她们的标准来衡量你自己!

Q 男人一定要成功吗？
困惑解答老师：王艺

如果成功的定义是自我努力成长、对家庭负责任、对社会有贡献，那成功何来男女之分呢？如果成功的定义是财富上榜、地位超群，那这个标准虽说困难，但也跟男女没有关系啊。

当然，我其实是理解你这个问题的含义的。世俗对于男人"成功"的要求通常是高于女性的。男生在幼儿园摔倒了，被哄着"男子汉，不许哭"；上学之后被一遍遍告诫"你是男生，要有出息"；工作后，更是被全社会盯着"买房买车，要不然娶不到媳妇"。以上，是"成功"给你的印象和压力吗？

这不公平！"不哭"意味着坚强，身为男生就不许哭，那能不能先让男生不疼？"男生要有出息"，默认的是至少要比女生强才算有出息，是吧？至于买车、买房、娶媳妇，是默认女生选择伴侣看中的都是房子和车，是女生都没有能力买房、买车，是男生只有买房、买车这个价值体现，还是不买房、不买车就是不正确的生活方式？

你看看，这些对男性"成功"的定义不仅不公平，而且很没逻辑、很可笑，尤其是对于"成功"的定义，有时很单一，无外乎房、车、钱和地位，禁不住人多想、多问。

中国在漫长的两千多年的封建社会历史中，一直有"男尊女卑"的传统，对于男性的要求是高大、强壮、成功、有控制力……虽说这种传统伴随着对女性的压抑和歧视，但是对男性而言，又何尝不是压力，尤其是那些不符合传统男性气质的男性，更是被打击得厉害。

可是世界不是这样的，大千世界，美丽千万，成功千万，每个人都可以用自己的方式，过自己想要的生活，获得自己内心的成功。祝愿你不被所谓的"传统"绑架，努力且勇敢地追求自己的成功。

Q 我是男生，不喜欢理科，父母干预我的专业选择，怎么办？
困惑解答老师：张群英

父母干预你选择专业，是受社会性别的刻板印象所影响。几千年以来，受封建文化的影响，社会对男性和女性有着不同的标准，例如"男主外，女主内""男人是天，女人是地"，男人应该是聪明的，而"女子无才便是德"，等等，这就是"男尊女卑"的思想。在这种由文化建构下的社会性别是刻板的、不可逾越的。至今，社会上很多人仍然受此影响，认为理科是男人的领域，女人学不懂，学了将来也做不好；而文科简单，适合女人学。如果男人喜欢文科，会被认为缺少阳刚气质，将来是没出息的。可见，男尊女卑的思想不仅压抑了女性的发展，同时也压抑了男性的发展。

你应该理解父母，他们是因为受旧观念的影响，同时操心你的未来，所以才会进行干预。

但是，你也应该坚持自己所爱。

选择理科还是文科，最主要的不是根据自己的性别，而是根据自己的兴趣和梦想，因为"兴趣是最好的老师（爱因斯坦）""成功的秘诀在于兴趣（杨振宁）"。

当明白了以上观点，你就可以安下心来与父母沟通了，沟通时可以遵循以下原则。

1. 专注地倾听父母的意见——当父母感受到被尊重时，就不会产生抗拒了。

2. 表达对父母的理解，相信父母干预的出发点是想让你将来更容易成功并轻松、幸福。当父母被理解时，他们也会愿意去理解你。

3. 向父母阐述上述有关"社会性别刻板印象"的概念，引导他们明白由性别决定专业的选择是受此概念的影响，是没有尊重个体的意愿和兴趣的。同时，列举一些男性在非理科领域的成功案例，如鲁迅弃医从文，唤醒了千千万万中国人的心灵；著名作家莫言获得诺贝尔文学奖，成为此奖项首位中国籍的获得者；还有艺术家梅兰芳、赵丹，著名画家达·芬奇，著名作曲家莫扎特，著名心理学家弗洛伊德，等等。所以，各个领域里都有成功的男性和女性，凡事不可一概而论。

4.向父母阐述你对文科的兴趣和你的梦想，带领父母一起畅想你的愿景，使父母看到你对自己所选专业的热切渴望与实现梦想的信心。

5.让父母理解，如果你从事自己不喜欢的专业，你很可能学不好，也不会幸福，更达不到他们对你的期望。

我相信，只要你对自己的选择有着足够的兴趣和信心，通常情况下，父母都会支持你的。

Q 我不喜欢足球，被嘲笑不是个男生，怎么办？

困惑解答老师：孟益如

受人嘲笑的滋味一定不好受，我很能理解你的难过。如果按照这个逻辑来说，那我从小不喜欢跳皮筋，也不能算是女生了？这种说法岂不是很可笑？很多时候，体育运动，尤其是作为世界第一大运动的足球，常常被认为是"直男运动"，仿佛只有喜欢它，才能说明你是个真爷们儿。也有人说："男孩儿就该喜欢足球，去跑、去拼、去热血才是男儿本色。"当然了，让男孩子玩玩足球并没有什么问题，但像你这样不喜欢足球的男孩子，就该被人嘲笑吗？我并不认同。

我们每个人都有自由选择兴趣爱好的权利，兴趣爱好并不取决于你的性别。在这个丰富多彩的世界里，我们可选择的兴趣爱好那么多，你可以选择运动，他可以选择乐器，我可以选择手工等。正是因为世界的多元，世界才变得精彩，不是吗？只要是有益的、自己喜欢的兴趣爱好就是好的。单纯地将这些爱好划为"男性该有的爱好"，将那些爱好划为"女性该有的爱好"，这是典型的性别刻板印象，是多么愚蠢的做法啊。许多我们熟知的社会名人，还有周围的亲戚朋友，不喜欢足球的男性不在少数，不信你可以去问问周围的长辈或是上网查证。

说到这里，你的心里有答案了吗？

首先，你要认识到你的同学单纯以一项爱好作为"是不是男生"的标准来嘲笑你，是他的认识存在偏差，你并没有错，不用因此感到自卑、难过。

其次，努力使自己优秀、强大。一个人如果强大了，周围的世界就会变得美好。不论是学业还是爱好，不断地努力，使自己变得更优秀。当你做出成绩的时候，嘲笑便会不攻自破。

再次，坚持自己的爱好。不必因为他人嘲笑而放弃自己的兴趣爱好，或是为了迎合所谓的"男生标准",强迫自己喜欢原本不感兴趣的事物。每个爱好都有它吸引人的地方,找到了那个让你快乐的爱好,就坚持下去。记住:做自己最重要。

最后,报之以一笑。对嘲笑者微微一笑,也许是给予他们的最有力的回击,不去伤心,不去争辩,更不用记恨在心。既然我们无法左右他人怎么说,不如就积极面对,相信时间是最好的证明。

世界因不同而精彩。我们不必因性别刻板印象而苦恼,不必为性别刻板印象而改变,做最真实的自己,相信嘲笑的乌云会散去,你会找到属于自己的一片天,加油!

Q 男同学说话总带脏字，骂骂咧咧的，显得很阳刚，这是好的吗？

困惑解答老师：沈晓静

你能对周围的一些现象进行观察、思考和质疑，这一点非常好，说明你是一个蛮有思想的人。

你应该不太认同讲脏话的行为吧，所以，听到男同学说话骂骂咧咧会有些不舒服，认为不太好；但又觉得他们这样好像很"厉害"，显得很阳刚。我能理解你的困惑。

青春期的男孩子希望别人能把他当大人看待，会有意识地对一些成人的言谈举止进行模仿。说话带脏字的男同学的身边大概存在经常骂骂咧咧的成年男性，让他认为，说话带脏字看起来好像更有力量，感觉自己有"成人气概"，所以他被影响了。而当有男生说话带脏字，别的男生为了显示自己和他们是一样的，就也会模仿。

其实我们都知道，说话带脏字是缺乏礼貌的，甚至是粗鲁的，并不利于沟通交流。但为什么有些人会觉得这样很"阳刚"呢？这和长期以来社会文化对男性的塑造有关。

传统观念对男性和女性有不同的要求，比如，男性应该表现得阳刚、勇猛；女性则应该温柔、顺从。这其实是一种性别刻板印象。这种印象是被长期以来的社会文化建构出来的，是男权社会对男性和女性的要求所致，并不一定符合每个个体的真实性格。男人，也可以细心温柔；女人，也可以刚毅果断。若不顾个体差异，一味地要求男性必须勇猛，那勇猛过头就显得粗鲁了，像你的男同学，误把粗俗当成阳刚来模仿；如果一味地要求女性柔顺，那女性就容易因为过于柔顺而陷入无原则退让的困境，这也是暴力行为中受害者以女性居多的原因。这样的社会刻板印象非常不利于亲密关系的建立和生活中的人际交往。

真正成熟的人，应该以真诚和礼貌待人，用自己的智慧和修养赢得他人的尊重和喜爱。一个有礼有节、让人如沐春风的人，不管是什么性别，到哪儿都会受到欢迎。

　　你的男同学可能并不清楚这些，所以会对某些成人的不良行为进行模仿。你可以私下和他谈谈你的看法，让他认识到这样不仅不能赢得尊重，更不能彰显他的"成熟"。当然，你跟他沟通时要注意合适的方法和时机。祝愿你们都能健康成长，成为真正受欢迎的人！

Q 有同学说我"不男不女",我该怎么办呢?
困惑解答老师:张碧敏

同学说你"不男不女",我可以理解为是说你的外表不算非常阳刚,甚至带点阴柔吧。

主流社会建构要求男生要有阳刚、坚强、粗壮、勇猛等形象与气质,认为男生要符合这样或那样的行为举止和外表形象,这是一种性别刻板印象。过分地强调男性应该阳刚,其实对男性也是一种伤害,因为每个人的内心世界是不一样的,所表现出来的气质也不同,有些人无法满足社会对男性气质的期待,所以,对所有的男性都以同一种气质类型去衡量他的男子气概是不公平的。人性是复杂的,每个人都有很多的性格特质,男人也可以是温柔、细腻的。每个人都可以随自己的喜好做自己,不一定要迎合社会特定的规范,只要没有伤害他人和触犯法律,我们想怎么做自己都可以。

有些情况下,说某个人"不男不女"其实是嘲笑当事人是同性恋。这样的嘲笑是一种歧视,就算当事人真的是一位同性恋,我们也应该尊重他。同性恋没有任何不好,只是性倾向跟我们大多数人不同而已。

我有一位男性朋友,他就被人说过"不男不女",因为他留着中长的头发,戴耳钉,平时喜欢化一点妆,使自己看起来更精神,甚至还会穿个裙裤出门。可是他对自己的外表感觉良好,身边的朋友们也不会对他有评判和指指点点,因为朋友喜欢的是他这个人,与他的外在形象无关,怎么打扮也是他的自由,朋友都尊重他的选择。

我认为,"不男不女"是一种优势,因为现在我们都提倡兼性气质,即一个人同时集男性化与女性化为一体的个人特质,而具有这样特质的人也更能适应社会的竞争。

社会上拥有兼性气质的人物也不少,著名的流行歌手鹿晗就曾经被观众评价为"不男不女",可是这样的评价也丝毫妨碍不了他在事业上的成功,也没有影响到他在舞台上的表现。我们看到他的形象依然是那样,他没有因为大众的评价就否定自己,改变自己的风格走向。相反,他还凭借着自己的独特气质圈了不少粉丝。

另一位我非常喜欢的名人,他在外表气质上表现得非常柔媚,甚至他还是一位同性恋,他就是著名的已逝影星张国荣。在他那个保守的年代,柔媚的形象和同性恋的性倾向可能需要他用更多的勇气去面对流言蜚语,可是,他就是那么坚定地做自己,兢兢业业地发展自己的影视事业,最终在影坛上名垂千古。就像他那一首《我就是我》的歌里唱的那样:"快乐的方式不止一种,最荣幸是,谁都是造物者的光荣。不用闪躲,为我喜欢的生活而活;不用粉墨,就站在光明的角落。我就是我,是颜色不一样的烟火……"

若一个人无论是在外表、气质还是性倾向上都接纳自己,表现出自信,那别人也会因为他的自信洒脱而改变对他的看法。就算别人依然坚持他们的态度也没有关系,你依然可以坦然地做自己,因为你深深地相信你就是你,你有权利成为你想成为的人,做你想做的事。一个人最重要的是内在,无论你的外表形象、气质、性倾向是怎样,都不影响你的价值。

所以,下次同学再用同样的方式说你,你可以一笑置之,甚至可以霸气地回应说"我觉得这样很好",久而久之,他们也不会再这样说你了。所以,接纳自己并自信地做自己吧!

第二节 性别歧视

性别歧视是一个世界性问题，它并不是一个新鲜的话题。它屡屡被人谈起，又常常让人感到无奈。在人才市场上和职业生活中，它甚至已经变成一种司空见惯的现象。性别歧视作为一种社会现象，有其历史渊源。在人类社会早期，男女本是平等的。在母系氏族社会中，由于母系血统在社会群体中的重要性，女性居于社会统治地位。妇女在原始社会物质生产中的重要作用，是其受到社会尊重的经济基础。私有制出现后，男性在经济上的地位显著上升，母系氏族制被父系氏族制取代，这是生产力发展的必然结果。由此，男子成为世界的主宰，女人只是男子的附属品，当时的社会还用道德和法律等手段，维护和支持歧视妇女的社会现象。从此，男性对女性的歧视成为延续千年的社会问题。那么，究竟什么是性别歧视呢？

首先，我们需要了解什么是歧视。歧视是一种差别对待。这种差别对待不考虑个体的优点，而以等级或种类为根据加以区别，表现出某种偏见。从公民所应该享有平等的公民权利来看，歧视就是在公民权利上的区别对待。

性别歧视是最常见的歧视形式之一，是指对某一种性别成员的不平等对待。由于历史原因和社会发展状况的限制，在当今社会，性别歧视更多的是指对女性的不平等对待，进而给女性带来权益上的、自身发展上的甚至人格上的损害和障碍。由此可见，判断一个行为是否是性别歧视，需要满足三个条件：

1. 区别对待不同性别；
2. 这种区别使某一性别的利益受损；
3. 在竞争条件下，对实施区别的社会单位（个人）最终没有好处。

需要说明的是，对女性的性别歧视并不是男性对女性的歧视，而是整个社会的一种价值判断。正是在这种价值判断下，才有了某些男性对女性的能力的低估，也有了某些女性对女性，甚至对自己的轻视。所以，要消除性别歧视，关键是要克服性别刻板印象和改变传统的性别观念。

从性别歧视的针对性来看，性别歧视分为直接性别歧视和非直接性别歧视。直接性别歧视是指一种性别的人，在相同或类似的环境中所获得的待遇，因性别而差别于另一种性别的人，例如就业的性别歧视。非直接性别歧视是指一条明显中性规则对一种性别的大部分人产生不利影响，但并未对另一性别的人产生此类影响，并且此规则在这些情况中十分不合理。

从性别歧视的具体表现看，性别歧视分为语言歧视、教育歧视和就业歧视等方面。诸如由于性别歧视导致了女性受教育的机会有限，在就业和职业选择上也受到限制，女性的平均收入不足男子收入的70%，而女性的失业率比男子高30%以上。性别歧视不仅表现在受教育、择业、收入等方面，还表现在性别商品化倾向上，诸如媒体中将女性物化、性化和商品化的广告和宣传，其实质有损女性的人格和尊严，也是一种更深刻的性别歧视。

Q 女厕所总是排长队，感觉很不公平，怎么办？
困惑解答老师：杨宇

提出问题的你一定是个很细心的人。事实如此，由于男女之间生理结构的不同，上厕所的方式也有差别，所以女性在洗手间方便的平均时间会长于男性在洗手间方便的平均时间。另外重要的一点是，即使同样面积的厕所，男厕所除了小隔间外，通常还可以有一排小便池。但是，女厕所只有一排小隔间。所以，表面上的同等面积，却会带来使用效果上的差异。为了保障良好的如厕体验，应该增加女性洗手间的空间。

国家住房和城乡建设部在2016年年底出台的规定要求："女性厕位和男性厕位比例提高到3∶2，人流量较大地区为2∶1。"政策是好的，但是实际执行情况往往不令人满意。有些地区的洗手间依然是老旧的设计，或者一些场所没有考虑男女比例的不同，因此女性洗手间排队的现象依然时有发生。

提出问题的你也是个很温暖的人。男女之间，共同点远远多于不同点，彼此尊重是求同存异，我们应该考虑性别差异才可以更好地达到性别平等。如果仅仅机械式地用平等的面积来建厕所，并不是真正的公平。因此，我们希望今后在设计洗手间时要考虑实际情况，合理地增大女洗手间的使用面积和厕位数量比例，有效利用空间，缩短女性上厕所的排队时间。在一些特殊场所，比如女性占比更大的校园、公司和商场等地方，应该进一步考虑更合理的比例。洗手间的公平问题不仅仅是空间设计者需要考虑的问题，更是一种值得每个人重视的常识。

具体问题具体分析，生活中遇到类似问题该怎么办呢？如果等待洗手间的女性人数实在太多，或许可以临时用男洗手间进行分流；也可以结合女性的生理特点，设计友好、有效的站立式一次性女用小便器；还可以努力推广不分性别的洗手间，让男女共用蹲厕位、站立式小便池，甚至可以进行开放式设计，从根本上改革大家的如厕习惯……

我们都希望生活在一个性别友好的社会，因为在性别歧视的环境中，没有人可以最终获益。这需要我们共同努力，让关怀和理解身边的人成为一个真正的习惯，相信那是更美好的未来。

Q 我们城市有女性专用车厢，这是对女性的尊重吗？
困惑解答老师：丁筠

女性车厢的设置，是对女性的尊重和保护，还是一种隐含的歧视和区别对待，现在仍然存在争议。

支持的人认为，在地铁和公交车上设置专门的女性车厢，有利于减少高峰时段借着拥挤对女性实施性骚扰的可能，还能让力气小的女性更容易坐上车。

反对的人认为，在高峰时段，专用的女性车厢会增加其他车厢的拥挤度，浪费了本来就有限的运输资源，这样就是对更多人的不公平，而且女性车厢一般只有一到两节，不可能容纳所有需要坐车的女性，那些没挤上专用车厢的女性，很有可能会在其他车厢面临更多的骚扰。同时，设置女性车厢，有把所有男性都当成是潜在"咸猪手"的意思，是对男性的歧视。还有的女性认为，这是一种区别对待，等于把全体女性当成弱者保护起来，不是真正的平等，因而不是对女性的尊重，反而是一种把全体女性当成弱者的歧视。

很多国家的地铁和公交线路中都会有几条线路设有女性专用车厢，比如印度，由于本国强奸和性骚扰事件高发，设置女性专用车厢确实帮助了很多女性安全出行，特别是在夜间；又比如在伊朗、埃及这样的伊斯兰国家，男女出行本来就是分开的，女性在没有男伴的陪同下，一般不会去男性车厢，男性也不会去女性车厢。而像墨西哥首都的地铁，女性车厢只允许女性和12岁以下的儿童乘坐，将范围扩大到了在人群拥挤时容易受到伤害的儿童。

从赋权型性教育的视角来看，设置女性专用车厢是正视性别不平等的社会现状，支持基于现状不平等而暂时出台的、对女性的保护措施。这种保护是暂时性的保护，最终目的是促进性别平等，使女性不再需要被特殊保护。所以，我们认为，在现阶段设置女性专用车厢是对女性的尊重。

　　我自己在早高峰时就常常需要等四五趟地铁才能"被"挤上车。也许随着交通设施和经济的发展，地铁不会再像今天这么拥挤，乘坐会更加舒适，那时，女性也不用因为担心不愉快的触碰和性骚扰而选择将自己和男性隔开。也许随着社会的进步，人们的性别平等意识提高，针对女性的性骚扰会越来越少，甚至消失。那女性更加不用因为担心被骚扰而限制自己出门，或者改变出行路线和计划了。随着人们性别平等意识的提高，不只乘坐交通工具，在生活的方方面面，女性都会感到更自在，更加受到尊重。那在车厢里，男男女女、老老少少混在一起，大家都可以轻松自在地相处，不需要担心自己的身体会受到侵犯；如果有孕妇、小孩儿和行动迟缓、不方便的人，我们自动为他们让路、让座，而不再需要用性别去判断谁需要帮助。我想这才应该是真正的平等吧，也会是对女性真正的尊重。

Q 我发烧了，但体育老师说"男子汉发烧算什么"，不让我休息，我心里很委屈，该怎么办？

困惑解答老师：罗扬

你因为发烧而要求休息是正当、合理的，体育老师以"男子汉发烧算什么"为由拒绝你的请求的做法是不对的。

体育老师为什么要这么说呢？因为体育老师受到了性别刻板印象的影响。除了听到体育老师对"男子汉"的要求，你是否也听过周围的人对你说这样的话——"你是男孩，男儿有泪不轻弹"，"你是男孩，以后要养家糊口、娶老婆，你要坚强一点"。这些认为男性应该怎样的想法就是性别刻板印象。在性别方面，大家对男孩和女孩都有一些根深蒂固的刻板印象，例如大众认为男孩应该勇敢、坚强、果断，女生应该温柔、善解人意，等等。

性别刻板印象会给我们带来什么样的影响呢？一般来说，性别刻板印象会导致我们忽略一个人的特点，而用脑海中的刻板印象去要求对方，比如选择兴趣爱好、职业等。如果你身边的人存在性别刻板印象，你就会或多或少地受到性别刻板印象带来的负面影响。

或许你会说，男生女生之间的差别就是很大啊，男生都玩枪，女生都玩洋娃娃；男生都去当工程师了，女生都当老师了等。但男生女生之间的分化到底是因为真实存在的性别差异造成的，还是社会对男生女生不同的期待和对待方式造成的呢？1997年，心理学家曾经做过这样的一个实验：给有同样数学水平的男生和女生一套非常难的数学试题，将所有参加测试的同学分成两组，每组男生女生人数相等，第一组，让男生和女生一起进行测试，结果女生的成绩明显低于男生；第二组提前告诉参加测试的女生，这套测试男生女生可以获得一样的成绩，结果女生的测试分数就与男生持平。

很多人都会认为，男生在物理、数学等要求逻辑思维能力的科目上的表现要明显优于女生。事实上，男生女生除了生理差异外，在性格、兴趣、能力等方面的差异小于个体间的差异。只要努力，并结合一定的方法技巧，男生和女生在绝大多数任务上都可以表现得一样出色。

那如果自己被老师用不合理的刻板印象要求了，该如何应对呢？

首先，可以跟老师提要求，说不管男生还是女生，如果生病了，都需要休息。如果老师还是不同意，你可以请他人帮忙，比如请校医或者班主任帮忙向体育老师请假。

其次，我们自己也要学着正确认识自身以及这个世界，去发现刻板印象的标签，并勇于撕掉贴在自己身上的标签。

最后，如果可以，我们还可以试着去告诉身边的人要平等地看待男生和女生，让周围的人不要受到性别刻板印象的负面影响。同时，我们也要时刻告诉自己：不要随意去批判，尝试影响他人的选择。

所以，勇敢、美丽、善良、大方、温柔、善解人意、机智等词汇，既可以形容男生，也可以形容女生。男生可以玩娃娃、喜欢粉色，女生也可以玩手枪、喜欢黑色。不管做什么，不要忘了，男生、女生一个样哦！

Q 在促进性别平等方面,男生可以做些什么?
困惑解答老师:刘殳

男生可以做的太多啦!

当一个小男婴呱呱坠地的时候,他已经可以开始为促进性别平等做事了!

在他0～3岁的阶段,他可以一看到爸爸、爷爷、姥爷就特别高兴,特别喜欢和爸爸、爷爷、姥爷一起玩,特别喜欢听爸爸、爷爷、姥爷讲故事。于是,在不知不觉中,他的男性亲人们都非常主动地参与到了照顾孩子的工作中来,为他的妈妈、奶奶、姥姥分担了非常多的陪伴工作!

后来他一点点长大了,因为小时候在爸爸的陪伴下看过很多的绘本,听过很多好的故事,他知道男孩子也可以喜欢粉色,也可以玩娃娃,女孩子也可以玩小汽车和骑马、打仗,所以他和小朋友们在一起玩时总是充当着正义小使者的身份。当有人说"这个游戏女孩子不能玩"或者"你们女孩整天就会哭"或"女孩就应该有女孩样"的时候,他总是第一个反对:"你说得不对!女孩子和男孩子可以玩一样的游戏,女孩子也可以很坚强,女孩子也可以有自己的风格,做真正的自己!"每当这个时候,旁边的大人们都会为之一振,不由得赞叹:"小小年纪就有如此的见地,这个孩子真是非常了不起啊!"

后来,他进入了青春期,进入了中学,认识了更多的同学和朋友。他通过学习和交流,了解到原来性别分为心理性别和社会性别,了解到同性恋和跨性别以及各种性少数群体。他深深地明白,每一个人在这世界上都是独一份儿,而且每个人都有权利按照自己的意愿来生活和选择性别,追求自己的幸福。所以,他不仅经常维护班里受到欺凌的女生和男生的权益,还组织同学们一起通过读书会、辩论会来了解何为性别平等,何为性少数的权益,何为LGBTQ,何为月经羞耻,何为荡妇羞辱,何为性别歧视……还没有进大学,他俨然已经是一位平权主义的活跃分子了。通过微博和其他社交平台,他在人权、女权等方面的了解越来越深入,以至于经常把对性少数群体有误解的老师都驳得哑口无言。

而他的父母,因为一直以来奉行着"增能赋权"(给受教育者具备做出对自己和他人负责任的能力所需要的态度和技能)的理念,深知他们的儿子选择的路是适合他自己的,他们一边为孩子创造好的平台和氛围支持他,一边和孩子一起学习新理念、新事物。有了父母的后盾和支持,这个大男孩愈发自信,不但没有因为关注性别平等而耽误学习,恰恰相反,他在学业上取得了不俗的成绩,进入了自己心仪的大学,选择了自己心仪的专业。

大学是一个人和人迅速拉开差距的地方,但是他依然保持着自己的步伐,并不因为没有了父母的督促而失去自控能力。他在学校的社团中非常活跃,并在自己负责的领域践行着性别平等、唯能力至上的招募原则。在学校的论坛里,经常能看到他针对社会上的一些性别不平等事件的时评,言语犀利,逻辑严密,引人入胜。后来,他的活动范围扩大到了校外,他成为学校附近社区里的志愿者。通过不断地参与社会活动,他积累了大量的第一手经验,比如如何帮助家暴受暴者,如何协助产后抑郁的年轻女性找到能够帮助自己的平台和渠道。当别的同学还在忙着玩游戏的时候,他已经是一个经验丰富的社会工作者了。他深深感觉到一个人力量的弱小,也深深感觉到性别平等事业对他的召唤。虽然自己喜欢的专业需要占据不少时间,但性别平等这件事,是可以在生活中、工作中,通过一件件小事、一个个选择来践行的!

于是他开设了自己的公众号,学习、工作之余,他依然保持着写时评的习惯。慢慢地,粉丝越来越多,他常常被后台的留言感动得泪流满面,因为他发现,他真的有帮到很多人,也有让很多人产生了努力和改变的动力。

他从不会因为在地铁上看到妈妈喂母乳而感到羞耻，也绝不会在遇到"咸猪手"欺凌女孩子时袖手旁观。他甚至在话剧中场的时候，主动查看男厕，请排长队的女性在他的协助下使用男厕，以便不错过下半场的演出。他不觉得女性只能做辅助性的工作。他支持求助于自己的亲友，不论是工作还是带娃，不论是丁克还是同性恋，不论是堕胎还是单身生育，他坚定地支持他们选择属于自己的人生！

由于他在性别平等方面的涉猎和建设越来越多，他成立了一支志同道合的团队，开设了一个反歧视、反暴力、反性侵的热线，每个月都到不同的学校开展公益讲座。

在性别平等的推动道路上，他越走越远。

他为自己感到骄傲，虽然力量不大，但他在自己的能力范围内，做了自己应该做的事。

后来他有了自己的宝宝，他的宝宝和他小时候一样，也特别喜欢和爸爸在一起。

想知道他是谁吗？他是我，也是你。只要我们想，他可以是我们每一个人。为明天的美好，加油！

第三节 跨性别

"跨性别"是一个概括性的词汇，涵括了许多种不同性别表达方式的人，主要包括如下几种。

变性欲者：是指寻求通过变性手术永久改变自己的身体，以符合其个人对自身性别的定义者。在这个群体中，还有一些通过使用荷尔蒙或者其他相关外科疗程，如乳房切除、隆乳、除毛等，但还没有进行变性手术的人。不做变性手术，可能是因为个人本身不再有意愿走到这一步，也可能是因为经济上无法负担手术的医疗费用。

变装欲者：指穿着异性（指相对于生理性别而言）服装以达到情绪或性方面的目的者。在现实生活中，还有一种恋异性装癖者，这种情况不属于跨性别，因为在大部分的情况下，恋异性装癖者不是基于对自己生殖性别的不认同，而是纯粹迷恋异性服饰的功能以达到满足自身性欲幻想的目的。

双重灵魂者：指具有男性与女性灵魂者。这是源自美国的原住民文化。在原住民文化中，这类人通常因为其躯壳能同时包容两个灵魂而受到尊敬。

双性或雌雄同体者：指出生就同时具有雄性与雌性的器官的罕见医学状况者。对于这种情况，一般在孩子出生时即以手术指定其性别。然而，现代针对这一群体的学术研究质疑了这一做法，因为这种人为的指定对于当事人来说也许是一种错误。

由于跨性别包括了变性人，因此有人认为跨性别者是变性者的一个同义词。这种用法混淆了跨性别者和变性者之间的区别。正如上面提到的，跨性别者认为自己有不同于男性和女性的另一种性别；而变性者则认为自己是在"女性身体里的男性"或"男性身体里的女性"，进而希望通过手术"改变性别"。典型的例子是"男儿身,女儿心",许多变性女虽然生理性别是男性,但是她们觉得自己是女性。变性男则刚好相反。

Q 我想做变性手术,我妈妈不让,怎么办?
困惑解答老师:王艺

你是怎么跟妈妈说的啊?如果就是这样的一句话:"妈,我要变性。"妈妈当然不会同意。以这样的方式沟通,就算沟通对象是我,我也不会同意。

变性手术,准确地说,是性别重置手术。这种手术不是像影视剧演的那样,先进手术室,然后出来,再躺几天,拆线后就活蹦乱跳地出院了。变性手术是一种花费很大、风险很高、创伤很大、非常痛苦并且不可逆的手术,而且涉及很多法律、制度,当然要谨慎进行。

首先,通常做性别重置手术的人是跨性别,但并不是所有的跨性别都选择或者都需要做这样的手术,有些跨性别通过选择易装、化妆、服用药物等方法,满足自己的内心需求。性别重置手术是给生理性别与心理性别强烈冲突、完全不能接受自己的生理性别,甚至厌恶自己目前身体的这部分跨性别人群提供的,目的是使生理性别与心理性别符合。通常来说,包含隆胸手术、喉结切除手术、阴囊切除手术、阴茎切除手术、阴道再造手术等一系列手术,并且术前、术后还要配合使用多种药物。我国规定,只有意愿强烈且数年不改的成年人才可以接受这样的手术。

所以,你需要充分地了解自己的内心,学习关于跨性别和性别重置手术的知识,判断自己是否需要做这个手术。从妈妈的角度来讲,自己的孩子做手术改变性别,不论是心理上还是生理上,都是非常难以接受的。她们担心这种手术会影响孩子的健康、缩短寿命、让孩子不能生育,以及给孩子带来人际交往、社会舆论等其他方面的很多问题。更何况,还有类似"变态"这样的词停留在当前社会的传统认知当中。即使妈妈接受了,也不意味着这是件容易的事。你也要理解妈妈的痛苦和压力。

建议你和母亲好好沟通,共同学习,共同成长,让她理解你本来的样子，你也理解她内心的压力；让她知道，你只有做自己才快乐、幸福；也让妈妈知道，即使全世界都反对、歧视你，只要有妈妈的爱和支持，你就有了继续抗争、追求幸福的勇气和力量，因为她是你最爱的人。

即使妈妈同意了，你做好心理准备之后，还要做好金钱和身体的准备，要去咨询正规医院有资质的医生，寻求专业的帮助。

如果你变换性别意愿非常强烈，但又得不到家庭的支持，也千万不要采取过激行为，不要伤害自己或他人的身体，不要做违法的事情。你应该好好学习，为日后工作打好基础。这样的话，待你成年之后，你才有能力为自己做决定。在你努力期间，如果心情焦虑、抑郁，或是遭受外界的歧视和欺凌，可以去学校、专业结构等寻求帮助。

在目前这个社会，跨性别者注定要走的是一条困难之路，只有提升自己，让自己强大，才能支撑自己一路向前。

我心疼你，抱抱你，支持你！

Q 我是女跨男，但身边的朋友还总把我当女生看待，我该怎么办？

困惑解答老师：刘殳

有一句老生常谈的话是这么说的：每个人都是独立的个体。

这句话并不是一句空谈的鸡汤。且不说每个人的基因序列都有差异，从降生的那一刻开始，大家就逐渐展开了自己独一无二的境遇和人生。在内因、外因的共同作用下，纵使再巧合，这世上也没有两个一模一样的人。

但人总是习惯分类：好人，坏人；男人，女人。这是几百年甚至几千年来最朴素的分类。分类是为人类服务的，当分类无法满足人类的需求时，新的分类便诞生了。性别，就是如此。世界早已从非黑即白的二元划分进化成了多元，而跨性别者就是这多元世界中的一员。

与顺性别（性别认同或性别表现与其出生时的指定性别一致的人）不同，跨性别者的性别认同或性别表现与其出生时的指定性别不同。

对于跨性别者来说，自然是希望身边的人理解、接纳自己的性别选择。但是，关于跨性别者的性别认同，目前在国际上还属于相对比较前沿的话题。对于青春期的孩子们来说，如果没有接受过好的性教育，他们对跨性别者很可能是不了解的，甚至是有误解的。在这样的状况下，我们难免会听到一些带有歧视性、敌意或是侮辱性的称呼，如伪娘、变态、不男不女、人妖等，这些都是非常错误且不可接受的。但我相信随着平权运动的发展和社会科学、心理学的普及，现状会逐渐得到改善，社会氛围也会越来越尊重每个人的独特性。

如果你期望通过自己的努力去改善身边环境的话，老师这里有一些意见和建议供你参考。

1.尝试小范围内做科普。先和自己的好友解释自己的性别认同，可以考虑一对一，或者一对多进行。对不了解 LGBT 群体的人来说，理解跨性别不是一件容易的事，可能需要你从生理性别、社会性别和心理性别三个层面去介绍，并适当地使用一些名人事例，比如舞蹈家金星老师，经典电影《黑客帝国》的导演等；还可以尝试通过观看电影帮助朋友了解跨性别，如《丹麦女孩》《人生密密缝》《雌雄莫辨》等；必要的时候，也可以利用身边的可用资源来帮助自己给朋友科普，如自己熟悉的性别友善机构等。至于性倾向的科普，你可以根据自己的实际情况做选择。相信通过你的努力，你的朋友会越来越了解和认识跨性别，也能够给予你更多的理解和支持。当你觉得自己有了情感和心理的后盾后，就可以考虑进行更大范围的科普了。

2.组织主题班会或利用学生社团活动。如果有合适的时机，可以先和老师沟通，并在获得许可之后，在班会上向大家介绍性别和性倾向的相关知识。当然，以班会的形式开展科普活动可能在一些学校不大可能实现，但你也可以利用学生社团活动，给更多的人进行相关的科普。

3.自主开设自媒体账号来发表和转载一些关于性别与性倾向的知识，以及性别平等和反性别暴力的相关内容。

当然，你也可以根据自己的情况选择自己希望的方式来进行。如果你觉得只要朋友了解和支持你就可以了，那么你选择小范围的科普也是可以的；如果你希望有更多的人了解这些知识，也可以尝试后两种方法。方法是死的，人是活的，你也可以利用自己身边的资源，开发出更适合自己的方式和方法。但是要记住，不论你准备怎么做，都应该在做好自我保护的前提下进行，否则就得不偿失了。

恐惧和歧视往往来源于无知，当大家对这个问题有了相当多的探讨和认识后，相信状况会有很大改善的，并且这种改善也会让包括同性恋、双性恋在内的其他 LGBT 群体获益。

当然，即使我们做了很多的努力，但也有可能难以改变现状，或者发现自己没有意愿，或者不具备能力和机会去跟周围的人解释和科普。

那该怎么办呢？

改变自己总是比改变别人容易的。我们可以适当降低对周围人的期待，毕竟在不具备正确知识的时候，人们无法做出正确的判断，这其实是一件很正常的事情；还可以用平常心来看待周围人的评价和观点：他们的观点是他们的，并不会影响我做我自己。当然，我们也不能忘记了自己的学习与成长，可以尝试参加一些地方的或者线上的 LGBT 社群的活动，增加自己对于 LGBT 人群的了解，寻找更多的社会支持，以便在必要时获得帮助。

如果因为自己的性别身份而遭受校园欺凌或者其他权益上的侵犯，请明确一点：尽管我会尊重他人的不理解或不认同，但不代表我会容忍他人对我实施欺凌，我会勇敢地坚持做自己，也会勇敢地维护属于自己的权益。必要时，你也要记得向相关的组织、机构、人员寻求帮助。

第五章
尊重多元

在前面几章里,我们已经介绍了关于身体、性别暴力、爱情以及社会性别等内容。其实,人类在许多层面上都是很多元的存在。从本章开始,我们将进一步介绍这些多元的存在,主要从爱情、家庭以及其他性的存在三个方面进行介绍。从广义上来讲,这些都属于人类性的多元存在,但为了便于讨论,我们做了一些基本划分。我们尊崇最基本的原则:自主、健康、责任,在此基础上,不伤害他人、不伤害自己的性存在都是应该被尊重的。

第一节 爱情不是只有一种样子

　　爱情是什么？这是一个困扰了人类几千年的问题。有人说，爱情是作用于大脑的激素反应；有人说，爱情是一种情绪体验；有人说，爱情是由我们的认知与情感交互作用的结果；也有人说，爱情就是一种以利益交换为基础的互惠联盟。正因为我们对爱情的认识和理解的不同，所以爱情从来都不是以一种统一的形象出现在我们的视野中的。

　　而随着青春期的到来，我们的情感体验变得越来越丰富。我们可能开始体验到除了亲情、友情、师生情等之外的这一感情——爱情。每个人对于爱情体验的描述都不一样，有人形容爱情是如童话般美好，且能从一而终的；也有人形容爱情是细水长流、温润如玉的；还有人形容爱情是即时享乐的、激情四射的……

　　我不知道你会体会到怎样的爱情，但是我得告诉你，有些情感体验会让我们觉得很自在、很舒适、很幸福，而有些则会让我们觉得自己很"特别"、很"奇怪"，甚至会让自己感受到前所未有的压力与不适。这些都是很正常的，你不必过于担心，有机会的话，可以多了解一些你所经历的情感体验，或者与信任的友人交流与探讨，相信你对于自己的体验会有更清晰的认识和理解，这将有助于你面对未来多种多样的情感。

　　事实上，人类的情感体验是非常丰富多样的，那些会让你感觉不适的情感，可能源自你对于这种情感的不了解或是外界的质疑声，抑或是二者皆有。然而，不论我们正经历着怎样的情感体验，我们都应该正视这些情感，因为它们是真实发生在我们身上的。想要消除那些因为不同情感体验所带来的不舒服，可以尝试先去了解你所经历的情感体验是什么样的，借此来对自己正体验的情感进行各种思考，考虑各种不同的结果，以此来对自己的感情做出合适的选择。

Q 爱上老师怎么办？
困惑解答老师：刘殳

进入青春期后，我们可能会渐渐体会到一种不同于爱自己的爸爸、妈妈、朋友或是家里小宠物的感情，这种感情常常被称为"爱情"。我们可能因为被一个人所吸引，心生好感，进而想要和对方接触、了解并进一步认识、发展关系，这也许就是一段爱情的萌芽。有些人会爱上明星，有些人会爱上班里的同学，也有人会爱上影视剧或文学作品中的一个完美人物，当然，也有人像你一样，爱上的是老师。

对很多青春期的学生而言，老师可能是他们生活中除了父母外，第一个让自己景仰和在精神上追随的人物，所以爱上老师也并不是什么罕见的事情。日本一位心理学家曾对大学生做过回溯性调查，以了解他们在中学时代是否对老师产生过超过一般师生关系的恋慕心理，相当一部分学生做了肯定回答。在中国近代，就有许多知名人士曾经有过师生恋，比如鲁迅、沈从文、余秋雨、杨振宁等，这其中有不少人走入了婚姻殿堂，并且与对方相伴终生。

每个人都有权利追求自己的美好情感，这是与生俱来的权利，没有任何人可以剥夺或者否定。但这份美好，需要我们能够很好地处理这份感情。

首先，我们需要对自己的情感有一份确定感。一名优秀的老师总是会吸引学生的目光，但这份吸引是不是爱情，有待确定。我们可以仔细想想，老师吸引自己的地方是什么？是博学还是才艺？是为人还是风度？自己对老师的感受又是什么样的？是崇拜还是尊敬？是倾慕还是依恋？这样的思考，不仅可以帮我们更清晰地了解到自己对老师的情感，同时还能帮助自己了解到什么样的特质更容易吸引自己。

接下来就是考虑可能要面对的压力了。在很多国家和地区是明令禁止师生恋的。一方面，学校担心教师利用与学生之间的不平等关系，强迫学生做出违反意愿的事情，如性侵等；另一方面，因为老师有时是掌握着诸如奖学金的安排、保送名额的确定以及一些推荐名额的分配权力，一旦老师与学生相恋，这名老师的专业操守会受到严重的质疑，甚至不得不放弃自己的职位。同时，一旦有师生恋的传言流出，校方和家长可能会直接向老师施加压力，给老师造成很大的困扰，使得老师难以继续在学校任教。

在中学阶段，作为学生，课业任务是比较繁重的，并且面临着中考、高考等重大的事件，想要在这个阶段分出一部分精力和时间来维护爱情，又要保证学业不受影响，是一件需要花费心思的事情。再一个，当你被传出和老师的"八卦"后，即使未来自己凭努力获得了一些殊荣，也有可能会被怀疑是利用了和老师的私人关系。再加上大家对待师生恋的态度不同，你也可能会同时遭受来自同学的"闲言碎语"。

除此之外，来自家长的压力也不容小觑。在这个阶段，家长对孩子的生活掌控力度相对来说还是比较大的。家长有可能会用各种方式来迫使学生放弃恋爱而专注学习。在这个过程中，家庭关系和氛围也会产生危机。

经过上面这些细致的思考之后，如何处理这份感情，是你需要深思熟虑的。

作为爱情的当事人，我们有权利决定是将这份感情付诸表白，还是继续放在心里。如果想要把自己的心意告诉老师，也应该明白：老师作为被表白的一方，有权利根据自己的意愿，做出接受或拒绝的决定。

如果选择表白，老师也同意了，这就意味着你们需要共同为这段关系负责。如何维持你们的感情，如何应对外界的压力，如何顺利完成自己的学业，这些都是你们需要共同商议、共同讨论来决定的。

如果选择表白，老师拒绝了。首先应该尊重对方的决定；接下来请考虑如何安放自己这份感情。你可以选择将注意力放回到学习上，多与自己的朋友待在一起，获得他们的支持与陪伴，帮助自己顺利度过这段时光。当然，必要的时候也可以寻求心理咨询师等专业人士的帮助。

除此之外，你也可以选择将这份感情藏在心里，保留这份美好，逐渐将感情带给我们的能量转化成自己努力成长的动力。你可以尝试发展更多的兴趣爱好，或者在老师的科目中更加精进，也可以通过运动和参加不同的社团来丰富自己的生活和精神世界，让自己变得更加优秀。

相信经过清楚的思考，你一定能够做出对自己和老师最合适的决定。当然，如果你觉得现在还没有清晰的思路，还有许多不确定的因素，想不出适合的办法来处理，你也可以选择先把这个问题放一边，专心学习。也许时间久了，答案就自己浮现出来了。请记住，每一份感情都是美好的，都是值得被祝福的，你不需要因为自己爱上了老师而感到自责，或是感到羞耻，每一段感情都是我们成长路上的基石。

Q 喜欢同性就是错吗？
困惑解答老师：刘清珊

老师有一位朋友叫倔强（昵称），知道我学习了性教育后，主动告诉我他是同性恋，还跟我讲述了他的故事。

在青春期时，班里的男同学都在谈论哪个女孩子漂亮，哪个女孩子性感。然而，我发现自己并没有这种感觉，反而更关注班里哪个男孩子好看，遇到心动的，跟他说几句话都会脸红心跳；看到球场上打球的男孩子会更加激动。那个时候，我发现自己对好看的男孩子有一丝丝性冲动。当我感知到自己与别人不一样时，总在想自己是不是"不正常""生病了"，但是又不敢跟任何人讲。

高中时，我和班里的女生们关系都很好，当时就想着多跟女生接触，也许自己就"改回来"了。高三毕业那年，学校新聘请了一位生物老师。那个老师曾在一节课上讲过这个问题，他当时说："如果你们遇到有喜欢跟自己性别一样的同学，请不要嘲笑。同性恋和异性恋一样，大家都是活生生的、有平等人权的人。衡量人的标准，不是看他的性倾向，而是看他的所作所为、所言所行是否遵纪守法、热爱集体、尊敬师长、团结同学，是否有同理心，等等。青春期处于一个探索的阶段，这个时候我们不要随意给自己贴标签，也不要给别人贴标签。就算一个人真的一直喜欢同性，请依然善待他，因为他依然是你们的好朋友。既然是好朋友，就不要因为他的性倾向而看不起他。"这番话让我铭记在心。

我很感谢倔强对我的信任，因为我知道，向他人公开自己的性倾向并不是一件容易的事情。我也欣赏你的坦诚和勇敢，喜欢同性不是"错"，这就和喜欢异性一样，是一件美好的事情。喜欢美好的事物，欣赏有趣的灵魂，是我们人类的本能。我们遵从自己的内心感受，真实面对自己的情感就可以了。

很多时候，恐惧源自无知。当我们对一些事物不了解，但它又真实发生在我们身边时，我们自然会觉得恐慌。这是可以理解的。从古到今，同性恋在人类社会中一直都存在，比如柏拉图、莎士比亚、南丁格尔、张国荣、蔡康永等。

除了人类社会，动物界也有同样的情况。早在 1999 年，加拿大生物学家布鲁斯·贝哲米就发表了一份文献，记录了大约 1500 个动物物种同性恋的行为，涉及长颈鹿、黑天鹅、宽吻海豚以及人类的近亲——倭黑猩猩，等等。这份文献的结论是，不论是同性恋、异性恋还是双性恋，在动物世界里都是很普遍的存在。

过去，由于通信不发达，我们对同性恋知之甚少，也就想当然地以为同性恋有病，是变态，对同性恋产生了许多误解与歧视，甚至是仇视。现在，网络发达了，社会包容接纳度比以前高，越来越多的同性恋出现在我们眼前。我们有了更多的机会了解同性恋，也慢慢将以往的错误认识——纠正过来。1990 年，世界卫生组织将同性恋从精神疾病名单中去除；到了 2001 年，《中国精神障碍分类与诊断标准》第三版也将同性恋从精神疾病鉴定标准中去除。这标志着同性恋不是一种疾病，同性恋者只是一群普通人。

所以，不管你喜欢谁，无论你喜欢的人是什么性别，都是你的权利。你完全可以像异性恋那样面对自己真挚的情感。祝你能处理好情感、学习以及友情的关系。

Q 整天和同性恋朋友在一起，我会变成同性恋吗？

困惑解答老师：李海琛

同性恋可不是魔术，说变就能变的。

在过去，人们因为对同性恋的错误认识，觉得同性恋是病，是不正常的，于是用尽各种办法想要改变同性恋的性倾向，这其中包括各种惨无人道的办法，如电击、吃药、水淹等，当然也有一些较温和但并不人道的方法，比如要求同性恋和异性发生性关系、强迫他们走入异性恋生活等。但人们发现，不论用怎样的方法，最后都没有获得预期的效果。后来，随着科学研究的发展，"扭转同性恋"的治疗被证明是无效的。所以，我在这里负责任地告诉你，你的性倾向不会随随便便就改变的。

但是为什么你会有这样的担心呢？是听说过这类事件吗？还是说你对于成为"同性恋"有一种担心与害怕呢？

如果是听说过类似的事件，那我得告诉你，你听说的事情可能并不是事实。我们能看到的可能只是这样的现象：一个原本认为自己是异性恋的人，在和同性恋者相处的过程中，变成了同性恋。但是实际上，这种变化可能并不是从一种性取向突然变成了另一种性取向。就以青春期为例吧，青春期是一个充满了各种可能性的阶段，身处青春期的人，对于自己的性取向常常处在探索的状态，可能会尝试与各种各样的人接触，从而清楚了解自己究竟对什么样的人感兴趣，会被什么样的人吸引。而有些人可能一开始自然而然地以为自己是喜欢异性的，在与异性的相处中也是自然的、舒服的，于是就觉得自己是异性恋了，结果在未来的某些时刻，当他/她与同性的相处增多了之后，他/她可能会发现，自己和同性相处时更舒服，而且同性对自己似乎更具有吸引力。那么此时，他/她便可能认为自己是具有同性恋倾向的了。想必你也发现他/她并不是变成了同性恋，而是发现了自己具有同性恋倾向。最终，他/她可能会认同自己是同性恋，也可能不认同，这都取决于他/她自己。

如果你是对成为"同性恋"而感到担心与害怕，我也是能理解你的心情的。目前社会上对于同性恋的接纳程度并没有那么高，同性恋依然承受着各种各样的社会压力。但是你需要清楚的是，其实你的这种感受也是因为"恐同"的影响带来的。"恐同"是指，因为认为同性恋是"不自然""不合理"的，从而产生排斥、厌恶、恐惧、仇视同性恋者的现象。你的这种感受与社会带给你的关于同性恋的态度和认识是有很大关系的。但是我们需要认识到的是，同性恋既不是病，也不是罪，同性恋者是存在于这个世界的、与其他人一样的普通人，只不过在数量上比较少罢了。如果你认识到了这一点，可以尝试着多了解一些有关同性恋的信息，比如阅读一些有关书籍、查阅一些文献资料、观看一些同性恋的影视作品等。当然，其实最好的办法还是多和你的同性恋朋友接触，多了解他们的生活，你会慢慢发现，其实你们并没有什么不同。

讲了这么多，相信你也了解到了，你不会因为和同性恋的朋友相处得多了，就变成同性恋，反而可能因为这样的接触，让自己对于同性恋的认识和理解增多，接纳度也随之增加，和朋友的友谊变得更加坚固。每个人都是独立的个体，我们不会因为他人而随意地改变，我们只会因为自己的选择而改变。别忘记，这是属于自己的权利，可以做真实自己的权利。祝你们友谊长存。

Q 我搞不清楚自己是同性恋还是异性恋，怎么办？
困惑解答老师：亢洋

其实不只是你，许多人在青春期的时候都遇到过这个难题。我们很难因为一次的情感经历，或者是一次的性冲动，甚至是某次不经意的性行为以及性幻想，就简单地确定自己到底喜欢什么样的人，是同性还是异性。

那我们该如何确定自己是同性恋还是异性恋呢？关于这个问题，我没有标准答案，因为答案不在我这里，在你自己身上，需要你去探索，找寻属于你的正确答案。虽然我没有答案，但我很乐意和你一起探索、发现与之相关的答案。

先分享一个关于我自己的故事。2008年对一些人来说或许有些陌生，但对于我来说却难以忘记。那一年我经历了汶川大地震，看到了北京奥运会的成功举办，也受到了班主任老师的严厉批评。我被批评的原因是：我给另一个班的同学写了情书！那年我12岁，正处于和你们一样的懵懂时期。

我现在还记得那时的情形，班主任把我叫到走廊上，双手抱在胸前，凶神恶煞地说："你是不是不承认，是不是要我把情书拿出来？你要是再不承认，班长你就别当了！"

12岁的我当然很害怕了，特别是听到老师说要把我的班长职位撤了，那会是一件多么没面子的事情，于是，我也就承认了。我的确在同学给我传来的纸条上写了一些关于对某位同学有好感的话，但从未给她写过表白的情书。

我心里知道，其实自己平时更加关注男生一些，感觉自己和别的男生不一样，但又说不出具体的原因。我和女生的关系也很好，从小和女生一起玩游戏长大，比如跳皮筋、踢毽子等，甚至连织围巾也学会了，自然和她们有很多共同话题。

或许你现在发现自己喜欢班上某个女生；或许你和当时的我一样，在一边关注男孩子的同时，也对某个女生有一点点好感；或许你还在纠结自己是同性恋还是异性恋……实际上，心理学研究发现，性取向是个程度渐变的连续概念，从绝对的同性恋到绝对的异性恋之间存在着一个很宽泛的范围。有些人既对同性感兴趣，又对异性感兴趣，被称为双性恋。如何探索自己的性倾向呢？你可以尝试下面的办法。

1.积极的自我认同。想想自己第一次对某个人产生"怦然心动"的感觉是出现在什么时候，对谁产生的，是否因为一些内在或外在的压力发生过改变。这些促使你改变的压力可能包括：男生只有喜欢女生才是正常的，男婚女嫁是中国的传统；看到他人因性倾向而被嘲笑、孤立，自己害怕受到相同的对待，等等。积极的自我认同，首先要自己顺应内心，接纳自己，增强自我认知，提高自尊，明白不管对同性还是异性的喜欢，都是自身心理、生理的需求，是自己的一部分。当我们塑造了一个积极的人格，拥有一个积极的心理状态，自然也能建立起一个积极的人际关系，从而有利于自己对自身性倾向的探索。

2.给自己一个自我探索期。青春期本就是一个充满探索和发现的时期，你可以对女生心生爱意，同样你也可以对男生心有好感，跟随自己的内心就行，不必害怕，不必急着给自己贴标签，允许自己去探索内心的真实感受。你可以尝试与不同的人接触，去体会和感受自己在和他们的互动中的感受，是喜欢的、舒服的、满意的，还是厌恶的、不悦的、排斥的。由此可以帮助自己逐渐弄清楚自己会被什么样的人吸引，更喜欢什么样的人。即使经过一段时间的探索后，你依然没有一个"准确"答案，也不用担心，也许这就是你的特别之处，你就是那个独一无二的自己。这个世界本就多元多彩，你对待情感的态度也应该是包容多元的。

我曾看到过这样一个故事。一位爸爸找到心理咨询师，问："我儿子上厕所的时候总是喜欢歪着头看别人的阴茎,我很担心他是不是同性恋。"咨询师和孩子聊完之后发现,原来是因为孩子处在青春期,对身体、性器官都比较好奇,并不是同性恋。或许你也有过类似的经历,甚至你还和同性有过性接触或性行为,但是这不等于你就是同性恋。故事中爸爸的担心是"恐同"的一种表现。判断自己的性倾向,只有自己才有决定权,别人对你观察的结论,哪怕是你最亲近的家人的结论,都不能作数。你是同性恋还是异性恋,只有你自己最清楚。

张国荣说:"我只是爱上了一个人,这个人恰好是同性而已。"同性恋与异性恋不是非此即彼、相互对立的,喜欢一个人就去体验和探索其中的快乐,我们每个人都有自主选择的权利,特别是在对待情感的问题上。青春期本是一道多选题,性倾向是同性恋还是异性恋,并不是只有一个单一的答案,你不必担心你会选择错误,只需要做真实的自己,勇敢去探索,在实践中找到答案。找到答案后,管它是异性恋还是同性恋,你可以告诉自己:"我就是我,是颜色不一样的烟火。"

抓住你的青春期,探索生命中的多种可能,不一样的烟火也会很绚烂。

Q 我讨厌自己是同性恋，我可以改变吗？
困惑解答老师：许舒婷

从你的提问中，我能感受到你的焦虑。我们先阅读下面的内容吧，说不定可以解答你心中的疑惑，缓解你的焦虑。

在心理咨询中，我曾遇到过一个跟你有类似困惑的男生，他是一名初二的男生，叫K（化名），他发现自己喜欢上了班里的另一位男生。当他意识到自己是同性恋的时候，他觉得很害怕，害怕被别人知道自己是同性恋，更怕被别人当成异类而疏远自己，因此很想改变自己的性倾向。听到这，你会发现，K不是因为内心不喜欢同性了才想改变，更多的是因为害怕社会外界接受不了同性相爱，迫于社会压力才想改变。

其实，这背后都是由"恐同"心理引起的。社会上有很多人因为对同性恋不了解，所以对这个群体产生了许多误解，甚至觉得这是变态、异类，让人恶心、害怕。在这种文化压力下成长的当事人，慢慢地也会因为自己的同性性倾向而自责、羞愧，甚至逐渐发展为厌恶自己，不接纳自己。

我们一般认为不好的、错误的、不该的、有害的、危险的事物才需要改变，而同性恋并不属于这里所描述的情况。世界卫生组织在1990年已经将同性恋从精神疾病中除名，在2001年，《中国精神障碍分类与诊断标准》第三版，将同性恋从精神疾病鉴定标准中去除。世界是多元的，性也是多元的，人是以各种各样的形式存在的。同性恋本来就是自然的存在，他们只是性倾向为同性而已，何谈需要改变呢？人们从不会因自己是异性恋而困扰，也不会想改变自己异性恋的倾向啊。

真正需要改变的从来不是同性恋，而是对同性恋的恐惧、误解和排斥。

曾经，很多心理工作者致力于扭转同性恋者的性倾向，但事实是世界卫生组织、美国精神病学会等权威组织指出，人类社会从来没有同性恋性倾向"扭转"成功的可靠案例。

2015年《新京报》有一篇名为《电击驱魂注射　同性恋"治疗"闹剧》的报道，报道了当事人林意强因和同性恋爱被父母歧视，特别憎恨自己，通过网络搜索找到一家诊所，在那里接受"扭转治疗"，想要改变自己的性倾向。在那两个多月的治疗时间里，他每个月都要接受四次电击治疗。林意强表示：自己的睡眠质量越来越差，晚上睡觉每隔一小时便会被噩梦惊醒，脾气变得暴躁，最后也没有扭转性倾向。从他的真实经历中，我们发现："扭转治疗"不仅无效，还可能给当事人造成更多的伤害。要知道，要求扭转性倾向的背后是深深的自责与"恐同"情绪，所以即使是"自愿"要求扭转，"扭转治疗"也只会加重当事人的自我否定，不会真的改变当事人的性倾向。"扭转"失败后，当事人的自我否定会不断加深，很多寻求"扭转治疗"的同性恋者最终都出现了严重的心理创伤。那些经过"治疗"后看似改变了性倾向的人，或是隐藏了真实的自己，或是与异性伴侣形婚，或是因为他们原本是双性恋且恰好遇到了心仪的异性。

所以，最好的状态是接纳自己。相信随着社会的进步，人们对同性恋会越来越接纳与宽容，你内心的自我否定也会逐渐减弱。我们最开始提到的男生K，他通过阅读关于同性恋真相的书籍、参加同性恋社团、熟悉同性恋亚文化、了解那些自我接纳的同性恋领袖的故事、了解关于同性恋的谎言与真相，走出了自我否定的状态，完成了自我接纳的过程。或许，你也可以试试这些方法。

此外，酷儿理论（酷儿理论是20世纪90年代在西方兴起的一种关于性与性别的理论。是建立在女性主义的基础上，与父权理论中二元性别理论不同的理论）认为人的性倾向是一个流动的过程，而不是僵死的状态，但是这种性倾向的"流动"是指那种自然发生的过程，而非指强行"扭转"。

目前你仍处于青春期，这个阶段是性倾向的探索期，所以你不用着急确定"你是谁"，你就是你自己，给自己多一点时间体验和判断，去探索生命的多种可能性。在这个过程中，倾听内心最真实的声音，做真实的自己吧！

Q 发现同学是同性恋，我该怎么和他相处？要不要告诉老师？
困惑解答老师：王艺

如果你发现有同学偷东西、贩毒，要告诉老师，也许还应该报警；如果你发现有同学身陷传销或诈骗团伙，要告诉老师，尽量把他拉出来；如果你发现某个同学的家庭发生重大变故，陷入困境，要悄悄告诉老师，看看能不能想办法帮他一下；如果发现有同学因为什么事情有自残、自杀倾向，要告诉老师，寻求老师的帮助，保证同学的安全；如果有同学和你处处合不来，矛盾无法调和，那就请求老师给你换个座位、换个寝室。现在，你发现有同学是同性恋，那你要告诉老师什么呢？你交女朋友了，要不要告诉老师呢？

这个同学每天跟你一起学习、运动、打游戏，一切如常。你发现他是同性恋后，他就不能和你一起学习、运动、打游戏了，一切都不一样了，要离他远点了，是吗？是他变了，还是你变了？这种观念背后的根源，是"恐同"。

"恐同"的本质，是对"少数"的无知、傲慢、排斥、歧视甚至仇恨等。在这里，"少数"是同性恋；在有些地方，"少数"是不信教的人、皮肤颜色深的人、穷人……如果你我放任这样的歧视发展，终有一天，被歧视的少数就可能会是黑眼睛的人、不会唱歌的人、穿蓝色衣服的人……我们每个人，都可能在某个时间，因为某个"特点"成为少数，比如一个不爱吃辣的湖南人，一个生活在少数民族地区的汉族人，抑或是在北方想吃甜豆花的人，等等。我们包容、尊重同性恋，同时就是在为每个人创造包容、尊重的环境。

同学是同性恋，本质上就是他喜欢谁的问题，就是他喜欢的人不是你预料中的那个人的问题，你是不是担心得有些多呢？同性恋不是疾病，不是错误，不是罪过，同性恋者是和我们一样的普通人，是在世界上存在的、比例比较小的一部分人。由于"少数"的身份，同性恋者在社会上的日子并不好过，很多同性恋者面临很大的压力，不敢坦然地做自己，整日躲躲藏藏；若公开"出柜"呢，又会在学业上、职场里被明里暗里地排挤。同性恋群体的抑郁、自杀比例都比大众要高很多，你只要稍微关注下相关新闻，就可以看到很多这样的案例。如果你的同性恋同学有抑郁、自杀的倾向，倒是应该考虑要不要告诉老师，一起想个办法帮助他。不过，在告诉老师之前，老师对待同性恋者的态度，也是需要你考虑在内的。如果老师是"恐同"的，那他知道后，可能会对同学造成更大的伤害。

同学是同性恋，以前你怎么和他相处，现在继续怎么和他相处就可以了，跟老师没什么关系。

Q 无意间知道了表哥是同性恋，我该怎么办？我应该和家里人说吗？

困惑解答老师：刘殳

在中国，虽然同性恋早已"去病化"（2001年《中国精神障碍分类与诊断标准》第三版中已明确将同性恋从精神疾病范畴中去除），但在实际生活中，许多人依然对同性恋这个群体抱有很深的误解。人们对于同性恋的态度也走向两个极端：一方面，目前已有超过25个国家承认同性的伴侣关系或同性婚姻，另一方面，有些国家不仅不承认同性的伴侣关系或同性婚姻，还将同性恋视为一种犯罪行为。这些态度上的差异，一方面有文化背景的原因，另一方面也有宗教信仰的因素。但如果仅从科学的角度来看的话，同性恋者和其他存在于这个世界上的人一样，都是普通人，只是数量上更少一些罢了。

奥斯陆自然历史博物馆通过记录长颈鹿、企鹅、鹦鹉、甲虫、鲸鱼和其他数十种动物的同性恋行为，证明人类同性恋并非"违反自然"。这个展览名为"违反自然"。展览场刊载："我们可能在很多事情上有不同的选择，但是有一样东西是明显的，即同性恋在整个动物王国都存在着，它并不是违反自然。"展览规划人吉尔·索利还说："在1500多种动物物种中发现有同性恋行为，其中有500种动物的同性恋行为已有详尽记录的资料。"一家荷兰动物园还曾组织游客观看动物中的同性恋伴侣。

通过这些信息，我们不难发现，其实同性恋在自然界中是一种自然而然的现象，不是病，也不是罪。

如果你已经充分了解到同性恋是一种自然而然的现象，那我们接下来再来看看，在知道表哥是同性恋后，我们可以怎么做。

首先，你可能需要考虑的是要不要和表哥坦诚地聊这件事。如果你觉得你期望与表哥坦诚相见，期望给予表哥一定的理解和支持，那你大可先和表哥沟通，表明你已经知道他是同性恋的这件事，并表达你的想法与期望，相信表哥一定会很高兴能够获得你的理解与支持的；如果你还没想清楚要不要和表哥说，你也可以先把这件事搁置，专注做自己的事情，等你准备好了再说。

当然，不论你是否准备和表哥坦诚地聊这个事情，是否要公开同性恋身份都是表哥自己的事情，他具有完全的行使权。作为表弟，你可以给他提供支持。你可以先征询表哥的意见，询问他是否需要自己的帮助，还可以为表哥出谋划策。但是不论怎样，你不能越俎代庖，最终的决定权在表哥自己手上，对于表哥的决定，我们应该予以尊重。当然，很可能表哥已经对自己的现状和未来有规划了：比如何时与家人沟通，怎样沟通，以后如何面对出柜的压力等，那你只需要提供自己的支持就可以了。

性倾向与其他人不同，不是违法犯罪，也不必觉得向家人隐瞒自己的性倾向是一种错误。表哥可能对于出柜所要面临的压力还没有做好充分的准备。因为选择出柜后，如果不被父母接纳，可能要面临家庭关系紧张甚至对立的局面。在没有做好各种准备之前，多数人会选择暂时不说，这也是情理之中的。如果有一天，他在与家人沟通这件事时遭受了压力，你可以站出来表达你的观点，向他伸出援手。这已经是作为表弟所能做的最好的事了！

毋庸置疑的是，任何一个同性恋者都希望得到亲人、朋友的接纳、理解和支持。我们的社会在逐渐进步，对每个人的权益的尊重、接纳度也会随着公众意识的进步而提升。每个人都有权利做自己，追求属于自己的那一份幸福。

Q 双性恋是不是既喜欢男生又喜欢女生，那不是很"渣"吗？
困惑解答老师：亢洋

在评价一个人对待感情不专一、朝三暮四、不负责任、脚踩几只船时，我们经常用一个"渣"（作为一个形容词时，与"差""烂"是同义，说一个人很渣，也就是说这个人很差、很烂）字来总结，这的确很精辟。可是当这个"渣"字专门用来评价一个群体时，似乎就有一些强加的意思了，就好比我们总说法国人浪漫，但是不是每个法国人都浪漫呢？这是值得我们深思的。

一听到双性恋，大家脑子里的第一反应常常是"男女通吃"，认为双性恋者既喜欢男生也喜欢女生，进而惯性地联想到用情不专、不负责任，一顶"渣"的大帽子就被扣了上去。这其实是对双性恋的一大误解。

双性恋不是简单的同性恋加异性恋，双性恋作为一种独立的性倾向，本就是一个独立的、稳定的整体，不是某些性倾向的简单组合相加。双性恋的人尽管对男性和女性都会产生爱意，但是不等于他们会在喜欢某个男性的同时喜欢另一个女性，也不代表他们会同时拥有两个不同性别的伴侣。和异性恋或同性恋一样，双性恋在喜欢某一性别的人时，会将精力投入到所爱之人身上，认真对待感情，努力表达自己对爱的诚意。我们不能仅仅因为双性恋可以喜欢两种性别的人，潜在的恋爱对象范围更广，就认为双性恋者会用情不专或脚踩两只船。我们判断一个人渣与不渣，应该观察这个人对待感情的态度是真诚的、负责的，还是虚假的、敷衍的？只需稍加观察就会发现，对待感情"渣"的人在异性恋、同性恋、双性恋中都是存在的，所以，"渣"与性倾向无关。

有研究表明，双性恋的人对两种性别的性欲往往是有所偏重的。虽然两种性别都能引起双性恋者自身的性欲，但有的人可能偏重于男性，有的人可能偏重于女性，不过这不表示他对男女两性的欲望会同时发生。

一个人会不会同时喜欢上两个人，这和他自身的恋爱态度、内心深处的复杂性有关，任何性倾向的人都有可能发生这种情况；一个人会不会选择同时和两个人在一起，这由他自身的道德观、价值观决定，和性倾向无关。所以，如果因为双性恋中的一部分人对待感情"渣"而认为所有的双性恋者都是如此，显然是以偏概全的。双性恋者不是处在所谓的人生困惑阶段才既喜欢男生也喜欢女生的，他们也不是骗取感情的骗子，他们拥有独立人格，他们会尊重你去爱你所爱的人，同样他们也希望得到别人的尊重。

其实，因为刻板印象的存在，我们会习惯性地给某些人或者某些群体贴上一些标签，如南方人个子矮，北方人个子高；俄罗斯是"战斗民族"；黑人都强壮；等等。我们常常被禁锢在标签之下，却忽略了如果拿掉这些标签，每个人都还有很多特质和身份的事实。双性恋者如果抛开"双性恋"这个标签，他们可能是家里孝顺父母、尊敬长辈的孩子；可能是孩子面前敢作敢当的父母；可能是同事眼中的佼佼者；可能是老板心中的"最佳员工"……所以，当我们在讨论"渣"的时候，不应仅仅因为性倾向而急于做出评价，要丢掉我们的刻板印象，不是双性恋渣，而是你需要重新认识什么是双性恋。

Q 我应该"出柜"吗?

困惑解答老师:周秋月 李海琛

有人说,每个人都生活在"柜"中,出柜也并不是 LGBT 人群特有的需要。对 LGBT 人群来说,出柜与否是一个需要深思熟虑的问题,要知道,出柜并不是唯一的出路,你还可以有更多的选择。关于是否应该出柜,以下是我个人的一些观点和建议,可供参考。

1. 出柜,我准备好了吗?

许多人会认为,只要出柜了,就能过上自己想要的生活,却没有认真地考虑过自己是否真的准备好出柜了,结果出柜后,发现自己根本承受不了出柜带来的后果,便后悔不已。

其实,出柜包括两个部分:一个是对自己出柜,另一个是对他人、外界出柜。对自己出柜的核心是你是否已经足够接纳自己的 LGBT 身份,或者说你是否能够坦然地面对自己的内心了。这不应该是被迫的,也不应该由父母、朋友决定,而应该是你自己自主选择的结果。我有接触到一些中学生,觉得自己已经很了解自己了,于是勇敢出柜,结果被别人几句话就问蒙了——"你真的确定吗?""你知道这样做的后果吗?""你怎么确定你是同性恋呢?""你都没和异性谈过恋爱,怎么知道自己不是异性恋?""未来的生活你考虑过吗?"最终让自己从主动变成了被动。所以,如果自己对出柜与否的事情还摇摆不定,或者还有许多疑问,不如先沉下心来,把自己的疑惑都搞清楚,这会对出柜更有帮助。

如果你还想对自己有更多的了解,除了自己不断尝试探索、寻找针对 LGBT 提供服务的专业组织、社群和人员之外,还可以通过阅读书籍(尤其可以选择一些人物自传阅读)或者观看影视作品来进行探索。这里推荐一些书籍:《看见》(柴静)、《我的那些同志孩儿》(藕姨)、《同性恋亚文化》(李银河)、《达洛维夫人》(伍尔夫)、《掩饰》(吉野贤治)、《性别是条毛毛虫》(凯特·伯恩斯坦)等。

接下来就是考虑向外出柜的问题了。

2. 我为什么要出柜？

大多数 LGBT 人群都想出柜，但出柜不是一件时髦的事情，也不能意气用事，更不是用于报复的手段。它可能直接关乎你接下来的生活，所以在做出柜的决定之前，需要冷静地想清楚你为什么要出柜。

蔡康永在出柜多年后仍不止一次地直言："我不后悔出柜，我无法把谎言藏太久，自己放得开，面对外界才看得开。"他出柜的直接原因就是：真实地面对这个世界，做真实的自己。那你是为什么出柜呢？

在这么多年的经历中，我听过各种各样的出柜原因——"出柜了我就可以光明正大谈恋爱了""我不想整天活在谎言中""希望能够获得自由""希望家人能够了解自己"……甚至有一些根本没有考虑过原因就直接出柜的人（冲动出柜），他们的结果大多是不好的，所以想清楚自己出柜的原因是很重要的一步。

有了充分的出柜理由就能决定出柜吗？当然不是。接下来，你还需要考虑是否有必要出柜，是否要现在出柜。有些人觉得自己马上要高考了，现在出柜会影响自己的高考，所以即使很明确自己要出柜，也不是立即就去实施，而是等到高考过后再出柜。

那还有哪些因素会影响自己出柜的必要性以及是否要现在出柜呢？

3. 我目前的状况适合出柜吗？

评估环境是否适合出柜，也是一个重要的考量方面。因为每个人的生活环境不一样，所以需要根据自己的情况充分评估之后，再决定是否出柜。出柜是为了活得更幸福，但如果你出柜后连安全都无法保证的话，是不是应该重新考虑出柜的问题呢？

对于中学生来说，经济还未完全独立，如果选择向家人出柜，是否会遭受经济控制、限制人身自由以及遭受暴力或者强制就医等情况，都是需要提前进行考量的。

那是不是你有了自己的"小金库"就可以出柜了呢？当然不是。选择出柜，肯定还是期望成功的，所以你还需要考虑是否有适合的出柜对象，如你的亲人、朋友、老师等。有些人在没有考虑清楚这一因素前就出柜了，结果面临的状况就是：孤军奋战。在家里，他无法获得任何人的支持和帮助，在外，也没有人可以支持自己，只能一个人承受所有的压力。当然，也有一些人，虽然得不到家里人的支持，但是他可以从朋友以及一些对 LGBT 友善的机构和组织那里获得支持。所以，建立自己的社会支持系统也是很重要的。这一点也是你考虑是否出柜的重要因素之一。

除了以上这些，你还需要考虑周围的环境对于 LGBT 人群的态度如何。这一点将直接影响你出柜后所可能面临的状况。你不仅需要考虑家人、同学、朋友的接受程度，还要了解学校环境以及你所在地区整体的接纳程度。当然，这与你决定是向家人出柜、向朋友出柜，还是向所有人出柜有关。不论你的考虑如何，都需要先了解清楚情况，再做打算。

出柜是一件复杂的事情，也是一个需要做好终生准备的事情，因为我们在未来的各阶段都可能需要考虑这个问题。除了确定要不要出柜之外，制定出柜的策略也是非常重要的。当然，出柜是个人的选择，哪怕你在现阶段选择出柜，在未来的某个阶段又决定不出柜，这都由你自己决定，无关乎道德，无关乎对错。不论你的选择如何，还应该留心的一点是，如何应对被动出柜（因各种原因，被家人、老师或者同学知道了自己的 LGBT 身份）。

不论你处于什么样的情况，准备做什么样的打算，要相信自己不是一个人在努力，当你犹豫不决的时候，不要忘记还可以去找那些支持你的人商量，不要让自己独自承受所有的压力。

Q 如何让父母接受我是同性恋？
困惑解答老师：马文燕

很多人对同性恋是严重缺乏了解的，认为同性恋是"变态"的精神疾病，是不道德的。几十年前，世界卫生组织疾病的名册中仍把同性恋当成一种精神疾病。但随着科学的进步，1990年，世界卫生组织就正式将同性恋从疾病名册中去除。2001年，中华精神科学会也将同性恋从精神疾病分类中删除。不歧视同性恋，并且保障其权益，是现代社会的基本原则。

不论爱上哪个性别的人都没有错，都应该受到尊重和祝福。随着社会的进步，越来越多的人能以开放、接纳、平等的心态对待同性恋。

得到父母的认可和接纳，无疑是生命中非常开心的事。你希望父母能接受自己是同性恋的心情，我能理解。但由于父母对同性恋缺乏了解，他们不接纳同性恋，也是难免的。

我有一个朋友，她的儿子就是同性恋。一开始，她也不接受，非常痛苦，想找医生"治疗""纠正"儿子的性倾向。后来，一位专家给她科普了同性恋的知识，问她："你是爱你的儿子，还是爱你异性恋的儿子？你是要儿子幸福地做自己，还是要儿子按你的要求痛苦地生活？"她由此醒悟，不再寻求"治疗"和"纠正"儿子的性倾向的方法了。她开始去了解同性恋，参加同性恋亲友会的活动，后来还成了亲友会的领导，帮助了很多人。

当然，要想改变父母的态度，肯定要做长期的准备工作，不可能几天就解决。出柜前要充分评估风险，设计出柜的过程；出柜后还有很多后续工作要做。

下面是关于出柜的几点建议。

1. 对于思想比较顽固的父母，要一点点地影响他们，让他们有一个思想准备和过渡。虽然父母都是爱孩子的，但没有人是先学好怎么当父母再去生孩子的。我们先要帮助他们了解同性恋的相关知识，克服"恐同"心态。可以借助一些有关同性恋的科普资料，或者是一些影视作品，如《天佑鲍比》等。当然，有可能父母始终无法接受这个事实，但就像你期望父母能够尊重你一样，也请尊重你的父母，或许时间会让一切有所改变。

2. 不一定同时向父母出柜，可以分析父母的态度，考虑他们的性格特点，先向关系好的一方（更容易接受的一方）出柜。如果觉得父母都不容易接受的话，也可以看看家中是否有能够为你提供支持、帮助你一起来面对父母的亲人，也可以先从他/她开始。

3. 如果父母是你目前唯一的经济来源，建议推迟到经济独立时再向他们出柜。

4. 如果你学习任务重，建议推迟出柜，以免情绪波动大，精力分散，影响学习。

5. 父母遇到孩子出柜，常见的反应模式分三个阶段：先震惊，后自责，再求治。震惊时，情绪波动剧烈，有暴力倾向的人，有可能伤人或自伤。所以，出柜时要选择相对安全的场所，避免正面冲突，安全第一。

6. 出柜时，要告诉父母：我很爱你们，也知道你们爱我，希望得到你们的祝福；同性恋不是我的错，也不是你们的错，你们不必自责；同性恋是正常的，不需要医治；让我做真实的自己，我会非常幸福。

7. 出柜后，可以介绍父母向具备相关能力的专业心理咨询师进行咨询，或者参加有关出柜父母的互助类活动，在交流中增进了解，获得心理支持与社会支持。

希望你能考虑全面之后再决定是否出柜、何时出柜。即使你做了充分的准备，父母还是有可能不接受，那也不是你的错。没有他们的接纳与祝福，虽然有些遗憾，但你仍然有资格追求自己的幸福。

Q 为什么现在同性恋越来越多，同性恋很时尚吗？
困惑解答老师：李海琛

不瞒你说，有时候我也会有这种错觉，因为我感觉走在街上经常能看到同性恋人群，以前可不常有这种感觉。但是当我仔细思考这个问题的时候才发现，好像并不是这么一回事。

1. 眼见并不一定为实。不论是在街上还是在身边，我们似乎比以往更容易看到同性恋的身影。但是我们看到的就一定是同性恋吗？是否是同性恋，只有当事人自己才最清楚，外界不论是从这个人的言行举止、与人交往的方式，还是性格特点等方面来判断这个人是否是同性恋，都仅仅是猜测。在这一点上，我也有反思，因为我自己也常常通过性别刻板印象来猜测一个人是否是同性恋，尤其是看到打扮比较中性化的女生，总会下意识地猜测对方是不是女同。

2. 现代人的自我觉察度提高了。随着社会的发展，越来越多的人开始对自己有了更多的探索，不仅在个人的性格、能力、性别表达等方面，在性倾向的自我探索方面也更加开放了。在过去，因为各种各样的社会压力，人们甚至不敢想象自己会喜欢上同性。但是现在的社会比过去更加开放和多元了，于是人们开始在这方面有了更多的探索，越来越多的人认识到自己的同性性倾向，并积极地进行自我认同。这其中也有相当一部分人勇于做自己，向大众出柜，所以坦然地展现在大众面前的同性恋者也就多了起来，比如"台湾名嘴"蔡康永、苹果CEO蒂姆·库克、冰岛前女总理西于尔扎多蒂、美剧《生活大爆炸》中的主演吉姆·帕森斯等。

3. 同性恋被讨论得多了。你可能会发现，我们的身边，不论男女老少，或多或少都会参与到同性恋话题的讨论中来。他们有的会讨论影视作品中的男性CP或同性恋影视剧，有的会讨论生活中的谁谁谁是同性恋，也有的会讨论电视节目中关于同性恋的话题。当"同性恋"被当作话题讨论得越来越多时，即使你不想参与讨论，也会耳濡目染地接收到有关同性恋的信息，也可能会错误地以为同性恋变多了，感觉怎么走哪儿都是同性恋。

4.媒体曝光的同性恋越来越多了。纵观现在的网络媒体，只要你随便一搜，就很容易看到诸如"某某某明星疑似与男性/女性友人举止亲密，同性恋身份被曝光"之类的话题，虽然有时候只是一些博眼球的新闻，并非事实，但是依然起到了极大的宣传作用，让越来越多的人意识到同性恋人群的存在，而且看似还不少，随便一个明星都可能是同性恋。

其实，同性恋的存在一直不是什么新鲜事，从古至今，不论国内国外，都有着同性恋的说法，有些是传说故事，有些是真人真事，但不论情况如何，我们都不难发现，同性恋一直存在的这个事实。虽然同性恋会受到文化等多方面因素的影响，但据统计，同性恋者在不同文化群体中的数量不超过10%，从占比来看，同性恋的人口数量基本稳定。之所以看起来同性恋越来越多了，其实总结起来，也就是因为他们被看见的多了，被接纳的程度高了。这是一个好的现象。一种接纳度足够高的文化，能够展现出更加多元的文化特点，每个人都能做自己，每个人都能找到属于自己的一片天空，每个人都能收获属于自己的幸福。

对你来说，其实不论同性恋是否越来越多了，不论同性恋是否流行，你需要做的其实是探索自己的内心，发现自己真实的样子，做真实的自己。那么不论同性恋流行与否，你也能坦然自我，不必曲意迎合或是随波逐流。相信你一定可以找到让自己舒服的方式，走属于自己的道路。

第二节 家庭的组成形式是多种多样的

家庭是指在婚姻关系、血缘关系或收养关系的基础上产生的,以情感为纽带,亲属之间所构成的社会生活单位。狭义的家庭是指一夫一妻制构成的社会单元;广义的家庭则泛指人类进化的不同阶段上的各种家庭利益集团,即家族。

我们所看到的家庭,常常是由一个父亲、一个母亲以及一个孩子组成。但随着社会的发展,出于不同的原因,人们开始组成多样化的家庭形式:

因离异、丧偶或未婚生子等原因而组建的单亲家庭;

由于父母一方或双方去城镇打工而被留在家乡或寄宿在农村亲戚家中,长期与父母分开居住、生活的儿童与其抚养者组成的留守家庭;

因父母忙于工作或者去世,由祖父母抚养子女的断代/跨代家庭;

由认为结婚生子不是人生必经之路的夫妻组建的丁克家庭;

由无子女或子女居住他地而独居的老人组成的空巢家庭;

因父母离婚又再婚而组建的重组家庭;

…………

由此可见,家庭的组成形式是多种多样的,家庭的组成原因也是多种多样的。

但传统观念认为,婚姻是一夫一妻的,而且是从一而终的,所以非传统家庭(如单亲家庭、同居家庭、单身家庭等)在很长一段时间里遭受着各种歧视与非议,再加上传统文化对"子孙满堂"的期待,类似丁克家庭这样的家庭组成形式,由于没有子嗣,也是一直备受争议的。但随着社会文化的发展,非传统家庭被越来越多的人所接纳和理解。我们相信社会对于多元家庭的包容程度也会越来越高。

当我们在面对不同的家庭组成形式时，可能会或多或少地遇到一些困难，尤其是那些容易被认为是"异常的""不好的""不道德的"家庭组成形式，更容易给当事人带来很大的压力。所以，对于不同家庭组成形式的讨论，会有助于我们增加对不同关系的理解，同时思考如何更好地应对这样的关系，减轻个人的心理压力，缓解个人的焦虑感。

那么接下来，我们就进一步讨论不同种类的家庭关系以及其可能带来的积极和消极影响。

Q 我是单亲家庭的孩子，我很怕会被瞧不起

困惑解答老师：马丽云

作为一名单亲母亲，我想我能理解你对这件事的担心，希望我接下来的回答能够对你有所帮助。

动笔时，正巧儿子在我身边，我便问："儿子，你觉得单亲的孩子会被人瞧不起吗？"他不假思索地回答："不会呀！"我继续问："你们班的同学知道你是单亲吗？"他答："知道啊。"我又问："那你怎么看待有人担心单亲家庭的孩子会被人瞧不起的问题呢？"他答："不会有人瞧不起的，我有同学、亲戚、朋友，还能学习和玩游戏，没觉得自己和别人有什么不一样啊。"

儿子的话让我有些惊讶，他一点儿都不为这个问题担心，你是为什么会有这个担心呢？是因为你觉得这个社会是戴着有色眼镜来看单亲孩子的吗？还是因为其他的原因呢？

社会上确实有一些人对单亲孩子存在偏见，认为单亲家庭的孩子大多缺少爱，在成长中不免形成一些不好的习惯和心理，难以成才等。但事实真是这样吗？

有心理学家做过一个有趣的心理学实验。

心理学家们征集了10位志愿者，把他们分别安排在没有镜子的房间里，给他们的脸上涂抹逼真的鲜血和令人生厌的疤痕，然后再拿镜子给他们，让他们看到自己脸上的疤痕；收走镜子之后，他们又在志愿者的疤痕上涂抹了一些粉末，说是为了让疤痕更丑陋、更逼真、更持久。事实上，心理学家们收起镜子后并没有往志愿者脸上涂抹任何东西，而是用湿棉纱把假疤痕和血迹都彻底擦干净了。接着志愿者们被带到人来人往的医院候诊室，开始观察和感受周围陌生人对他们的反应。实验结束后，志愿者们的感受出奇的一致。他们普遍认为众多陌生人对自己都

非常厌恶、鄙夷、缺乏善意，而且总是很无礼地盯着自己的伤疤，因此都非常气愤，有的还想冲上去狠揍那些"无礼"的人。

这个实验说明了什么呢？人们关于自身错误的、片面的认识深刻地影响和改变了他们对自己和外界的感知。如那些志愿者，他们的脸上其实是干干净净的，没有丝毫的疤痕，之所以产生这样深刻的感受，是因为他们将假的疤痕牢牢地装在了心里，让这个"疤痕"在心里频频作怪。渐渐地，他们就会认为自己卑微、无用，认定自己有某种缺陷。

你是有自己思想的孩子，才能主动提出这样的疑问，不然也可能会在不知不觉中用自己的言行反复去进行佐证：父母离婚，自己的家庭不再有传统意义上的完整，自己就低人一等……直到让自己和周围的人都认定单亲孩子就是不如双亲家庭的孩子。

说到这里，我也更加深刻地理解为什么个别单亲孩子会成为所谓的"问题孩子"了。所以，真的非常感谢你提出这个问题，这不仅帮助了你我，相信还会帮助更多有同样困惑的同学。

如今家庭的组成形式和规模越来越多样化，单亲家庭只是其中一种而已，没有什么特别的。我特意搜索了一下，惊讶地发现在古今中外的各个领域，如历史、文化、政治、军事、艺术等，有无数的名人大家都是来自单亲家庭。其中令我印象最深刻的就是大家熟知的美国前总统奥巴马。奥巴马出生不到一年，父亲离家；两岁时，父母离婚；此后，除了10岁时跟父亲有过一次不愉快的见面外，再无其他联系；18岁时，父亲去世。奥巴马的父亲是肯尼亚人，母亲是地地道道的美国白人，他从小在这样的双重种族背景下长大，经常因家境、肤色被人歧视。这对奥巴马来说，算是"疤痕"了吧！但他并没有自暴自弃，而是凭借自己的智慧和努力获得了成功，最终成为美国历史上第一位黑人总统。类似这样的单亲家庭的孩子成才的例子还有很多……

事物都有两面性，单亲家庭对孩子的成长的确会有一些不太好的地方，不过这也给单亲家庭的孩子提供了更多锻炼的机会。一方面，我们需要学会改变认知，不把"疤痕"当作疤痕，那它就没法影响我们。况且如今家庭的组成形式和规模越来越多样化，单亲家庭只是其中一种而已。另一方面，既然单亲已成为事实，就让我们勇敢地接纳现在的家庭和自己吧！要记得，无论身处什么样的家庭里，我们都可以不断完善我们自己，利用现有的资源努力学习，一点点提升自己的能力，培养乐观、坚毅、独立、积极、勇敢、友爱的优良品质，活出快乐和无限可能的自己吧！

Q 父母离婚后又各自再婚,但我并不喜欢我的继父母,我该怎么办?

困惑解答老师:马丽云

最爱的父母从此分开,这虽然是他们的权利,但对于无辜的你来说可能无异于晴天霹雳。在还没有准备好的情况下,家中原本亲密、熟悉的位置上突然换成了一个陌生人——继父(母),这换作谁都会有些不适应,甚至不知所措。再加上童话故事里描写的继父母大都是残忍、恶毒的蛇蝎心肠,这就进一步加重了你在这方面的担心:继父母会不会不喜欢我?会不会也像灰姑娘的继母那么可怕……

孩子,真是难为你了!自古以来,我们接受的文化里对继父母的塑造都太糟糕了。所以,你要明白,自己有那些担心都是正常的。从你的问题里可以看出,虽然你暂时不能接受继父母,但是你能够勇敢地提出问题、寻求帮助并想要积极地解决问题,我能感受到你是位阳光、正直的孩子,你希望通过自己的努力让家庭更温馨有爱,真要给你一个大大的赞!

那我们该怎么做呢?

首先,希望你明白父母离婚又再婚已是既定的事实,我们试着去接受这个事实,可能心里会稍微好受一点。当然,婚姻的选择是多样的,父母这么做,也一定有他们自己的理由。我们要尊重父母的选择,毕竟婚姻是他们自己的事情。但这并不代表他们不爱你了,你应该相信父母对你的爱。如果觉得暂时无法接受,可以多给自己一些时间,让自己慢慢接受这个事实。有需要时,也可以向自己的亲生父母或者信任的朋友倾诉自己的心情,获得他们的支持与陪伴。

其次,虽说我们印象中的继父母都是蛇蝎心肠,但现实中不尽然,比如《人性的弱点》的作者戴尔·卡耐基,他从小家里就非常穷,他经常吃不饱、穿不暖。由于营养不良，小卡耐基非常瘦小，还特别爱调皮捣蛋，就连他的生父也不喜欢他。他9岁时，继母出现，在自身的努力和继母的鼓励与支持下，一个完全没有自信、几乎被各种各样的、莫名其妙的忧虑缠绕的他，渐渐成长为给别人自信、让人们乐观的心理导师。现实生活中，这样的例子其实还有很多很多。爱是相互的，当一个人可以感受到爱和支持的时候，他会发生发自内心的、具有持久性的改变。

再次，我们可以尝试着跟继父母沟通，增进了解。但任何关系的建立和维护都需要花一些时间。有研究数据表明，一个孩子完全接受继父母的时间是3~5年，所以先不要逼自己立刻喜欢上继父母并期待马上跟他们成为朋友。随着相处的时间变长、双方了解得更多，大家彼此尊重、理解，时间会让一切慢慢变得融洽。与此同时，你也可以努力发现继父母带来的一些哪怕一点点能让你接受或者喜欢的事物，然后放大它，你们的关系会改善得更快一些。

当然，继父母到来的同时，可能会随之带来一些与你之前的生活方式和习惯不同的东西，还可能对你有新的期待和要求，甚至比之前的家庭对你的期待和要求更高。这会让你产生诸多不适，甚至产生抵触和不满情绪。这些感受都没有错。不过我们也需要明白，无论是进入一段新的关系，还是进入一个新的团体，比如未来的伴侣、舍友等，我们都要学会适应对方的期望和表达自己真实的想法及需求。同时，我们也需要给继父（母）一些时间，让他/她充分地熟悉和了解你，适应你的习惯及个性。这是一个互相适应的过程。

当继父（母）的做法或规矩实在让你不能接受时，如果确实是有益的规矩，可以诚恳地告诉对方，这个规矩和之前的有很大不同，希望继父（母）给自己一些调整和适应的时间；如果确实是无益的，那就先寻求家里亲生父（母）亲的帮助，或者以家庭会议的方式跟他们平等协商沟通，争取得到他们的尊重。

还有一种情况：亲生父（母）亲为了家庭和睦，可能会要求你立即接受继母（父）。遇到这种情况，可以约亲生父（母）亲单独聊一聊，向他/她表明，自己其实也希望家庭温馨、关系融洽，只是内心没办法这么快融入新的家庭关系。你可以真诚地邀请他/她换位思考一下你的感受，告诉他/她不能要求你做到跟继父母的关系像与亲生父母亲那样亲密无间，希望他/她能理解与尊重。

无论争取的结果是什么，都别忘了将重心放在积极的自我管理和培养良好的社会情感上，比如努力学习、运动、坚持自己的爱好、找朋友或老师倾诉你的苦恼，这样会让我们成长得更快、更优秀，并减少新的家庭关系给你带来的压力和不好的感受。当然，如果经过上述努力，你依然为与继父（母）的关系而感到难受、压抑、焦虑不安，就需要及时向学校心理老师或者心理机构的咨询师求助，让自己的生活尽快回到正轨上来。

相信跨过这道坎，你在学业上会更专注，你的生活会多一点阳光、快乐与幸福。为自己的美好未来而努力吧！

Q 班里有个同学是单亲家庭，经常有同学欺负他，我该怎么办？

困惑解答老师：李曼

根据你说的这个事，老师感觉你的同学可能正遭受着"校园欺凌"。

我们传统的观念认为，只有发生了肢体接触和冲突，也就是所谓的"打架"，才算得上欺凌，而事实并非如此。欺凌的形式主要分为身体欺凌、言语欺凌、关系欺凌和网络欺凌等。校园欺凌有可能会造成伤害，让被欺凌者感到颜面扫地、不愉快或者痛苦，而且欺凌行为一定伴随的是双方力量不均等，欺凌方处于优势地位，恃强凌弱，控制着整个局面。

老师不知道你说的这个同学具体是什么情况，是因为他跟那个同学本身有矛盾呢，还是仅仅因为这个同学是单亲家庭就受到其他同学的欺负？另外你所说的"欺负"具体是指什么？是同学给他取绰号，经常嘲笑、辱骂他；是把他排挤在团队之外，孤立他、恐吓他；或是散布谣言，让周围人对其产生负面看法；还是索要钱财，胁迫他做不愿意的事，殴打他？

如果是因为双方先前的矛盾而产生的"欺负"行为，可能需要你将事情报告老师，让老师出面调解误会，缓和矛盾。

如果他们没有矛盾冲突，仅仅因为这位同学是在单亲家庭出生，大家就欺负他，这是非常不对的，我们每一个人都要抵制这种不平等行为。所谓每个家庭都有不同的组成形态，我们应该对此表示尊重，而不是歧视。父母离异是他不能控制的，这不是他的过错，也不意味着他低人一等，更不能成为大家欺负他的理由。

你现在的角色就是欺凌事件中的"旁观者"。旁观者面对欺凌时，常常会因为不知道如何求助，或担心自己受伤，怕成为下一个被欺凌的目标而选择袖手旁观，或默默走开，或无动于衷。但这样的不作为，间接成了欺凌者的帮凶，会对欺凌双方产生惊人的影响：欺凌者更加有恃无恐，被欺凌者则每况愈下。

但是我看到你主动寻求帮助，想要帮助这位同学，那么你可以根据自己的力量，选择自己可以做的事情。

1. 如果你拥有足够的内在力量，可以在欺凌发生时提出抗议，捍卫被欺凌者的利益，或者为了阻止欺凌的继续发生，试图去帮助被欺凌的孩子，那暴力循环就会受到干扰。如果你觉得自己不能直接与欺凌者抗衡，可以请老师或其他成年人到现场制止，也可以给予受欺凌者安慰与支持。

2. 你可以先尝试用写信、写纸条的匿名方式将欺凌事件报告给班主任或校长，或者直接私下报告给班主任老师，如实反馈你所看到的情况，让老师来选择如何干预。当然，你也可以建议班主任针对"单亲家庭"和"校园欺凌"两个主题组织主题班会，以便让同学们对这两个主题都有正确的认识和理解。

3. 你可以私下尝试和被欺凌的同学建立朋友关系，陪伴、支持和鼓励他，让他能够感受到来自同学、朋友的关怀。你还可以进一步地帮助他全面地认识和理解单亲家庭，让他不再因为自己是单亲家庭而觉得羞耻、自卑，对自己有更积极的认识。如果你害怕和他的接触会让你也成为被欺凌者，你也可以通过微信、短信、QQ、纸条等方式来告诉他，你是关心并重视他的。

当然，不论你选择如何做，都一定要保证自身安全。如果遇到欺凌者和自己力量相差不是太大的情况时，可以考虑用警示性的语言来击退对方；如果欺凌者手上有武器，你应尽快撤离，并告知离你最近的大人。尤其注意不要侮辱、威胁或者殴打欺凌者，因为这有可能会激怒他，让他把矛头指向你。

在所有的方法中，匿名检举欺凌行为是相对安全的，尤其在欺凌者可能报复你的情况下。

　　请你记得，先分析具体情况，再针对情况考虑如何处理，日常生活中也可以选择支持被欺凌的同学，让他感受到更多的温暖。

Q 父母出轨了，怎么办？

困惑解答老师：蔡凤玲 李海琛

在我们读过的童话故事里，如《灰姑娘》《白雪公主》等，关于爱情的故事总是这样的：相爱的王子和公主几经周折，终于走进了婚姻的殿堂，从此过上了幸福的生活。但现实的婚姻里往往有很多复杂的、不尽如人意的情况，出轨就是其中一种。

出轨分精神出轨和身体出轨，指的是父母一方与配偶之外的人发生恋爱、产生爱情或发生性关系的过程，也称婚外情、婚外恋、外遇。

下面我想分享一个真实的故事，探讨子女发现父母出轨后可以做的事。

在我读初一时，有天晚上，我在楼下看见爸爸从一个阿姨的车上下来，然后跟那个阿姨拥抱吻别。当时我就想过去给那两人几脚。爸爸竟然背着妈妈跟别的女人那么亲热！各种想法顿时萦绕在我心头："怎么办？回家告诉妈妈吗？""说了他们会离婚吗？""如果离婚后跟爸爸，当他娶了别人，生了小孩，我就是那个多余的人了。如果离婚后跟妈妈，我就没有完整的家了。"

回到家后，我把自己关在房间里偷偷地哭，几乎整晚没睡。然后我想起妈妈跟我说过，如果有什么问题自己解决不了又不想让爸妈知道的，可以找小舅舅。于是我找到了小舅舅，将事情告诉了他。他告诉我："这件事是父母之间的事情，你应该相信他们有能力解决他们的问题。你只需要做好自己的事情就可以了。当然，你也可以选择向他们表达你的心情和感受，告诉他们你很爱他们，希望你们的家能幸福。"

虽然我也很想祈求父母，让他们为了我不要让家散掉，但是听舅舅这么说，我决定相信舅舅。后来，我发信息告诉爸爸我看到了他出轨的事，也说出了自己的担心和害怕，同时也向爸爸和妈妈表达了我对他们的爱，以及希望家庭幸福的心愿。他们很默契地告诉我，无论发生任何事情，我永远是他们最爱的儿子。

很遗憾的是，最后他们还是离婚了，我跟了妈妈。但爸爸还是会定时带我出去玩，平时也会跟我电话联系。我发现，离婚后的几年里，妈妈已经很少偷偷抹泪了，脸上的笑容也比以前多了。我感觉我依然很幸福。

每个家庭的情况都不一样，你可以选择像故事中的男生一样，只和出轨的一方沟通，和另一方表达自己对他/她的爱；也可以选择先什么都不说，继续做自己的事情，把问题留给父母自己去解决。无论你做什么样的决定，都请记住：

1.婚姻出现问题，是父母自己需要面对和解决的事，你要尊重他们，相信他们有能力做出合适的决定；

2.照顾好自己，做自己该做的事情，比如学习；

3.相信父母对自己的爱，他们做任何决定的时候一定会考虑你的感受的。

当然，父母之间的关系出现问题，会让我们产生悲伤、恐惧、愤怒和不安的情绪感受，但我们不要把它灾难化，要相信事情是可以处理好的，也别让自己独自承受，可以把自己的感受告诉父母，也可以告诉自己信任的人，从而获得支持和陪伴。

每个人都是一个独立的个体，都有选择的权利和自由。父母做什么样的决定，结果如何，都请相信并尊重你的父母，毕竟事情是他们的，应该由他们自己来解决。你也不要忘记，他们是爱你的，做决定的时候一定会考虑你的感受。现在的你只需要继续做自己的事情，照顾好自己，然后等待结果即可。相信这样的你，一定能够收获幸福。

Q 我发现父母是同性恋，怎么办？
困惑解答老师：刘爻

虽然同性恋已经"去病化"，并且在中国台湾已经合法化，但因为中国大陆的法律暂时还不承认同性间的婚姻，所以，有些同性恋为了应对外界的压力，只能采用"形婚"（形式婚姻）或"直婚"（同直婚姻）的方式。

"形婚"就是只有形式而无实质内容的婚姻，又称互助婚姻，是指为了某种目的而与另一人进行婚礼或法律上的结婚手续，获得名义上的夫妻身份。

本回答的"形婚"指的是，爸爸和妈妈都是同性恋，但他们之间多数没有性生活，并且不对亲友公开这一点。因为在当下的社会环境中，如果公开自己的性倾向，很可能不被家人和亲人所接纳，以至于不得不面对较多的人际和职场压力。所以，在社会现状不能改变的情况下，形式婚姻成为同性恋者向现实妥协的一种选择。

除了形式婚姻，还有一种结合方式是"同直婚姻"，指同性恋与异性恋的婚姻。在"同直婚姻"中，异性恋的一方可能清楚也可能不清楚对方的同性倾向。

在走入"形婚"或"直婚"的同性恋父母中，每个人向孩子隐瞒自己的性倾向的原因可能各有各的不同。有些人可能因为不确定和孩子坦诚了以后，自己会不会被孩子排斥，所以向孩子隐瞒；也有些人认为这是父母的事情，不需要让孩子了解；又或者认为自己忍受这样的婚姻是无奈之举，有屈辱感，所以不愿意和孩子坦诚；也可能觉得对伴侣隐瞒自己的性倾向不算非常磊落的事情，于是不知跟孩子从何说起。

在决定你要怎么做前，我建议你先回想一下，在你知道这个"秘密"之前，你父母的关系如何？他们是否恩爱？他们对你怎么样，是不是充满了爱呢？不论你的父母是否恩爱，你需要知道的是，婚姻是父母的事情，不论出现什么样的问题都应该由他们自己去解决和面对，而你需要做的是做好自己的事情。如果你已经对这些有所了解，那么接下来你可以选择和同性恋一方的父母谈一谈，或者选择将这个"秘密"埋藏起来。

当然，和父母谈话的目的并不是为了要去改变或者影响父母的婚姻，而是向父母表达理解、接纳和尊重。你可以尝试这么说："爸爸/妈妈，我知道你们是同性恋了。我爱你们。谢谢你们为了这个家付出了这么多！"你说完之后，可以拥抱他们。

父母选择进入"直婚"或"形婚"也是经过深思熟虑的，婚姻的维持不是一件简单的事情，他们之所以不告诉你，一定程度上是害怕被你排斥。所以，如果你不能表示接纳的话，会给他们带来更大的伤害。至于要不要告诉父母的另一方，应该由你的同性恋父母来决定，你可以在必要的时候给予他/她支持，提供一些帮助或者是一些建议。

当然，如果自己感觉还没有做好准备去和父母坦诚，也可以再等一些时日。自己在心理和认识上多做一些储备，再跟他们沟通。对于课业比较繁重的中学生来说，可以通过影视作品和相关著作来快速地了解"形婚""直婚"等婚姻类型的现状和内涵。

以"形婚"为题材的电影有《两个婚礼一个葬礼》《奇缘一生》等，纪录片有《中国"柜"里》等。关于同性恋题材的就更多了，这里就不列举了。除了看电影，你也可以在网上检索相关权威文献资料，或阅读相关领域的学者的著作。

另外，时间允许的话，你也可以参加一些由对同性恋友善的人举办的线上或线下的各类活动，通过直接参与或成为志愿者的方式，全方位地了解和体验同性恋群体的生活状态。他们也只是普通人，有他们的理想，也有他们的局限，除了爱同性之外，与其他人并无明显的差异。即便最终，你依然无法接受父母的婚姻形式，也不必责备和强迫自己接受，做到最基本的尊重即可。

当你越来越理解父母，也许你会更加爱他们。父母和孩子，这是人生中第一道最亲的情分。他（们）会希望你能够理解和尊重他（们）的选择，同时也不愿因为他（们）的原因给你带来更多的压力和负面影响。

Q 我感觉父母很恩爱，但是好像他们又各自有自己的同性恋人，我感觉有些奇怪

困惑解答老师：李凡

作为孩子，能感觉到父母很恩爱，是一件很幸福的事。这说明你的父母相处很愉快，并且把这种和睦的气氛传递给了你。

你感觉到父母好像各自有自己的同性恋人，不知道你是如何确认他们彼此有同性恋人的？很多人都有自己关系亲密的同性朋友，但他们未必是同性恋。

同性恋是一种同性之间的感情，和异性间的感情是一样的，是应该被尊重的。

要知道婚姻的组成是非常多样的。如果你确认他们都是同性恋，也需要了解性少数群体当前的境况：他们并没有完全得到社会上的认同，很多同性恋因为长辈的不理解和施压，以及社会的歧视和排斥等原因，会选择同性恋的异性来组成家庭。我们将这种情况称为"形婚"。"形婚"是指一个人为了某种目的而与另一个人进行婚礼或法律上的结婚手续，但实际上只是名义上的夫妻身份，"夫妻"双方在生理和人格上保持独立。

老师身边也有这样的由同性恋朋友组成的家庭，他们有的会选择"形婚"；有的则是选择不结婚，但生活在一起，他们彼此的父母也都知道，采纳了默许的态度，但希望他们能够"传宗接代"。特别喜欢孩子的家庭，或有自己的宝宝，或有领养的宝宝。

其实，无论是哪一种婚姻形式，只要父母爱家庭、爱孩子，能够尽到自己的义务，敢于承担自己的责任，他们就都是好父母。父母选择哪种形式的婚姻，是他们的权利。

许多异性恋的家庭也未必能够让孩子以"恩爱"来评价父母的关系，你的父母选择组成家庭，并且生了你，他们对家庭生活的呵护一定让你

感受到了家的温馨与幸福。

当然，也许你并不能立即理解和消化你家目前的情况，你可以给自己一些时间，借着这个机会去多了解一些关于同性恋的资讯，了解目前同性恋者的生存现状，相信你一定能够更快地理解你父母的选择。这里建议你可以多读一些人物传记，你会发现，无论是同性恋者，还是异性恋者，都可以给予这个世界贡献和爱。

比如，我们今天之所以能够享受互联网带来的便利，都要归功于一个人——"计算机之父"艾伦·图灵。他破译的情报在盟军诺曼底登陆等重大军事行动中发挥了重要作用。图灵也因此在 1946 年获得了"不列颠帝国勋章"。历史学家认为，他让二战提早两年结束，至少拯救了 1400 万人的生命。另外，他对人工智能的发展也有诸多贡献。但他在 1952 年被英国政府因同性恋取向而定罪，随后接受化学阉割（雌激素注射）。1954 年 6 月 7 日，他吃下含有氰化物的苹果中毒身亡，享年 41 岁。

冰岛前女总理西于尔扎多蒂是世界上第一位公开同性恋倾向的国家领导人。她上任之后，在她领导之下的冰岛政府开始推行包括了同性及异性伴侣在内的"单一婚姻法案"。2010 年，冰岛国会通过性别中立婚姻法，该法律正式颁布当天，西于尔扎多蒂与相恋多年的伴侣约尼娜结婚，成为该国首对依法结婚的同性伴侣。

苹果公司的 CEO 库克也是一名同性恋者，他说过："多年来，我向许多人公开了我的性倾向，苹果的许多同事也知道我是一个同性恋者，但他们对待我的态度没有什么不同。当然，我有幸能在苹果工作。这家公司热衷于创造和创新，能够接受人们之间的差异。"

你看，这个世界是多元的，每个人都有权利选择自己的生活，很多人在为这种平等的选择权而努力，我们要学会接纳别人和我们的不同，不排斥、不歧视他人，多一些相互理解和包容，就能促进这种平等，让越来越多的人和谐相处。对于你来说,无论你的父母选择什么样的婚姻,无论他们究竟是什么样的性倾向,他们都一定是爱你的,希望给你幸福。这难道还不够吗?

  父母一直向你隐瞒这件事,也一定有他们的理由。如果你觉得自己准备好了,不妨坦诚地和父母进行沟通,去听听他们的真实想法,也表达一下你自己的想法。一家人坦诚沟通,可以增进彼此的了解和理解,让彼此感受到支持和爱。听听父母的真实想法,可以让你增加对性与性别少数的理解和包容,有助于培养健康的人格,也会让你更加地爱自己、爱他人、爱社会,懂得用一颗接纳、包容的心去面对这个世界。我相信,你一定能够收获更大的幸福。

Q 我的"父母"是一对同性恋，但我不知道该怎么向外人介绍他们

困惑解答老师：刘爻

相较于主流的异性恋家庭模式，同性恋的家庭难免引起他人的注意。同性恋家庭的成员在向他人介绍自己的家庭时，也可能受自己对家庭接纳程度的高低，或者对同性恋家庭的了解程度所影响。

相对于中国国内，美国同性恋家庭养育孩子的状况较为普遍。我们先来看一个同性恋家庭的故事。

13岁的乔希和2岁的亚历克斯没有血缘关系，但他们有着与众不同的共同点——他们是一对女同性恋者的儿子。邦妮是亚历克斯的妈妈，而萨拉是乔希的妈妈，这两个妈妈共同生活3年了。

乔希的父亲在他5岁时就去世了，他的亲生父亲是非洲裔。几年后，母亲萨拉与另一个女人陷入爱河，这个女人就是邦妮。对于当时只有10岁的乔希来说，萨拉和邦妮的关系让他困惑不解，他不知该如何称呼邦妮。在他看来，作为一个同性恋者的孩子远比一个黑白混血儿更让他感到难堪。由于害怕被别人嘲笑，除了最要好的朋友，他很少带小伙伴到他家来玩，而且告诉别人邦妮是他的姨妈。但随着年龄的增长，乔希逐渐接受了这个家庭，也接受了妈妈的爱人。当然，在成长的过程中，乔希和亚历克斯与其他同性恋家庭的孩子一样，要忍受许多偏见，但在与来自社会的压力相抗争的过程中，他们也学到了很多东西。

从上面的故事中我们可以看出，想要得体地介绍自己的同性恋家庭或父母，真不是一件容易的事。

从自己的角度来说，我们是否已经接受了这个家庭呢？故事中乔希的母亲为帮助乔希打开心结，在社区发起了一个专门帮助同性恋家庭的组织，该组织的宗旨是：是爱组成了一个家庭。乔希作为志愿者，为同性恋家庭做一些力所能及的工作。在无数次帮助别人的过程中，乔希逐渐认识到，同性之间相爱并组建家庭，和异性之间相爱然后组建家庭，是同样自然而然发生的。

乔希从一开始对自己的家庭感觉到怪异和羞耻，逐渐觉得"这没什么大不了的"，甚至为自己的两个妈妈和弟弟感到骄傲。如今17岁的他，现在是这样跟他的好哥们儿介绍自己的家人的："嗨，这就是我最爱的两个老妈，这是我老弟，我超爱他们！"当你足够接纳自己的家庭、接纳自己的父母时，你也就能更好地向他人介绍自己的家庭了。所以，如果你还没有足够接纳自己的家庭，可以不用急着向他人介绍，先多多了解自己的家人，了解同性恋家庭的信息，等你足够接纳、理解你的家庭后，再考虑向他人介绍。

当你准备好要向外界介绍自己的家庭时，可以先与自己的同性恋家长沟通。这是你们整个家庭需要面对的问题，一家人一起讨论、商量是最好的选择。尤其是在措辞方面，需要一起讨论，究竟如何介绍才能既让自己的家长感到欣慰和开心，又能让自己从容、自然，还可以起到传递"同性恋家庭也只是普通的家庭"这样的价值观呢？作为长辈，他们会有自己的智慧和方法，巧妙地帮助我们成长，最终共同解决这个"难题"。

目前在中国，同性恋家庭养育孩子的情况还比较少见。作为同性恋家庭的孩子，可能会面临更多来自外界的误解与压力。但你也要抱有信念，随着观念逐渐地更新，人们不断地努力，整个社会对同性恋的接纳度会越来越高，到时候，介绍同性恋父母这件事便不会成为一件值得深思的事了！会有这么一天的，要有信心！记住，这是一个需要全家人一起面对的问题，不要选择自己独自承受，可以多和自己的父母沟通，他们能够承受压力选择养育子女，一定是因为爱孩子才这么做的，也一定有自己的一套应对策略。你可以多向父母请教，一同面对难题。

　　社会对多元的接纳能够让更多人追求自己真实的样子，找到真正属于自己的幸福，这是值得每个人为之欢欣雀跃之事。作为父母的孩子也一样，我们可以为他/她们能够找到自己所爱的人而高兴，也感谢他/她们让我们成长在被爱环绕的家庭中。

Q 父母外出打工了，家里只剩我和爷爷，我特别想我的父母
困惑解答老师：陈岚

孩子想父母是很正常的，这个想念可能是单纯的思念，也可能是一种依恋和习惯。每个孩子对父母的爱和依恋都是天生的。我们从一出生就在父母和家人的照料下长大，但是随着我们不断成长，我们要学会独立面对和解决问题。总有一天我们长大了，也会离开父母，独自去生活，父母也不会一直陪伴在我们身边。就像小羊羔，当它能够自己站立起来的时候，就要开始自己去觅食了。

其实，即使是由爷爷抚养长大，也不影响我们的健康成长和日后的个人成就。比如著名的英国哲学和数学家、诺贝尔文学奖的获得者威廉·罗素，他从小由祖父母抚养，18岁就进入剑桥大学，1950年获得诺贝尔文学奖，在哲学、逻辑学、历史、经济、教育、文学等多方面为人类做出了巨大的贡献。除他之外，达·芬奇是在祖父家长大的，牛顿是由外祖母抚养长大的……他们都不是由父母直接抚养长大的，但这并不妨碍他们获得成功。

每个家庭的生存环境和生活条件不同，父母需要承担赡养祖父母和抚养孩子的义务，也面临着较大的生存压力，所以需要更多的工作机会及谋生的条件。抑或出于其他原因，他们不得不离开家庭，外出工作，比如铁路工程师、边防战士、乘务员、记者、培训讲师、导游等等，这些工作都是需要长期出差的。每一个岗位都有他们的职责和意义。我们应该为此感到骄傲。

当然，父母外出打工，也许会给我们带来一些负面感受。一方面，虽然有祖父母照顾着我们的饮食起居，但因为双方时代背景的不同，隔代的沟通使我们与祖父母的交流变得困难，再加上老年人的教养方式也不同，遇到一些观念的冲突，无法互相理解，就容易让我们感到孤单，

缺乏被关爱、被重视的感受；另一方面，我们可能会担心父母不在身边，在学校容易受人欺负、被同学看不起、老师不重视自己，觉得自卑，缺乏力量，感到孤独和无助。这些想法和感受会让我们更加想念父母，希望父母能陪伴在自己身边。

每个家庭的组成形式不同，有些是单亲家庭，有些是离异家庭，也有一些是隔代抚养家庭，就像你这样。就算家里只有年迈的爷爷在，也要相互照料和关怀。爷爷也是我们的家人，也能够给予我们关怀和爱，我们不需要因为父母不在身边就觉得家庭不完整或者自卑，也不要担心父母不在，别人就会欺负你。遇到欺凌或者暴力，爷爷奶奶、外公外婆、亲戚好友、学校师长都是你可以求助的对象。实在不行，我们还可以拨打110求助警察或其他社会组织。

想念父母的时候，也不用刻意地压抑自己的感受，可以把这些想念写成日记或者信件寄给父母。而且现在网络通信发达，我们也可以用手机微信视频、电话等方式和父母保持沟通，来增进亲人间的感情，还可以和父母有一些见面的约定，让自己心中有一种期待与满足感。

家庭中最重要的不是组成形式，而是家人之间的情感连接。无论家人是否在我们身边，我们都可以以坚强、乐观、自信的态度来面对我们的学习和生活。

第三节 性的多元存在

谈到性，我们可能第一个想到的是性行为，但是在性行为之前是有一个决策过程的，而影响性的决策的，又是我们每个人对待性的态度。有些人对性充满了好奇，有些人对性漠不关心，有些人对性心生厌恶，有些人对性满心欢喜……由此我们也就不难发现，每个人对待性的态度是千差万别的，性的存在是一种多元化的面貌。

但在日常生活中，我们往往习惯了给与性有关的事物贴上"自然/不自然""正常/不正常""好/不好""道德/不道德""对/错"的标签，却忽略了这样的标签是否恰当。以"恋物"为例，在许多人眼中，恋物是一种"不正常""变态"的行为，但其实我们每个人或多或少都会有类似行为，比如有些人会抱着爱人的衣物睡觉，有些人会将恋人的照片随身携带等，这些其实都是恋物的表现。收藏家则是"恋物"的典型代表，如果我们采用"非黑即白"的二分法标准去看待"恋物"的话，似乎就不得不给收藏家们或者恋人们贴上一个大大的"变态"标签了。由此看来，我们需要更加客观地去看待与性有关的事物了。

然而，我们中的大多数人判断自己是否正常的指导原则，通常都是来自朋友、伴侣和家长（家长在性方面通常展现传统的自我形象），这是通过各种成见、媒体形象、宗教教诲、习俗和文化常规来传授的。但是其中没有一种可以说明人们的实际行为是怎样的。由于我们不知道其他人真实的行为究竟是什么样的，就很容易因为自己的行为不符合文化常规和成见而认为自己是异常的，也因此给自己的身心带来一定程度的压力，有些人甚至因此产生了严重的心理困扰。

事实上，我们每个人在性倾向、性欲望、性幻想、性态度以及性行为上都具有极大的差异。所以，了解不同性的存在、理解性的多样形态，对于了解自己、接纳自己、认同自己以及理解身边的其他人都是有相当大的助益的。而这也要求我们以一个更加多元的视角去看待性以及与性有关的事物。

虽然我们需要以一个多元、接纳与包容的视角去看到性的多元现象，但这里依然有一些值得你注意的性的存在，说到值得注意，并不是因为这些性的存在是我们特别推荐的，而是因为这些性的存在可能会对你或者你身边的人造成伤害，甚至是犯罪。因此，我们希望你能够更多地了解这些信息，以做好自我保护。

1. 露阴 & 窥阴

露阴或阴部显露欲，是指偏好在公共或半公共场合对不知情者暴露身体中通常不会暴露的部位的行为，例如暴露乳房、臀部或阴茎等。在部分法律中，公开暴露行为可能构成妨害风化、公然猥亵或其他罪名。

如果你正好经历过这类事件，或者不希望自己下次因为这样的事情受到伤害，那么请对露阴者有一个正确的了解以及认识。通常应对露阴者的办法包括：冷静地离开，忽略他/她，也可以直接报警。

窥阴是指一个人喜欢借由偷看他人更衣、裸体或性行为而得到性快感的行为。这种行为不被社会接受。偷窥者要在被偷窥者不知情的情况下，才会得到快感。常发生于厕所外、洗澡间外或其他的性交场合。

如果遇到此类情况，建议及时举报，但尽量减少向对方进行言语攻击或者使用物品进行攻击，以免对方做出过激行为，让自己遭受更严重的伤害。

2. 恋童

16岁以上的青少年或者成年人患者会认为青春期前的儿童拥有主要的性吸引力，或只有儿童才有性吸引力。虽然儿童在10~12岁（女孩10~11岁；男孩11~12岁）之间会开始进入青春期，但恋童的标准延长至13岁。被诊断患有恋童症的人必须至少年满16周岁，且比其认为拥有性吸引力的儿童大5岁。

需要注意的是,"恋童"这个词常被大众用于表示对儿童的任何性兴趣或儿童性侵犯,但这种用法把"对儿童的性冲动"(思想)和"儿童性侵犯"(行为)混为一谈,且没有区分处于青春期前、青春期和青春期后的未成年人。所以,谈论恋童的目的,其实是希望大家预防因为恋童所实施的性侵儿童行为。性侵儿童者并不等同于恋童者,除非当事者认为青春期前的儿童具有主要的性吸引力,或只有儿童才有性吸引力。

在我国,与不满14周岁的未成年人发生性行为,不论对方是否自愿,或将以强制猥亵或强奸罪判处。

3. 摩擦癖

摩擦癖,指男性在拥挤的场所故意摩擦他人,甚至用性器官碰撞他人的身体,并可伴有自慰等性刺激来达到性兴奋之目的。

有的摩擦癖者在摩擦他人的身体时,不需要暴露自己的生殖器就能够得到快感与满足;而有的摩擦癖者则需要露出生殖器直接摩擦于他人的身体,方可获得性的快感与满足。通常,摩擦癖者把摩擦的部位选择在他人的臀部,也有的人在他人身体的任何部位摩擦均可产生性兴奋。

这是一种典型的性骚扰行为,如果遇到此类情况,可以及时离开现场,另外也可以向其他人求助,如公交车司机、商场保安、地铁安保等等,但需要注意的是,一定以保护自身安全为第一准则。

4. PUA

PUA的全称是Pick-up Artist,翻译过来是搭讪艺术家,起初指的是一群受过系统化学习,实践和不断自我完善人际关系技巧的男性,后来泛指很会吸引异性、让异性着迷的男女们。

比较正面的PUA教程是帮内向的男生打开人际关系的。对于这点我是很赞同的,社交和恋爱也是一种能力,内向的男生想要拥有一段好的关系,需要学习一些人际沟通、外形改造的方法。

但需要注意的是,有些PUA的教程已经变成另一种"骗炮"的手段,遭遇骗炮的人会有一种自己遇到了真命天子的错觉，其实只不过是一场海市蜃楼的谎言。最常见的套路：虚假的"价值+人设"、虚假的经历和频繁的洗脑、急速的推进关系和发生关系、空手套白狼。

另外，有一些不怀好意的人将PUA中学到的方法变成一种控制伴侣的手段，他们在关系中不断打压被控制的对象，让对方失去自我，最终沦为被自己呼来唤去的"人偶"。受害者也很难获得帮助，脱离这样的关系。

5. 网络视频激情

网络视频激情，是指通过网络摄像头进行网络视频聊天，聊天的内容通常会和性有关，有时还会向对方或者互相展示裸露的身体，或进行自慰等行为，借此获得性的满足。

通过网络视频聊天的方式寻求性满足本身是一种很常见的方式，但是这里需要提醒大家的是，谨防这种方式带来的消极影响，如被偷录视频/截图，对方将视频/截图上传到网上，或者在分手后以此来要挟你，更需要避免其成为实施分手暴力的工具。

Q 和网友文爱，好不好？
困惑解答老师：李海琛

在过去，人们以书信的形式互诉衷肠，一封情书就足以牵动两颗跳动的心；而现在，随着通信手段越来越发达，再有众多社交软件的加持，人们开始习惯在网上交友、恋爱，甚至通过互相发送带有性暗示的信息来满足某些生理需求。"文爱"就是其中一种方式。

文爱，就是用文字做爱的意思，是通过双方的文字描述和挑逗达到释放自己性需要的目的。现在文爱已经不仅仅局限于文字和图片了，发语音甚至开视频都可以被笼统地归为文爱。

这样的方式，一方面可以规避现实中进行性行为可能遇到的人身安全问题（如强奸、伤害等）及麻烦（如怀孕、染病等）；另一方面，因为不用承担责任，所以文爱的内容可以天马行空，满足了许多人的性幻想和性体验。

文爱本身并不是什么洪水猛兽，没有什么好坏对错之分。但凡事总会有利有弊，在实际的文爱过程中，可能存在一定的风险，如网络上经常有人会有意无意地暴露他人的与性有关的私人聊天记录或者视频，给当事人带来一定的麻烦。

所以，出于自我保护的考虑，建议文爱时遵循以下一些原则。

1. 坚持"自主、健康、责任"的基本原则。不论做出怎样的选择，是否接受文爱，都要在自己充分考虑之后做决定。与此同时，也不应强迫他人接受自己的邀请。如果在文爱过程中，出现任何让自己或对方感觉不适的情况，请立即停止，做到基本的互相尊重。文爱始终是虚拟的，避免因此而混淆虚拟与现实之间的关系。

2. 保护好个人隐私。做好个人基本信息（如真实姓名、联系方式、家庭住址、学校地址等）的保护，不轻易透露给他人，同时尽量避免向他人曝光自己的身体隐私，以免产生不必要的麻烦。

3.避免触犯法律。不论是公开他人的私密信息，还是利用这些信息胁迫其与自己发生性行为，或者敲诈勒索等，都是违法犯罪行为。在避免自己触犯法律的同时，也应该时刻保持警惕。

当然，作为学生，需要更好地处理文爱与学习、生活之间的关系，以免影响自己的学习与生活。如果被父母知道了自己文爱的事情，也应该尽可能心平气和地与父母坦诚沟通这件事，告诉父母自己只是通过这样的方式满足生理需要，请父母相信自己有能力处理好文爱与学习、生活之间的关系，不会因此影响学习，希望父母尊重自己的决定。当然，父母不一定能够理解你的行为，你也别因此而责怪父母。你可以有你的选择和考虑，父母也会有他们的，即使不能做到完全的互相理解，也可以做到基本的互相尊重。

文爱不局限于陌生的网友之间，异地的恋人或夫妻也可以通过文爱的方式缓解彼此的生理需求，在一定程度上还能增进彼此的感情，维系关系，何乐而不为呢？每个人都有权利选择自己感兴趣的满足性需要的方式，只要不伤害他人，不伤害自己，这样的方式就是可以的。希望你也能收获自己的幸福。

Q 我特别喜欢看别人的脚，我的性幻想都和脚联系在一起，我是变态吗？

困惑解答老师：张碧敏

在回答你这个问题之前，我想讲一段历史，以表达恋足的普遍性。

在我国的北宋至民国末期，妇女们有缠足的习俗，一直到新中国成立才彻底消失。当时的人们，无论男女，都以足小为美。尤其是对当时的男性来说，小脚对他们具有吸引力，是女人除了阴部和乳房外的第三性器官。古人们在房事中对脚部的把玩更是五花八门，玩弄方法有48种之多。清朝文人李渔在《闲情偶寄》中表示，裹脚的最高目的就是为了满足性欲。由于小脚"香艳欲绝"，玩弄起来足以让人"销魂千古"。看来，在古代的时候，我们的祖先一个个都是资深的恋足者。

虽然恋足没有任何问题，但是缠足对于女性来说是一种残害：为了符合男性对小脚的审美，女性在5～8岁的时候就要把脚缠起来，以至于足部不能健康地生长发育，导致足部严重损伤，糜烂、出血、畸形，甚至让女性寸步难行。由于这是一种压迫女性身体的习俗，所以在新中国成立之后，政府已经禁止缠足了。这种让女性承受痛苦以取悦男性性喜好的陋习是不值得被提倡的，历史自然会淘汰它。所以，无论是什么样的喜好，都应建立在尊重、平等地对待他人的基础上。虽说当时的妇女看起来是自愿裹脚的，可是这样的"自愿"其实还是建立在迎合男性的审美上，因为在当时，如果有女性不愿意裹脚的话，就要面临嫁不出去甚至是被人诟病的风险。

有意思的是，虽然恋足在现代看起来已不那么主流，但我们依然可以看到各种各样的恋足的情况：女性穿高跟鞋，高跟鞋会使女性的脚部看起来更优雅、纤细、挺直，无论男女，都喜欢看一双穿着高跟鞋的脚；还有很多男性喜欢看女性穿着丝袜的脚，甚至一些男性会觉得男性穿丝袜的双脚也非常的性感，有味道……

在我看来，喜欢脚和喜欢胸部一样，都是一个自然的喜好，只是喜欢的部位不同而已，并没有好与坏、正常与不正常之分。只要我们的喜好没有伤害或侵犯到别人，就应该尊重并接纳它。主流社会对性的认知非常局限，对非异性、非阴茎插入式的性行为都有所污名化和排斥，大众对能够引起性唤起的部位的认识也比较单一。除了脚，我们人体的每个部位都可以是某些人的性幻想对象，比如一些人会觉得别人的手好看，产生性幻想；还有人认为锁骨也非常性感；甚至头发、眼睛、耳朵等，这些你不容易和性联系在一起的身体部位也是一些人的性幻想对象。

人类的性幻想是丰富多彩的，能够让人产生性兴奋的人体部位和物件种类之多也超乎我们的想象，所以你不必为此而过分担心。要知道你喜欢看别人的脚，跟喜欢看嘴唇、乳房是一样的，对这些部位有性幻想也没有问题，尊重自己的性喜好也是很重要的。但是，我们不能随意去碰触别人的身体，更不能在未经别人同意的情况下把自己的性幻想付诸实现在别人身上，比如在学校看到穿着丝袜的女同学，不能去向她说一些或做一些让对方感到被冒犯、不舒服的话和行为。还记得前面提到的"尊重"和"平等"吗？在此基础上的性幻想，都是可以被接纳和理解的。

Q 控制不住玩网络色情游戏，怎么办？

困惑解答老师：李海琛

随着网络技术的日趋完善，越来越多的学生开始通过网络来参与学习。虽然这样的方式带来了许多便利，但也让一些同学顿感头疼，小威就是其中之一：

"我妈给我报了一个网络课程的补习班，说是方便我补课的，可以节约线下补习班来回路上的时间，所以我周末就经常在家里用电脑上课、学习。但是使用电脑的时候经常会有一些莫名其妙的页面弹出来，不小心点开的时候还会弹出一些游戏网页，网页上的人物都是我觉得特别好看的美女，身材也超级棒，一直说着'来玩儿啊''快选我吧''来守护我吧'之类的话。我本来就挺喜欢玩游戏的，看着这些喜欢的角色，就总忍不住去玩。我也知道这样是不好的，但是我就是控制不住自己，我也不知道该怎么办。"

也许你有和小威同样的困扰。其实这样的网络色情在生活中是屡见不鲜的，我们在日常使用手机或者电脑的时候都很容易遇到这样的情况。从小威的描述中，我们会发现，这类网络色情的特点就是，根据大众的喜好来设计内容，你越喜欢什么就越给你看什么，比较常见的就是大胸的美女，穿着特别的暴露，用娇滴滴的声音说一些话。成人也不见得能够抵挡这样的诱惑，更何况青春期的学生本身就对性有强烈的好奇，会不自觉地点进去玩也就不奇怪了。所以，你不必为自己有这样的行为而自责，这本就是这些"色情游戏"制作出来的目的，你不过是其中一个受害者罢了。

那么，面对这类网络色情游戏，我们可以怎么做呢？

1. 正确认识网络色情游戏。这类游戏通常是针对成年人开发的，目的在于吸引成年人的眼球，在游戏里常常会伴有一些需要消费的设定，因为游戏本身是想要通过这样的方式牟利的，因此在设计上会更倾向于放大性吸引力。而这样的刺激也会使你对于"性吸引"产生较为固化的认知，认为只有这样的才是有吸引力的，虽然你自己不一定能够察觉到这一点。

2.注意网络使用安全。除了网页的渠道，这类信息还会通过各种社交软件以网址链接的形式散布。如果收到未知的链接切勿随意点击，因为可能会致使设备中毒，个人重要信息被窃取，造成财产损失等。

3.及时停止。使用手机或电脑浏览网页时，看到一些目的不明的弹窗时，切勿随便点开。如果不小心点开了，请立即关闭页面，防止被页面的内容所影响。

4.转移注意力。如果不小心看了，也不用太过担心，可以立即转移自己的注意力，将自己的视线移开，可以看一些其他的内容，或者向窗外较开阔的地方看去，做几个深呼吸，让自己整个人慢慢平静下来。

5.如果担心自己会控制不住去玩的话，可以告诉家长或信任的成人，让他们在自己使用电子设备的时候陪同自己一起，避免自己单独使用手机或者电脑浏览网页。

总之，可以尝试各种各样的方式来更好地应对这类情况，必要的时候还可以寻求家长或其他信任的成人帮助，讨论出更有效的办法。请记住，即使看了网络色情、玩了网络色情游戏，也不是什么大不了的事情，不要因此而自责，也不用因此就觉得自己没救了。你还是你，你依然可以很好地面对生活的每一天，依然可以应对好自己的学业，依然可以收获自己的小幸福。

Q 我觉得自己对性缺乏兴趣，但是朋友总拿这个跟我开玩笑，说我不行之类的，怎么办？

困惑解答老师：王艺

有些人不想走进亲密关系，有些人在亲密关系中不急于发生性行为，有些人进行性行为的频率较低，这完全取决于个人的兴趣、意愿和选择，与他人何干？又与"不行"何干？

一个人的性欲望，也就是说对性是否感兴趣，是否有冲动、有需求，受很多因素影响。

性欲望的"物质基础"是良好的身体状态、适当的激素水平、正常的器官功能。发 40 度高烧的时候，大概率讲，对性是没什么兴趣的。人的身体状态当然不是一成不变的，而是有波动起伏的，相应的，对性的欲望也是波动起伏的。

除了身体因素，性还是一件受生活状态、环境、情绪、文化传统等超级多的因素影响的事件，个体差异非常显著。简单举几个例子：当你最近学习压力特别大的时候，可能就对性没有兴趣，也可能需要通过性来放松一下；当你心情非常不好的时候，可能就对性没有兴趣，也可能需要通过性来调整一下；当你正在做一件超级感兴趣的事情的时候，可能就对性没有兴趣，也可能需要通过性来助兴一下；当你对亲密关系中的伴侣不满意的时候，可能就对性没有兴趣，也可能需要通过性来发泄一下；当你爱上远方的女神的时候，当你刚刚跟同学吵了一架的时候，当你……我还能写出很多很多。各种各样的事情都会影响个体对性的兴趣、冲动和欲望。并且，同样的事情在不同的人身上，可能会有不同的反应；同样的事情，同样的人，在不同的时间段也有可能有不同的反应。此事，实无一定之规。

至于说能力，保证前面提到的物质基础，能力就是没有问题的。在性这件事上，能力和兴趣本来就不是匹配的，也没有必要完全匹配。

你说你觉得自己对性缺乏兴趣，也许是真的不感兴趣，也许是这段时间对性不感兴趣，也许是学业压力大，让你无暇对性感兴趣，也许……有很多个也许。不论是哪个也许，都是正常的，都是没有必要纠结的，完全是你个人的私事。

至于你的朋友拿这事取笑你，就是他的不对了。也许是无恶意的玩笑，也许是拿你的窘态取乐，不论他的出发点是什么原因，都是对你的冒犯。你可以跟他好好沟通一下，明确表达自己的不满，要求他不再开这样的玩笑。

很多人的性始于青春期，很多人的青春期是没有性参与的。还是那句：你的选择，是你的私事；你的青春，你做主。

Q 我觉得发生性关系也就是为了生孩子，为什么搞得那么复杂？

困惑解答老师：王艺

这个问题有两个关键词：一个是"为了生孩子"，另一个是"复杂"。前者描述目的，后者形容方式，我们分别看一下。

你说发生性关系就是为了"生孩子"的目的，这是你的看法。但是，我想对于很多人来说，发生性关系不仅仅是为了生孩子，还有很多其他的目的，比如说为了获得伴侣之间亲密的感受；为了舒缓性冲动，获得性愉悦；为了维持婚姻；为了缓解无聊；为了钱（涉嫌违法）；为了不挨打（存在犯罪行为）；等等，很多很多。你认为发生性关系只是为了生孩子，是因为对其他的目的不了解、不感兴趣，还是有别的原因？如果是因为不了解或是受周围人的态度的影响而这样认为的话，那我建议你可以多了解一些有关性的知识，不是为了改变自己的观点，而是让自己对性有更多的了解，以建立属于自己的观念和认识；如果是因为不感兴趣，或者是其他一些个人选择，这也是你的自由，就像别人发生性关系有别的目的或多个目的，也是别人的自由一样。不过，不论你的态度如何，我们都不应该把自己的观念强加在他人身上，这是一种对他人最基本的尊重。

然后我们再看看"方式"这方面，你认为没必要搞得那么复杂，不知道你对于"发生性关系"这件事的"复杂"与否是如何定义的，是说发生性关系的花样太多？还是说大家把这事看得太重要、想太多？还是为这事花钱太多？还是为此用了太多的时间、精力？也许是任意可能，也许是综上所述。

不过，无论是"目的性"的问题，还是"方式"的问题，其相同之处在于，你有权利选择你的看法、你的立场，别人也有别人选择的权利。

在未来的伴侣关系中，或是与他人的交流中，你和其他人可能会对这个问题存在分歧，也许你们无法相互理解，没有关系，只要相互尊重就好。只要你将自己的性关系限定在"自主、健康、责任"的框架内，不违反法律，不伤害他人和自己，你怎么看待性关系这件事都可以。

Q 我喜欢穿女生的衣服,但是我妈总说我是变态
困惑解答老师:尚爱云

一个男生喜欢穿女生的衣服,可能是男性进入青春期后的一种特殊时期的心理反应和内心需求。

当男生的青春期到来时,体内的雄性激素分泌旺盛,性意识萌动,性幻想产生,男性的性别特征开始呈现,也知道了男性与女性有一些生理上的不同,于是会发现女生与男生的差异:女生的胸部隆起,乳房饱满,臀部圆润结实,身材凹凸有致,皮肤光滑细腻,声音尖细甜美,会来月经,爱穿裙子,还会穿薄透、性感的丝袜以及高挑的高跟鞋……女生的一切在他们的眼里都是如此特别、美丽又神秘。这时的男生本能地会对女性的一切感到好奇,比如女性的身体构造,女性的生理特征,还有女性的穿着,尤其是与男性不一样的地方或男性没有的,诸如胸罩、女性内裤、丝袜、高跟鞋等,他们渴望了解,希望探索。

之所以会去喜欢穿女性的内衣,可能是对女性用品感到好奇,就会悄悄试穿女性的内衣。出现这种行为,一种情况是把自己想象成女人,想象女性穿着这样的内衣的感受,体验一下女性的心理,获得一些心理满足;也有一种情况是通过这些丝袜和内衣来获得一些性幻想式的心理满足;还有一些人是因为幼年的时候缺少母爱,内心空虚匮乏,因此穿上女性的内衣会让他有一种依恋情结和被爱心理的满足。

以上几种行为和心理,都是青少年性心理发展中的阶段性心理和行为,或多或少,或深或浅,也不是一件多么荒唐和不可思议的事情。也可以说,这是因为缺少正常的了解渠道和好的性教育学习才会有的心理现象和行为,如果不是过分地固着和停滞,影响到正常的学习和生活,不必特别惊慌和自责。

在感觉到自己喜欢女性内衣,并且想改变的时候,方法也很简单,

就是喜欢归喜欢，但不一定要去做；也可以通过其他合适的途径去获得同样的满足，而不是一直执着于这一种方式。当我们所知甚少的时候，常常只会用单一的方式去解决问题，比如只学过加法，就不会用减法解决问题。然而随着年龄的增长，我们的知识也会增多，思维能力也增强了，就会慢慢学会用更加成熟的方式来解决问题了。如果对目前的自己来说，找到其他的方法还有些困难的话，也可以尝试求助专业的心理咨询师，帮助自己找到更好的办法来面对当前的问题。

以前的人们对这类行为往往给予武断的结论，有的人更是被打上了"异装癖""恋衣癖"的标签和称号，仿佛这是一种极其荒唐和变态的行为，要强烈地指责和抨击。这往往加剧了青少年的自我谴责和内心攻击，使其承受极大的心理压力，导致心理纠结、痛苦，以至于产生更加严重的固着行为，这才是需要注意和避免的。

Q 情趣独特就是变态吗？
困惑解答老师：刘清珊

老师想问你一句，你吃饭了没有？不知你有没有了解过你的好朋友们，他们喜欢吃的东西是哪些呢？在多了解一些朋友、同学的饮食爱好后，你就会发现，每个人喜欢吃的东西都不同。

情趣和食欲一样，人人都不同，比如有的人恋足，最能激起他性欲的是伴侣的脚部；有的人特别迷恋伴侣身上的雀斑；有的人喜欢比自己大20岁的伴侣；还有一些人迷恋别人穿过的文胸；等等。很多人不理解这些特别的偏好，但是这些行为并不违反法律，也不伤害他人和自己，这都是正常的。情趣没有高低贵贱之分，更谈不上变态。即使同一个人在不同时期或者不同场景下，他的喜好可能也不同。

情趣不分对错，但是有合适、不合适之分，比如一个人爱吃臭豆腐，这没错，但是强迫别人也要喜欢臭豆腐，或者必须一起吃，就不合适了；或者故意在公共场合吃，也不行；又或者吃完后没有刷牙、吃口香糖来清新口气，别人就会避而远之。情趣也是一样的。下面，我给你一些建议，供你参考学习。

1. 满足自己的情趣要在私密的场合，不要让声音或动作等打扰到别人，给别人造成困扰。

2. 不能侵犯别人的隐私权、身体权、财产权。自己需要的东西自己花钱买，不偷不抢；不能不经过别人允许就偷拍；不能伤害他人或自己的身体，不能往身体的开口处，比如鼻孔、尿道口塞东西；不能精神操控别人；等等。

3. 保护好自己的个人信息和隐私，以免给自己带来不便或麻烦。情趣爱好是一件私密的事，只和自己信任的人交流。如果被同学知道了自己独特的情趣，也不要过于惊慌与担心，先看看对方的反应。如果对方借由这样的事情进行讽刺、挖苦甚至是散播谣言的话，以校园欺凌的应对方式处理即可；如果同学并没有表现出消极感受，你也可以一切如常，专注做自己的事情，如果觉得有必要的话，也可以和对方坦然地聊聊这件事，以消除心中的疑虑。但不管你做何决定，都应考虑到自身的安全。

4.充分权衡利弊。就像文身类印记因为很难洗掉，有可能会影响到未来入伍或找工作一样，你要权衡各种行为带来的后果，要考虑一下，它是一次性的还是不可逆的；面对各种可能，你是否有应对措施和心理准备。比如你在满足自己情趣的过程中，要考虑自己的行为有没有可能给身体带来伤害。

5.寻找情趣相投的人，大家都必须是自愿的，不能强迫别人。同时，你要对满足情趣的途径、方式等有充分的知情，权衡风险。过程中尊重彼此的感受，及时、真实地表达自己的感受。

6.注意自己的人身安全和财产安全。在法律允许、不伤害他人和自己的情况下，满足自己。

以上是满足情趣时需要考虑的问题。老师相信，你经过深思熟虑后，会做出对自己有益又不侵犯他人权益的选择。

Q 我可以使用性玩具来缓解性冲动吗？

困惑解答老师：张碧敏

我认为只要在经济条件允许的情况下，你是可以选择一些性玩具的。性玩具是一种很好的舒缓性压力的方式，还可以给人们带来更优质的性生活体验，我们完全可以尝试不同的体验。

男生最常见的性玩具是飞机杯，也叫作自慰杯，它是男生在自慰时使用的。飞机杯是一种模仿口、肛和女性阴道，外形类似啤酒罐的物品。一般市面上会有不同种类的飞机杯供消费者选择，材质上有合成树脂和硅胶的；杯内壁通常也有各种纹路，让使用者有不同的性体验；飞机杯除了外形和内部构造不同之外，尺寸也是不同的，可以按照自己的实际情况挑选。在购买之前，如果不清楚自己适合什么尺寸，最好先量一下自己的阴茎尺寸。量的方法是用手抚弄阴茎使其勃起，然后用软皮尺从阴茎根部量到龟头顶端，量出阴茎的长度，再用软皮尺围着阴茎绕一圈，量得阴茎的直径。在量好了阴茎尺寸之后，就可以根据商品的介绍或者询问店员来寻找适合自己的飞机杯尺寸了。

在购买飞机杯的时候，一定要选择正规的渠道，比如选择靠谱、安全、质量过关的品牌，到品牌的网店购买，或者去一些有合法经营资质的实体商铺购买。在拿到商品后，使用前要先认真地读一读说明书，看清注意事项和使用步骤，每次使用前后也要记得把飞机杯清洗干净。除了飞机杯的清洁之外，自己也需要在使用后及时地清洗阴部，养成讲卫生的习惯。在使用的时候最好是搭配飞机杯适用的水溶性润滑剂，这样可以让自己使用得更顺畅，同时也需要注意在使用过程中的力度，尽量将力度控制在自己能接受的舒适范围内就可以了，不要过重，以免弄伤自己。

飞机杯是私人物品，所以最好是自己使用，不要给除你之外的第二个人使用，这样可以最大限度地保障卫生。在使用的时候请选择安全、舒适并且私密的空间，注意保护自己的隐私，也避免影响到别人哦！如果你知道身边也有人在使用飞机杯，或者不小心看到别人在使用飞机杯，也要礼貌地回避，不要去打扰到别人，尊重别人的隐私。和别人交流此事时，要确保对方是非常值得你信任的人，避免给自己和他人带来伤害。

如果我们是跟父母住一起，万一被父母发现了，可以坦然地跟父母沟通，告诉父母自己已经长大了，身体也开始发育了，有了自然的性冲动，并且也获得了正确、健康的性知识，让他们知道自己做这件事是经过深思熟虑的，自己有承担责任的能力，不会做出伤害自己和影响学习、生活的事，让父母对我们的行为放心，告诉父母我们希望得到尊重和支持。

如果是住校时被同学看到了，可能对方会感到惊讶，也可能会借此向你开玩笑，还有的同学可能会向你"取经"。无论怎样，你都可以坦然面对，并告诉对方你的感受，希望对方不要因为这样的事情而随便开玩笑、伤害你。如果对方询问的问题是你能够回答也愿意回答的，你可以直接告诉对方；如果是不愿回答的，也可以礼貌地拒绝对方，并告诉对方这是自己的隐私。

总之，使用飞机杯或其他性用品进行自慰或性行为时，原则都是一样的：在保证"自主、健康、责任"的情况下使用。相信你会更懂得为自己和他人负责的！

可求助热线

bsdgyrx,白丝带公益热线微信号。

每天10:00～20:00。这是专门向包括性骚扰、性侵犯等所有性别暴力的当事人提供帮助的微信号。

110,全国免费报警电话。

12338,妇女维权公益服务热线。

12355,青少年心理咨询和法律援助热线。

4006-012338,免费心理咨询热线。

0531-88018785,反家庭暴力维权联盟公益热线。

fgxjyrx,猫头鹰性教育热线微信号。